电子商务专业校企双元育人系列教材

直播运营管理

主　编　王　盛　颜正英　徐林海
副主编　韩思琦　赵翔宇　刘　怡
编　委　（按姓氏拼音排序）
　　　　陈　莉　江苏财会职业学院
　　　　范丽娟　南京信息职业技术学院
　　　　韩思琦　扬州工业职业技术学院
　　　　刘　飒　南京奥派信息产业股份公司
　　　　刘　怡　江苏财会职业学院
　　　　罗子涵　扬州工业职业技术学院
　　　　马益浩　扬州工业职业技术学院
　　　　王　盛　扬州工业职业技术学院
　　　　王宸圆　义乌工商职业技术学院
　　　　王一海　南京信息职业技术学院
　　　　徐林海　南京奥派信息产业股份公司
　　　　颜正英　扬州工业职业技术学院
　　　　杨剑钊　义乌工商职业技术学院
　　　　余　航　南京奥派信息产业股份公司
　　　　张　祁　扬州工业职业技术学院
　　　　赵翔宇　扬州工业职业技术学院
　　　　朱　琳　扬州工业职业技术学院
　　　　朱素蕊　扬州工业职业技术学院

复旦大学出版社

内容提要

　　本教材是一本全面、系统的直播电商运营的实践指南，旨在帮助学生从零开始掌握直播电商运营的核心技能，逐步成长为具备独立策划和执行直播电商项目能力的专业人才。全书共分6个项目，涵盖了直播电商的各个环节，从基础认知到实际操作，再到数据分析与复盘，通过丰富的案例分析、实操步骤和评价标准，帮助学生逐步掌握直播电商的核心技能，提升其在直播电商运营领域的专业素养和实践能力。

　　本教材可以作为职业院校电子商务、市场营销等相关专业的教材，也可作为直播电商从业者及研究人员的学习和参考用书。

前　言

随着数字化时代的到来，电子商务行业正经历着深刻的变革，以图文、短视频、直播为主的内容营销越来越受到电商平台的重视。直播电商作为一种创新的商业模式，融合了视频直播与电子商务交易流程，迅速改变了消费者的购物习惯和商家的营销模式。

直播电商不仅为消费者提供了更加直观、互动的购物体验，也为商家开辟了全新的营销渠道。然而，直播电商的快速发展也带来了新的挑战，如何在这个竞争激烈的市场中脱颖而出，成为每个从业者必须面对的问题。《直播运营管理》正是为了应对这一挑战而编写的。

本教材旨在为学员提供一套系统且全面的直播电商入门指引与实践操作流程，帮助学员从零开始，逐步掌握直播电商的核心技能。全书通过6个项目共17个任务的介绍，学生将能深入了解和掌握直播电商的基本概念、平台特点、带货模式、直播间搭建、直播方案制定、预热策略、直播实施及复盘分析等内容，最终具备独立策划并执行直播电商项目的能力。

本教材的特点在于将理论与实践相结合，每个任务都配有详细的操作步骤、案例分析及评价标准，帮助学生在学习过程中不断巩固所学知识，并通过实际操作提升技能。无论是刚刚踏入电商行业的新手，还是希望进一步提升直播电商能力的从业者，本教材都将成为你不可或缺的参考指南。

我们希望，通过本教材的学习，不仅能够掌握直播电商的核心技能，还能够在复杂的市场环境中敏锐地捕捉新兴趋势与商业机会，成为直播电商领域的佼佼者。愿本教材能够为您的直播电商之路提供有力的支持，助您在直播电商的浪潮中乘风破浪，取得成功。

尽管我们在编写过程中力求完善、准确，但由于直播运营涉及的内容具有很强的时效性，书中难免有疏漏之处，恳请广大读者批评指正。

说明：本教材与相关应用的网络平台均无利益关系。

目 录

项目一　开启直播电商之路

项目介绍

　　直播电商作为一种创新的商业模式,融合了视频直播与电子商务交易流程,正以迅猛之势改变着消费者的购物习惯以及商家的营销模式。本项目旨在为学生提供一套系统且全面的直播电商入门指引与实践操作流程。通过2个任务6个工作环节,逐步帮助学员建立起对直播电商的整体认知架构,并顺利开启在直播电商平台的商业之旅。

学习目标

　　(1) **知识目标**:深入理解直播电商的基本概念、发展历程、行业现状以及未来趋势,清晰把握直播电商与传统电商模式的差异与联系,全面认识直播平台的类型、功能特点、用户生态以及核心运营机制。

　　(2) **技能目标**:能区分各直播平台的特点,并能根据不同情况完成直播平台的入驻。

　　(3) **素养目标**:能够敏锐地捕捉直播电商领域的新兴趋势与商业机会,具备在复杂多变的市场环境中独立策划并执行直播电商项目的能力。

项目导航

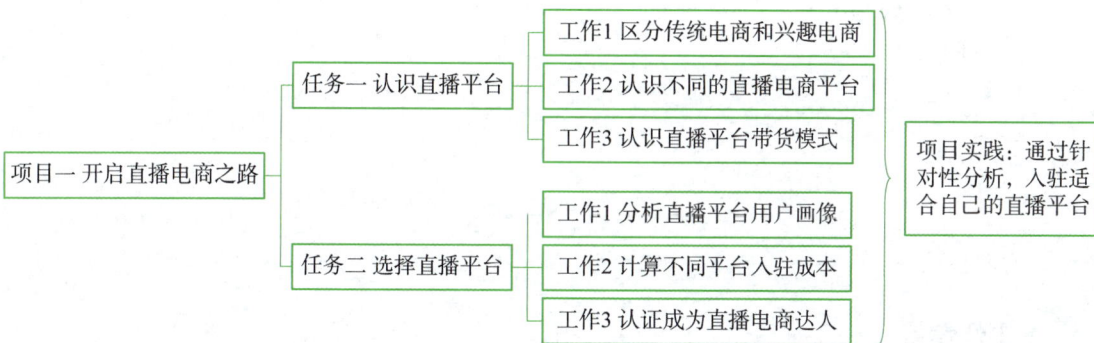

任务一

认识直播平台

任务背景

假设你是一名刚刚踏入电商行业的实习生,加入了一家电商公司。这家公司原本只有传统电商业务,目前正计划拓展业务,涉足直播电商领域,但公司团队成员对于直播电商的相关概念和平台运作还不是十分清楚。现在,主管交给你一系列重要任务,希望你能通过研究和学习,为公司的业务拓展提供有力的知识支撑。

任务分解

工作1 区分传统电商和兴趣电商	→	工作2 认识不同的直播电商平台	→	工作3 认识直播平台带货模式
·区分用户购物动机 ·区分商品展示方式 ·区分平台推荐算法 ·区分消费者决策过程		·认识不同平台 ·对比不同平台		·直播销售功能及相关销售模式 ·直播模式

工作 1　区分传统电商和兴趣电商

工作情景

工作中,我们要能区分传统电商和兴趣电商。公司在过去主要从事传统电商业务,但现在意识到兴趣电商的潜力巨大。你要通过收集资料、分析案例,明确传统电商和兴趣电商在用户购物动机、商品推荐方式、营销策略等方面的差异,以便公司能够根据这些差异调整业务策略,更好地满足消费者的需求,吸引更多的客户。

课前引入

你所了解的平台哪些属于传统电商? 哪些属于兴趣电商?

知识准备

1. 传统电商与兴趣电商的定义

（1）传统电商

定义 基于互联网，以商品交易为核心，通过商家展示商品信息，消费者搜索、筛选并下单购买的商业模式。

特点 注重商品的种类丰富度、价格比较、品牌影响力等因素。消费者通常具有明确的购物需求，通过搜索关键词等方式寻找目标商品，交易流程相对较为理性和直接。例如，消费者在淘宝上搜索"智能手机"，会浏览众多品牌和型号的手机详情页，对比参数、价格、评价后进行购买决策。

（2）兴趣电商

定义 借助大数据、社交媒体等技术，基于用户的兴趣爱好、浏览行为、社交关系等数据，精准推送商品内容，激发消费者潜在购物需求的电商模式。

特点 强调内容创作与传播，以短视频、直播等形式吸引用户关注，通过营造场景化、情感化的购物氛围，引导用户产生即兴购买行为。例如，在抖音平台上用户可能因为观看了一个美妆达人的直播试用一款口红，被其效果吸引而立即下单购买，即使之前并没有购买口红的计划。

2. 用户购物动机的区分

（1）传统电商用户的购物动机：在传统电商环境下，用户通常有明确的购物需求。例如，消费者知道自己需要购买一台新的笔记本电脑，于是打开电商平台，在搜索栏中输入"笔记本电脑"相关关键词，如品牌、型号、配置等。随后，他们会仔细浏览搜索结果，比较不同产品的参数、价格、用户评价等信息。

（2）兴趣电商用户的购物动机：兴趣电商中，用户的购物动机往往是基于兴趣的激发。例如，用户在浏览短视频平台时，看到一个美食博主制作精美的甜品视频，被博主展示的美味和制作过程所吸引，从而产生购买甜品制作工具或者原材料的欲望。

3. 商品展示与营销方式的区分

（1）传统电商的商品展示与营销方式：商品展示主要依靠产品图片、详细的文字介绍和用户评价。以服装销售为例，商家会在商品详情页上传多角度的服装照片，包括正面、背面、细节等，同时配上文字说明服装的材质、尺码、洗涤方式等信息。

营销方式包括搜索引擎优化（SEO），确保产品在搜索结果中更容易被看到，还有广告投放，如在平台首页、搜索结果页等位置展示广告。传统电商平台的商家会花费大量精力优化产品标题和关键词，以提高搜索排名。例如，在搜索"连衣裙"时，通过精准的关键词匹配，让自己的连衣裙产品出现在靠前的位置。

（2）兴趣电商工作情景的商品展示与营销方式：商品展示通过生动有趣的视频、直播等方式。在兴趣电商平台上，一个健身器材的展示可能是通过健身博主的一场直播来完成的。博主在直播中亲自使用健身器材，展示其功能、效果，同时分享自己的健身经验和心得，让观众更直观地感受到产品的价值。

营销强调内容的吸引力和传播性。品牌会通过打造有趣的故事、话题等方式来吸引用户。例如,一个家居品牌可能会制作一系列"打造温馨小窝"的短视频,展示如何用自家产品布置出各种风格的家居场景,引发用户的兴趣和分享欲望,从而扩大产品的影响力。

4. 平台算法推荐的区分

(1)传统电商的平台算法推荐:算法推荐主要基于用户的历史购买行为和搜索记录。例如,如果用户之前购买过母婴用品,平台可能会推荐其他相关的母婴用品,如婴儿玩具、儿童服装等。推荐系统更侧重于商品之间的关联性,比如同品牌、同品类或者互补商品。

平台运营人员会根据用户购买数据来调整商品推荐策略。例如,分析哪些产品组合在一起推荐更容易被用户购买,从而优化推荐模块的设置。

(2)兴趣电商的平台算法推荐:算法推荐是基于用户的兴趣标签。这些标签不仅来源于用户的购买行为,还包括用户浏览的内容、点赞、评论等行为。例如,如果用户经常浏览旅游相关的视频并且点赞评论,平台会推荐旅游相关的产品,如户外装备、旅游纪念品等。

平台运营人员需要不断更新和优化兴趣标签体系。随着用户兴趣的动态变化,及时调整标签内容和推荐权重。例如,当某种新的旅游方式(如房车旅行)流行起来时,及时添加相关标签,并调整推荐算法,让房车旅行相关的产品得到更多曝光。

5. 消费者决策过程的区分

(1)传统电商消费者决策过程:消费者决策过程相对理性。他们会在多个电商平台之间比较价格、品牌、售后服务等因素。例如,在购买家电时,消费者可能会在不同的传统电商平台上查看同一款冰箱的价格、配送方式、保修期等,还会查看品牌官方网站的产品介绍和售后政策,综合考虑后做出购买决策。

商家和平台会提供详细的产品对比工具和信息,帮助消费者做出理性决策。例如,在电商平台的家电类目下,会有产品参数对比功能,让消费者可以一目了然地比较不同冰箱的容量、耗电量、冷冻能力等参数。

(2)兴趣电商消费者决策过程:消费者决策过程更受情感和兴趣的影响。他们可能因为对某个博主的信任或者对某种生活方式的向往而购买产品。例如,消费者看到自己喜欢的生活方式博主推荐一款小众的香薰蜡烛,被博主营造的温馨氛围打动,就可能会直接购买。

商家和平台会注重营造情感共鸣和信任关系。例如,通过用户评论和分享的展示,让新用户看到其他用户对产品的喜爱和认可,从而增加购买的可能性。同时,品牌也会通过和有影响力的博主长期合作,建立用户对品牌的信任。

🧑‍🤝‍🧑 工作实施

1. 实施内容 该电商公司的主要销售产品为麦片。麦片是一种常见的食品,请大家选择同一品牌的同一麦片产品(图1-1-1),分别在传统电商平台和兴趣电商平台进行线上调研,了解同样的商品在两个平台上的营销方式有何区别。

2. 实施工具 手机或电脑。

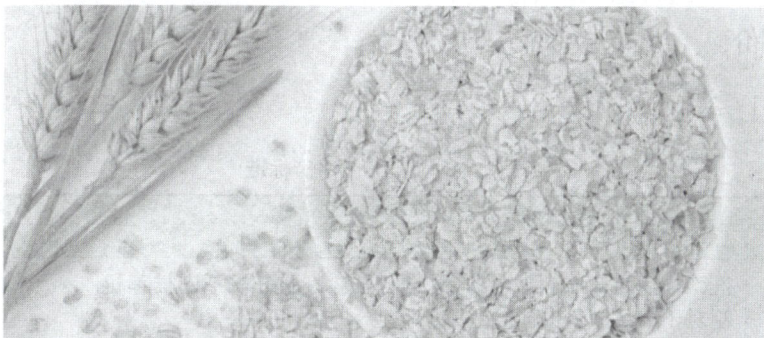

图 1-1-1 麦片产品图片

3. 实施步骤

(1)确定调研目标与产品:选定具体的麦片产品,确保在两个平台上都能找到相同的产品信息。

麦片品牌及规格:_____。

(2)选择电商平台:识别并选定具有代表性的传统电商平台(如淘宝、京东等)和兴趣电商平台(如抖音小店、小红书商城等)。

传统电商平台:_____;兴趣电商平台:_____。

(3)传统电商平台线上调研:登录选定的传统电商平台,搜索并找到目标麦片产品。记录产品的基本信息(如价格、规格、包装)、促销活动(如满减、折扣、赠品)、用户评价及评分、页面布局、关联商品推荐等。注意观察平台推荐算法如何展示该产品,以及是否有定向广告推送。

(4)兴趣电商平台线上调研:在兴趣电商平台上搜索并找到目标麦片产品。记录与传统电商平台相似的信息,特别关注该平台特有的内容营销方式[如短视频介绍、直播带货、关键意见领袖(KOL)/网红推荐]、用户互动情况(如评论、点赞、分享)、个性化推荐算法的效果等。

(5)总结与推测:基于调研结果,总结同一麦片产品在不同平台上的营销特点(表 1-1-1)。结合当前电商市场趋势,推测各平台未来可能的营销策略调整方向,以及麦片产品在不同平台上可能面临的机遇与挑战。

表 1-1-1 传统电商与兴趣电商调研结果

	传统电商	兴趣电商
商品推荐机制		
价格比较		
用户评价比较		
营销策略比较		
用户反馈与优化		

工作评价

如表 1-1-2 所示。

表 1-1-2　工作评价标准

评价项目	评 分 细 则	分数	得分
商品推荐机制	准确描述两个电商平台的商品推荐机制,并分析不同推荐机制对于产品销售的影响	20	
价格比较	列举并比较两个电商平台上的食品饮料产品价格区别,分析价格差异的原因,包括成本、用户群体等因素	20	
用户评价	收集两个平台食品饮料产品的用户评价,分析不同平台中用户评价对产品销量的影响	20	
营销策略	描述兴趣电商平台上的食品饮料产品的营销策略,包括个性化推荐、内容营销等,以及传统电商平台上的食品饮料产品的营销策略,包括广告、促销等	20	
用户反馈	分析不同平台上用户反馈对产品优化的促进作用	20	
总分		100	

工作 2　认识不同的直播电商平台

工作情景

工作中,我们要对当前主流的直播电商平台进行深入了解。市场上有淘宝、抖音、快手、微信、小红书、京东、拼多多等多个直播电商平台,每个平台都有其独特的定位、用户群体和运营模式。你需要详细了解这些平台的特点,例如平台的主要用户画像是什么样的?平台上热门的商品品类有哪些?平台对于主播和商家有哪些扶持政策?这些信息对于公司选择合适的直播平台开展业务至关重要。

课前引入

通过自身经历和资料查找,来讨论一下不同的直播电商平台各自的特点是什么。

知识准备

1. 各直播电商平台的介绍

(1)淘宝直播平台:淘宝直播是电商直播的领军平台,自身已经拥有很大的流量,但是头部主播比较占优势,新手直播需要慢慢起色。商家选择在淘宝平台直播属于锦上添花的效果。

(2)抖音直播平台:抖音属于兴趣电商平台,在市场份额上占据很大比重,并且凭借简洁易用的界面、强大的特效功能和精准的算法推荐迅速走红。随着短视频内容的爆发式增长,抖音积累了庞大的用户基础,逐渐发展成为涵盖多种功能的综合性平台,其中直播电商就是重要的业务板块。它具有多种直播形式,如视频直播、游戏直播、语音直播等,可满足不同用户的需求。其直播带货模式丰富多样,包括店铺单品直播、产地直播、商场代购直播、知识性带货等,为商家提供了广阔的营销空间。抖音采用先推荐后关注的流量机制,通过算法将直播推送给可能感兴趣的用户,同时还提供信息流广告、与达人合作等多种推广方式,助力主播和商家提升曝光度。此外,抖音直播具有强大的社交互动性,观众可通过点赞、评论、送礼物等方式与主播实时互动,增强彼此之间的联系和黏性。

(3)快手直播平台:快手作为重要的直播电商平台之一,拥有庞大的日活跃用户群体,其直播电商生态日益繁荣。其运营机制与抖音相似度很高,在流量机制上,快手以算法和社交关系为主导,通过用户兴趣及关注等多维度进行内容推荐,能助力商家和主播精准触达目标受众。同时,快手还在不断加强短视频、图文、二创切片等多体裁电商生态建设,推动直播切片等增量贡献,实现短视频与直播的联动发展,为商家提供更丰富的营销场景和更广阔的发展空间。

(4)微信直播平台:2020年2月底,微信正式开通了小程序的直播插件功能,让商家都可以通过直播插件来直播带货,而且小程序直播无须像其他第三方直播平台一样需要抽佣,所产生的直播流量数据可以为下一场的直播复盘和运营提供依据,并且还可以实现与微信公众号、微信朋友圈之间的无缝连接。2022年微信开始重视视频号直播,有人说微信坐拥10亿流量,而微信端、视频号直播将成为下一个直播风口。

(5)小红书直播平台:小红书平台是一款以社交内容"种草"的平台,不过目前已经正式接入了直播功能。小红书的用户以女性为主,目前小红书直播流量的来源是平台自身流量和小红书达人私域流量。小红书平台推荐的商品以美妆、服饰为主,且基本属于知名品牌。

(6)京东直播平台:京东平台有较高的电商属性,消费能力还是比较强的,从目前京东直播平台的使用来看,以测评、实物展示为主。目前京东直播没有代表性网红主播和商家,但基于庞大的用户基础和全品类的电商优势,京东会更倾向于推出爆款商家和主播联合的方式,以此吸引更多商家加盟。

(7)拼多多直播平台:从相关数据来看,拼多多主播主要以客单价较低的小商品、农产品或者地方特产为主,对于有下沉需求的品牌而言,拼多多现在入驻的商家不多,是一个值得尝试的流量池。

2. 各直播平台的共性与差异　如表1-1-3所示。

表1-1-3　不同直播电商平台对比

平台	平台特点	平台优势	商品推送机制	用户偏好
淘宝	传统电商平台	商品种类多样,价格亲民	基于用户搜索历史和购买行为推送商品	追求商品多样性和价格优惠的消费者

（续表）

平台	平台特点	平台优势	商品推送机制	用户偏好
抖音	兴趣社交平台	AI算法精准推荐,广告营销效果好	基于用户兴趣和行为习惯推荐内容和商品	年轻、追求时尚和新潮的用户
快手	兴趣社交平台	用户基础广泛,内容创作多样化	基于用户兴趣和行为习惯推荐内容和商品	各年龄段和兴趣爱好的用户,注重真实生活记录
微信	社交服务平台	便捷性、丰富性、精准性、实时性	基于用户社交关系和兴趣推送信息	追求社交互动和信息获取的用户
小红书	分享社交平台	垂直内容社区,智能推荐算法	基于用户兴趣和行为习惯推荐内容和商品	年轻女性用户,注重时尚、美妆、生活方式
京东	传统电商平台	物流速度快,商品质量有保障	基于用户搜索历史和购买行为推送商品	追求高品质商品和高效物流的用户
拼多多	团购电商平台	价格便宜,用户参与度高	基于用户购买历史和社交关系推送商品	对价格敏感,追求性价比的消费者

工作实施

1. 实施内容　对各大直播平台展开全面而深入的对比分析,细致审视它们的流量规模、用户活跃度以及平台上占据主导地位的商品品类。在此基础上,结合当前的市场动态与趋势,合理推测各平台在未来可能呈现的发展趋势。

2. 实施工具　手机或电脑。

3. 实施步骤

（1）选择目标平台:分成小组,选择一个平台作为调研对象。

（2）评估流量规模:收集各平台的官方数据,包括但不限于用户规模、月活跃用户数、日活跃用户数、平台总访问量等,以评估流量规模。

（3）调研产品种类:调研各平台上的主导商品品类,如服装、美妆、食品、电子产品等,并评估其市场份额。

（4）主要直播内容:分析各平台的直播内容特点,如娱乐直播、教育直播、电商带货等,以及主播类型(如KOL、网红、明星等)。

（5）寻找平台优势:考察各平台在内容创新、用户体验、商品质量与价格竞争力等方面的表现。

（6）推测未来发展:基于以上分析,合理推测各平台在未来可能呈现的发展趋势,如技术创新、市场拓展、用户增长等。

4. 实施结果填入下表

目标平台	
流量规模	
主导商品品类	
主要直播内容	
平台优势	
未来发展	

工作评价

如表 1-1-4 所示。

表 1-1-4　工作评价标准

评价项目	评 分 细 则	分数	得分
流量规模	所收集的流量数据（如用户规模、月活跃用户数、日活跃用户数、平台总访问量等）全面，需来源于官方或权威第三方，确保数据的准确性和可靠性	20	
主导商品品类	需准确识别并列出各平台上的主导商品品类，如服装、美妆、食品、电子产品等，对各平台上的主导商品品类进行市场份额评估	20	
主要直播内容	需准确分类各平台的直播内容，如娱乐直播、教育直播、电商带货等	20	
平台优势	需评估各平台在内容创新、用户体验等方面的表现	20	
未来发展	需在调研基础上提出合理的推测	20	
总分		100	

工作 3　认识直播平台带货模式

工作情景

公司希望能通过直播销售产品，而直播平台面向不同的产品提供了多种直播带货模式。需要研究诸如普通物品、知识性产品、文旅产品、商业咨询等商品的直播电商带货模式，以及具体运作机制和适用场景，为公司制定合理的盈利方案提供依据。

课前引入

你在直播间进行过哪些交易？请进行勾选，并分享。

☐线上购买普通商品　☐下载游戏　☐购买课程　☐团购本地餐饮
☐购买景区门票　　　☐订购酒店　☐信息咨询　☐点外卖
☐其他＿＿＿＿＿＿＿

知识准备

1. 直播销售功能及相关销售模式

1）普通物品直播销售功能及模式

（1）销售功能：像日常的服装、美妆、家居用品这类普通物品，是直播带货中最常见的商品。目前所有平台均开通了普通物品的销售功能，消费者点击直播界面中的相应按钮，能直观看到直播间所售商品的详情页，涵盖商品图片、名称、规格、价格等关键信息，还能查看用户评价，方便快捷地加入购物车或直接下单购买。

（2）销售模式：普通商品的销售一般为常规电商销售模式。在直播中，主播对"购物车"中的商品进行介绍、展示和推荐，例如展示服装的款式、材质以及上身效果，介绍美妆产品的使用感受、成分等。观众根据主播介绍结合自身需求，直接在"购物车"中选择商品规格后下单付款，商家随后发货，完成线上购物的整个流程。

2）收集销售信息功能及相关销售模式

（1）销售功能：如汽车销售、房产中介、教育培训等行业，不便于在线上进行直接销售，销售人员需要收集销售线索，而非直接售卖实体商品。目前只有抖音开通了收集销售信息的相关功能。在抖音中，其功能按钮为"小风车"，消费者点击"小风车"，观众会进入信息填写页面，常用于收集潜在客户姓名、电话、意向车型或课程等信息，后续销售人员跟进转化。

（2）销售模式

线索收集＋邀约到店模式：以汽车直播为例，主播直播讲解车型亮点、优惠政策，观众点击"小风车"留下联系方式预约试驾，4S店销售顾问后续电话邀约到店看车、谈单，适合高价低频商品，直播充当线上引流前端，将线上流量精准导至线下门店完成交易闭环。

课程预约试听模式：在教育培训领域，主播直播授课片段展示师资力量与课程魅力，观众填"小风车"预约线下试听课程，培训机构根据预约安排试听，转化报名正式课程学员，借助直播扩大品牌知名度，精准捕捉意向学员。

3）虚拟商品直播销售功能与模式分类

（1）销售功能：越来越多的虚拟商品或服务也开始通过直播推广，尤其是知识付费、软件下载类产品。目前，仅有部分平台开通了虚拟商品、服务销售功能，在抖音中点击"小雪花"，可跳转至专属页面购买课程、下载 App 等，为数字内容提供便捷交易入口，像线上办公软件直播演示功能后引导用户下载付费高级版，或知识博主推荐付费专栏课程。

（2）销售模式

课程分阶售卖模式：将知识课程拆分成基础、进阶、高阶多个阶段，"小雪花"对应不同阶段课程链接,观众按需购买,如编程学习直播,先推免费入门课吸粉,再用"小雪花"引导购买后续深度付费课程,逐步培养用户黏性,适配不同学习层次人群,实现知识产品长尾收益。

软件订阅服务模式:针对办公、设计等软件,直播展示新功能,"小雪花"挂接订阅套餐,月付、年付任选,直播优惠期吸引用户下单,后续持续提供软件更新、技术支持,稳定获取订阅收入,以优质服务留存用户,对抗软件盗版,保障开发者收益。

4)文旅产品直播销售功能及相关销售模式

(1)销售功能:许多文旅产品及其衍生产品如浏览旅游线路详情、酒店房型及价格、景区门票套餐等,也可以通过直播销售进行推广售卖,部分平台如淘宝将其直接归入普通物品进行销售,也有平台如抖音,专门为文旅产品制定了相关功能。在抖音中,文旅产品的功能按钮为"小房子",聚焦文旅产品预订,点进去能一站式完成旅行规划与预订,在旅游直播、本地生活直播大放异彩。

(2)销售模式

目的地旅游打包模式:主播以旅游达人身份直播分享旅行目的地的美景美食,"小房子"上架含往返机票、酒店住宿、景区门票及当地交通的全包旅游线路,适合旅行社推新线路、旅游旺季预热,消费者省心省力,直播直观展示旅程品质,促进下单。

本地生活特惠模式:聚焦本地吃喝玩乐,直播本地酒店、温泉、亲子乐园等商家优惠套餐,如周末度假酒店特价房。"小房子"一键预订,助力本地商家引流,消费者享受实惠,激活本地消费市场,尤其在节假日、周末等消费节点效果显著。

2. 直播模式

1)达人直播模式 是直播电商中的重要组成部分,头部达人拥有庞大的粉丝群体和强大的带货能力,一场直播能够带来极高的销售额。

运营方式:达人通过自身的专业能力、形象魅力和口才,在直播间推荐各种商品,吸引粉丝购买。他们通常会与多个品牌合作,选择符合自身人设和粉丝需求的产品进行推广,通过收取坑位费和销售提成获得收益。

优势:能够快速提升品牌知名度和产品销量,借助达人的影响力和粉丝信任度,实现高效的商品转化。同时,达人直播的内容具有娱乐性和互动性,能够吸引大量观众,为平台带来流量和用户黏性。

局限性:对达人的依赖度过高,一旦达人出现负面事件或形象受损,可能会影响到合作品牌和商品的销售。此外,达人直播的费用相对较高,对于一些中小品牌来说,可能存在成本压力。

2)品牌自播模式 随着电商的发展,越来越多的品牌开始重视自身的直播渠道建设,通过品牌自播,企业能够直接与消费者沟通,传递品牌理念和产品信息,增强品牌影响力和用户忠诚度。

运营方式:品牌方自己组建直播团队,培养主播,在品牌官方旗舰店或直播间进行直播销售。品牌自播通常会注重品牌形象的塑造和产品的专业讲解,以提高消费者对品牌的认知度和购买意愿。

优势:品牌方能够更好地控制直播内容和节奏,展示品牌的特色和优势,提高品牌的专业性和可信度。同时,通过长期的自播积累,能够培养稳定的粉丝群体,实现用户的沉淀和转化,为品牌的长期发展奠定基础。

局限性:品牌自播需要投入较多的人力、物力和时间来建设和运营直播团队。对于一些资源有限的品牌来说,可能面临一定的挑战。此外,品牌自播的流量获取相对较难,需要依靠平台的支持和自身的运营推广来吸引观众。

3) 店铺直播模式 店铺直播是电商平台上常见的一种直播形式,以店铺为单位进行直播销售,通过展示店铺内的商品和促销活动,吸引消费者购买。店铺直播的影响力在于能够提高店铺的曝光度和销量,促进店铺的整体发展。

运营方式:店铺主播会对店铺内的各类商品进行详细介绍和演示,解答消费者的疑问,引导消费者下单购买。店铺直播通常会结合店铺的促销活动,如限时折扣、满减优惠等,刺激消费者的购买欲望。

优势:能够直接带动店铺的销售业绩,提高店铺的权重和排名,增加店铺的流量和曝光度。同时,店铺直播可以与店铺的日常运营相结合,更好地服务于店铺的客户群体,提高客户的满意度和复购率。

局限性:店铺直播的受众相对较窄,主要是关注该店铺的消费者和潜在客户,对于拓展新客户的能力相对有限。此外,店铺直播的内容和形式相对较为单一,可能需要不断创新和优化,以吸引更多观众。

4) 产地直播模式 近年来产地直播模式越来越受到关注,通过在产地进行直播,能够让消费者更加直观地了解产品的源头和生产过程,增强消费者对产品的信任度和购买欲望,对农产品、生鲜等领域的销售产生了重要影响。

运营方式:主播会深入产品的产地,如农田、果园、养殖场等,现场展示产品的种植、养殖、采摘等过程,介绍产品的特点和优势,并进行现场销售。产地直播通常会与当地的农民、养殖户或生产商合作,直接从产地发货,保证产品的新鲜度和品质。

优势:能够为消费者提供更加真实、透明的购物体验,让消费者放心购买。同时,产地直播也有助于推动当地农业和农村经济的发展,促进农产品的销售和农民的增收。

局限性:产地直播的环境相对较为复杂,对直播设备和技术的要求较高。此外,产地直播的季节性较强,对于一些非季节性产品的直播可能存在一定的局限性。

5) 代运营直播模式 是指将直播内容的策划、制作、运营等全过程或其中的部分环节委托给专业的服务提供商,以提升直播质量、观众参与度和销售效果。这种模式适用于希望拓展线上销售渠道、提升品牌影响力但缺乏直播经验和资源的商家或企业。

运营方式:代运营直播模式的运营方式灵活多样,核心在于将直播内容的策划、执行及后续运营等环节外包给专业的服务提供商。这既可以是全面的代播服务,由服务商全权负责直播的每一个环节,也可以是协助模式,双方合作完成直播,服务商提供专业指导和支持,还可以是咨询指导或数据分析优化服务,帮助商家提升直播策略和效果。甚至部分厂商还会把产品的包装与打造一并授权给代运营公司。

优势:代运营直播模式的优势在于其高效性和专业性。通过委托给专业的服务商,商家能够节省大量的人力、物力和时间成本,同时获得高质量的直播内容和专业的营销策略支持。这不仅有助于提升直播的观看体验和转化率,还能帮助商家快速拓展线上市场,增强品牌影响力。

局限性:商家在此过程中过度依赖服务商可能会导致自身直播能力和经验的积累不足,同时在与服务商的沟通中也可能产生额外的成本和时间消耗。此外,服务商的服务质量和风险控制能力也是商家需要考虑的关键因素,选择不当可能会带来不必要的风险和损失。因此,在选择代运营直播模式时,商家需要权衡利弊,谨慎决策。

工作实施

1. 实施内容　有一家手工艺品制作厂提供手工艺品的批发和零售两种业务,厂商一直想拓展线上销售渠道,听闻直播带货效果不错,便想尝试一下。但面对众多直播模式与不同带货合作方案,他一头雾水。例如有的主播只做零售,并且要求先交一笔坑位费,不论卖多卖少都得给,再加上后续的佣金(达人直播模式);还有代运营公司提出直接买断货品经销或者帮忙孵化产品打造爆款(代运营模式);也有人让店主自己在平台开店进行店播模式(店铺直播模式),既可以批发又可以零售。如果你是店主的电商顾问,应该怎么帮他选择呢?

2. 实施工具　无。

3. 实施步骤

(1) 分组讨论,选择一项小组认为合适的直播模式,并进行组内头脑风暴,写出其优势、劣势与业务。

选择方案:＿＿＿＿＿＿＿＿＿＿＿＿＿＿＿＿＿＿＿＿＿＿＿＿＿＿＿＿＿＿＿＿＿＿＿＿＿＿＿

优势:＿＿＿

劣势:＿＿＿

(2) 进行组间讨论,记录大家总结出的不同模式的优缺点,并填入表 1-1-5。

表 1-1-5　不同直播模式优缺点

达人直播模式	代运营模式	店铺直播模式
优势:	优势:	优势:
劣势:	劣势:	劣势:

4. 实施结果

通过讨论,你认为最适合这家手工艺品制作厂的直播模式是:＿＿＿＿＿＿＿＿＿＿＿＿＿;

原因是:＿＿＿＿＿＿＿＿＿＿＿＿＿＿＿＿＿＿＿＿＿＿＿＿＿＿＿＿＿＿＿＿＿＿＿＿＿＿。

工作评价

如表1-1-6所示。

表1-1-6　工作评价标准

评价项目	评 分 细 则	分数	得分
组内交流	是否充分研究了不同直播模式的特点、适用场景及优势、劣势	25	
表达汇报	是否清晰地阐述了所选方案的优势,并提供了有力的证据支持	25	
组间讨论	是否准确记录了不同模式下的优缺点,并进行了有效的整理和总结	25	
实施结果与反思	选择最适合的直播模式时,给出的理由是否充分、合理	25	
总分		100	

任务小结

在直播电商蓬勃兴起的背景下,为助力公司拓展直播电商业务,需要通过收集资料、分析案例,明确传统电商与兴趣电商在用户购物动机、商品推荐、营销策略等方面的差异,以便公司调整策略;深入了解淘宝、抖音等主流直播电商平台的定位、用户群体、运营模式等特点,为平台选择提供依据;探索直播带货佣金模式、平台广告投放等变现渠道的运作机制与适用场景,以制定盈利方案,最终为公司直播电商的发展奠基,并提升自身电商专业素养与实践能力。

任务检测

一、判断题(正确的打"√",错误的打"×")

1. 直播电商只是简单地将视频直播与电子商务交易流程相结合。（　　）
2. 在传统电商环境下,用户的购物动机完全基于明确的购物需求。（　　）
3. 兴趣电商平台主要依赖用户的历史购买行为进行商品推荐。（　　）
4. 京东直播平台已经拥有了众多代表性的网红主播和商家。（　　）
5. 微信直播平台的小程序直播需要抽佣。（　　）

二、单选题

1. 以下哪个平台属于传统电商?（　　）

A. 抖音　　　　B. 淘宝　　　　C. 快手　　　　D. 小红书

2. 兴趣电商用户的购物动机主要基于什么?（　　）

A. 明确的购物需求　　　　B. 价格的优惠程度

C. 兴趣的激发　　　　D. 品牌的知名度

3. 以下哪个平台在内容创作上强调多样化,并拥有广泛的用户基础?(　　)

A. 京东　　　　　B. 拼多多　　　　　C. 快手　　　　　D. 小红书

4. 哪个平台对于价格敏感、追求性价比的消费者较为适合?(　　)

A. 淘宝　　　　　B. 抖音　　　　　C. 拼多多　　　　　D. 京东

5. 微信直播平台主要利用哪种方式进行直播?(　　)

A. 短视频　　　　B. 游戏直播　　　C. 小程序直播插件　D. 语音直播

三、简答题

1. 简述传统电商与兴趣电商在用户购物动机上的差异。

2. 在选择直播平台时,公司应考虑哪些关键因素?

任务二

选择直播平台

任务背景

作为电商实习生,你现在认识了众多可供选择的直播平台。各平台在用户群体、流量规模、功能特性、入驻规则、运营成本以及带货政策等方面均存在显著差异。你接下来的关键任务便是深入研究并对比各大直播平台,筛选出最符合公司利益与发展战略的平台选项,为公司的直播电商业务奠定坚实的基础。

任务分解

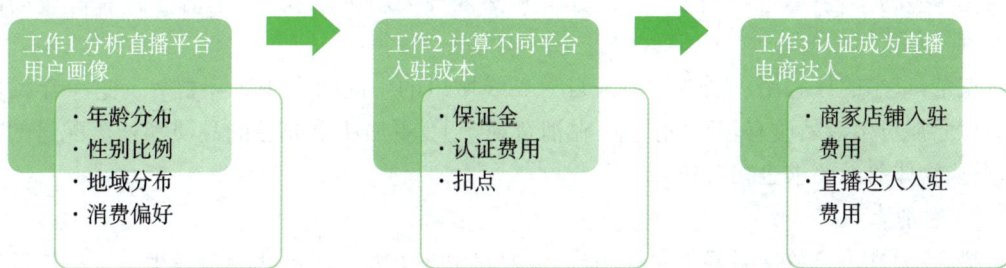

工作1 分析直播平台用户画像	工作2 计算不同平台入驻成本	工作3 认证成为直播电商达人
·年龄分布 ·性别比例 ·地域分布 ·消费偏好	·保证金 ·认证费用 ·扣点	·商家店铺入驻费用 ·直播达人入驻费用

工作1　分析直播平台用户画像

工作情景

本工作需要评估各个平台的用户画像与公司业务的适配度,为平台决策的选择提供依据。评估的内容主要包括:用户的基本特征,如年龄、性别、地域等,还有用户的消费行为习惯、兴趣爱好以及平台的社交氛围和内容生态。便于公司后续能够依据这些精准的分析,选择合适的直播平台。

课堂引入

请根据要求填写信息,并与同学一起分享,讨论在不同年龄、性别、地域、兴趣爱好的情况下各自选择了怎样的直播平台,为什么?

年龄:_____   性别:_____   籍贯:_____

兴趣爱好:_____

消费偏好:_____

常看直播电商平台:_____

消费频次最高的直播电商平台:_____

知识准备

1. 年龄分布

抖音:抖音用户以年轻群体为主,整体上有着明显的年轻化趋势,各年龄段的分布相对分散,没有出现某个特定年龄段用户占比过高的情况。总体而言,年轻群体对抖音的接受度和使用频率较高,其更受年轻用户的青睐。

快手:与抖音类似,也呈现年轻化且均衡的特点,在各个年龄段都有相当数量的用户基础,但其用户群体的年龄跨度相对较广,覆盖面更为宽泛。

淘宝:淘宝的核心用户群主要集中在 26~40 岁,相对来说,用户年龄层偏大,更受成熟消费群体的欢迎。这类用户在消费上往往更为理性,追求品质和性价比。

小红书:以年轻用户为主,是年轻人的聚集地,用户多为追求时尚潮流、注重生活品质和个性化体验的年轻一代。他们热衷于分享和探索各类新鲜事物,对生活方式有着较高的要求。

京东:京东的核心用户画像主要来自一二线城市的中高收入中青年群体。这个年龄段的用户通常对生活品质有较高的追求,在消费观念上,更加注重商品的品质和物流配送的效率,对购物体验的要求也相对较高。

2. 性别比例

抖音:男性用户数量略多于女性用户,两者差距并不大。这可能与抖音上的一些内容偏好有关。

快手:快手平台的男女用户比例差别则更为不明显,整体上呈现相对均衡的状态,说明快手对于不同性别用户都有一定的吸引力,其平台内容能够满足不同性别群体的需求。

淘宝:在淘宝平台,女性用户仍然是消费的主力军,但男性用户的占比也接近三分之一。这表明淘宝在满足女性购物需求的同时,也在不断拓展男性消费市场。

小红书:小红书是一个以女性用户为主的平台,女性用户的占比远远超过男性用户。这与小红书的平台定位和内容特色密切相关,其大量的美妆、时尚、生活方式等内容更易于吸引女性用户的关注。

京东:京东的主要用户群体为男性,这与京东的商品品类分布有直接的关联。由于京东在3C等男性关注度较高的领域具有优势,因此吸引了更多的男性用户。

3. 地域分布

抖音:抖音的用户在一线及新一线城市中占比较高,而且南方用户相对较多。这些地区的用户对新鲜事物的接受度往往较高,消费能力也相对较强,因此抖音在这些经济发达地区更容易获得用户的关注和使用。

快手:快手的用户则更多地分布在三线城市以及下沉市场,北方用户占比较高,在河北、河南、山东等人口大省拥有大量的用户群体。这些地区的用户在消费时更注重商品的性价比,快手凭借其独特的内容生态和产品策略,成功地在这些地区占据了市场。

淘宝:淘宝的用户分布呈现南方用户较多的特点,像广东、江苏等经济发达省份的用户占比较高。作为国内知名的电商平台,淘宝在全国范围内都有广泛的用户基础,不过在经济发达地区的用户密度相对更大,这些地区的消费市场更为活跃,用户购物需求也更为多样化。

小红书:小红书的用户主要集中在新一线城市和一线城市。这些地区的用户消费观念较为前沿,对于时尚、美妆、旅游等领域的关注度高,追求高品质的生活方式。小红书凭借其优质的内容和精准的用户定位,成了这些城市中年轻用户分享和发现生活美学的重要平台。

京东:用户主要集中在一二线城市。这些城市的消费者对于商品的品质和物流速度有较高的要求,而京东凭借其高效的物流配送体系和优质的商品资源,在这些地区能够更好地满足用户的需求,体现其竞争优势。

4. 消费偏好

抖音:作为一个内容丰富多样的平台,用户的消费偏好也较为广泛,涵盖了时尚、美妆、美食、家居、数码等多个品类。其直播电商的属性与新媒体内容和兴趣相叠加,通过短视频、直播、商城、搜索等多场景协同互通,覆盖用户全场景的购物体验,用户容易受到内容的影响而产生消费行为。

快手:用户对于低价好物有较高的兴趣,其"老铁经济"特色明显,用户之间的信任度高,对于性价比高的商品接受度也高。商品品类主要集中在日用品、食品、服装等与日常生活密切相关的领域。

淘宝:商品种类丰富齐全,几乎涵盖了所有品类,用户的消费偏好也因个人需求而异,但总体来说,在服装、美妆、家居、母婴等品类上的消费较为突出。用户更倾向于通过搜索和对比来选择商品。

小红书:用户多为追求品质生活的消费者,对于美妆护肤、时尚穿搭、旅游出行、家居装饰等领域有明显的偏好,消费决策更容易受到"种草"笔记和达人推荐的影响,注重商品的颜值、品质和个性化。

京东:以3C电子、家电等品类为主要优势。其用户在购买这些商品时更注重商品的质量、性能和售后服务,对于品牌和正品保障有较高的要求,同时也会关注物流配送的速度和效率。

工作实施

1. 实施内容 随着各直播平台的营销策略不断变化,其用户画像也会出现相应的改变,接下来自行查询不同直播平台的用户画像。

2. 实施准备 手机或电脑。

3. 实施步骤

(1) 通过官方渠道查询数据信息:直播平台通常会发布用户数据报告或白皮书,其中可能包含用户画像的详细信息。这些报告通常涵盖了用户的年龄、性别、地域、兴趣偏好、消费能力等关键信息。例如,抖音等平台会定期发布用户数据报告,展示平台用户的整体特征和趋势。

查询平台:＿＿＿＿＿＿＿　　查询年份:＿＿＿＿＿＿＿

报告名称:＿＿＿＿＿＿＿＿＿＿＿＿＿＿＿＿＿＿＿＿＿＿＿＿＿

查询结果:＿＿＿＿＿＿＿＿＿＿＿＿＿＿＿＿＿＿＿＿＿＿＿＿＿

(2) 第三方数据研究机构查询:第三方数据研究机构会发布关于直播行业的用户研究报告。这些报告通常基于大量数据和分析,能够提供更深入、更全面的用户画像。

第三方机构:＿＿＿＿＿＿＿　　查询平台:＿＿＿＿＿＿＿

报告名称:＿＿＿＿＿＿＿＿＿＿＿＿＿＿＿＿＿＿＿＿＿＿＿＿＿

查询结果:＿＿＿＿＿＿＿＿＿＿＿＿＿＿＿＿＿＿＿＿＿＿＿＿＿

4. 实施结果

示例:查询平台:＿抖音平台＿　　查询年份:＿2023 年＿＿＿＿

报告名称:＿＿＿＿＿＿＿＿＿＿＿＿＿＿＿＿＿＿＿＿＿＿＿＿＿

查询结果:＿＿＿＿＿＿＿＿＿＿＿＿＿＿＿＿＿＿＿＿＿＿＿＿＿

工作评价

如表 1-2-1 所示。

表 1-2-1　工作评价标准

评价项目	评分细则	分数	得分
信息查询	能否查到平台或者第三方的最新相关报告	50	
报告分析	能否通过分析简单叙述目标平台的用户画像	50	
	总分	100	

工作 2　计算不同平台入驻成本

工作情景

不同的直播平台针对不同的直播销售活动需要收取相应的保证金和服务费,你需要对几个主流的直播电商平台(抖音、快手、淘宝、京东、拼多多)的入驻成本进行详细分析,为公司决策提供依据,确保在控制成本的同时,选择最适合品牌发展的平台。

课堂引入

不同直播平台的入驻成本不同,一般纯电商平台无入驻费用或入驻费用较低,而社交电商平台则需要收取一定的入驻费用,你认为这是为什么?

知识准备

1. 商家店铺入驻费用　店铺入驻适用商品销售型主体,主要服务对象是有商品销售需求的商家,因此相关要求较高,手续也较为复杂,适合企业和个体经营户入驻。店铺和商品是保证直播电商活力的基础,也是保护消费者权益的源头,因此不同平台对于此类用户既提供了很多优惠政策,也设置了严格的审核机制。以下是部分平台目前的店铺入驻要求。

(1) 抖音

保证金:根据商品类目差异化收取,普通类目门槛较低,食品、化妆品等高监管类目需缴纳更高的保证金。

资质要求:需提交营业执照、品牌授权书(品牌类商品)及行业资质(如食品经营许可证)。

技术服务费:按实际成交额比例收取,不同类目费率差异显著。

(2) 快手

保证金:普通类目保证金较低,部分特殊类目需缴纳更高的费用。

资质审核:需提供营业执照、商标注册证明,部分类目需提供行业资质备案。

技术服务费:按直播销售额的比例收取,部分扶持类目可享费率减免。

(3) 淘宝

保证金:企业店铺需缴纳较高的基础保证金,不同类目需叠加类目保证金。个人店铺保证金门槛较低。

资质门槛:需提交营业执照、品牌授权书(品牌类商品)及行业资质(如食品经营许可证)。企业店铺还需满足店铺等级要求,部分类目需额外提交质检报告。

技术服务费:按成交额比例收取,费率跨度较大(3%～50%),出商品类目及合作模式决定。

(4) 京东

保证金:商家需缴纳的保证金比较高,但不同类目的保证金差异比较大。

资质要求:需提交营业执照、品牌授权书(品牌类商品)及行业资质(如食品经营许可证)。此外,京东平台对于注册资本有一定要求。

技术服务费:按销售额比例分层收取,部分类目需支付固定月费。

(5) 拼多多

保证金:普通商品类目保证金较低,虚拟类目及跨境商品类目需缴纳更高费用。

入驻政策:无直接入驻费用,但需完成店铺基础认证。

技术服务费:按成交额比例收取,费率普遍低于其他平台。

2. 直播达人入驻费用　达人入驻适用无货源带货型主体,主要服务对象是希望从事直播电商活动,但自身无货源的达人,相比店铺入驻其要求简单,手续也便利快捷,适合个人申请入驻。相对而言,社交平台因为平台定位的关系,对于带货达人的监管更加严格,而淘宝等电商平台对于达人的监管较为宽松,在实名制的基础上,人人都有机会成为带货达人。

（1）抖音

保证金:抖音作为社交平台,每个用户可以自由开播,分享自己的生活,但如果希望在直播中进行电商活动,则需要进行实名认证,达到一定粉丝要求,并缴纳 500 元的保证金。

佣金分成:按带货销售额抽成,比例由商家与达人协商设定,平台不额外收取技术服务费,具体佣金分成可以在抖音精选联盟等平台进行查看。

（2）快手

保证金:快手和抖音相似,普通用户开播并不需要任何费用,但是想要在直播中进行电商、带货等活动时则需要缴纳保证金。快手的保证金与带货口碑、经营情况等综合计算得出,需个人登录达人后台观看,一般为 200～1 000 元。

佣金机制:佣金比例由商家设定,达人可以自行选择相应的产品。

（3）淘宝

保证金:作为电商平台,在淘宝平台申请成为带货达人,不需要缴纳任何费用,仅需要进行实名认证。

佣金结构:按商家设定的分佣比例结算,可以在淘宝主播的商品板块和热浪平台进行详细查看。

（4）拼多多

保证金:拼多多平台对于保证金要求和抖音相似,一般为 500 元,但为了增强平台活力,根据不同达人的情况也会推出"0 元入驻"的活动,可以通过达人后台进行查看。

佣金机制:按商家设定的佣金比例结算,目前拼多多平台不额外收取技术服务费。

工作实施

1. 实施内容　一位美妆博主计划在抖音进行直播带货,她可以选择直接注册成为带货达人,从抖音精选联盟中选择商品带货,也可以和厂商合作,生产自己的美妆产品,作为个体商户或企业入驻。请帮她计算不同入驻情况的花费为多少。

表 1-2-2　抖音部分入驻保证金

经营大类	二级类目名称	基础保证金		
		个体(元)	企业(元)	个人
美妆	彩妆/香水/美妆工具	5 000	10 000	/
	美容护肤	5 000	10 000	/
	美容美体医疗器械	10 000	20 000	/

（续表）

经营大类	二级类目名称	基础保证金		
		个体（元）	企业（元）	个人
个护家清	个人护理	5 000	10 000	/
	洗护清洁剂/卫生巾/纸/香薰	5 000	10 000	/
	计生用品		50 000	/
母婴宠物	婴童尿裤	5 000	10 000	/
	婴童用品	5 000	10 000	/
	孕妇装/孕产妇用品/营养	5 000	10 000	/
	奶粉/辅食/营养品/零食	5 000	10 000	/
	童鞋/婴儿鞋/亲子鞋	5 000	10 000	/
	童装/婴儿装/亲子装	5 000	10 000	/
	宠物/宠物食品及用品	2 000	4 000	/

2. 实施工具　手机或电脑。

3. 实施步骤

（1）计算达人入驻成本：＿＿＿＿＿＿＿＿＿＿＿＿＿＿＿＿＿＿＿＿＿＿＿。

（2）计算个体工商户入驻成本：＿＿＿＿＿＿＿＿＿＿＿＿＿＿＿＿＿＿＿＿。

（3）计算企业入驻成本：＿＿＿＿＿＿＿＿＿＿＿＿＿＿＿＿＿＿＿＿＿＿＿。

4. 实施结果　你会选择何种入驻形式？为什么？

工作评价

如表1-2-3所示。

表1-2-3　工作评价标准

评价项目	评分细则	分数	得分
达人入驻	是否全面考虑了达人入驻成本并计算准确	25	
个体工商户入驻	是否全面考虑了个体工商户入驻成本并计算准确	25	
企业入驻	是否全面考虑了企业入驻成本并计算准确	25	
方案选择	学生选择最适合的入驻形式时，给出的理由是否充分、合理	25	
总分		100	

工作 3　认证成为直播电商达人

工作情景

要深入了解直播电商,最直接的方式就是从个人体验开始。你决定先以个人身份尝试入驻一个主流的直播平台,例如抖音、快手或淘宝直播等。通过平台官网或 App 的"主播入驻"入口,仔细阅读平台的入驻规则和要求,准备必要的个人身份证明。提交申请后,耐心等待审核,并在此期间积极学习平台内的直播教程,了解直播规范、互动技巧及商品推荐策略。

课堂引入

你想尝试成为哪个平台的直播达人?为什么?

知识准备

1. 抖音平台达人入驻

1)账号基础

(1)账号注册:需使用真实有效的信息注册抖音账号,并且必须进行实名认证。

(2)账号信息:建议选择容易记忆且与自身定位相关的用户名和头像,方便粉丝识别与记忆。

2)粉丝要求　绑定的抖音账号的认证主体为自然人的,有效粉丝数量<500 时,仅可获得橱窗带货权限;有效粉丝数量≥500(达到数量要求的次日)时,可开通视频/图文带货权限;粉丝数量≥1 000(达到数量要求的次日)时,可开通直播间带货权限。

3)材料资质准备

(1)入驻抖音平台需提供身份证照片正反面,身份证须使用二代身份证,证件须保证清晰完整有效,距离有效期截止时间大于 1 个月,身份证年龄须满 18 周岁,与抖音账号实名认证身份信息保持一致。

(2)需提供银行账户名称、开户行和账号,需为入驻人名下银行卡。

4)保证金提交

(1)基础保证金:达人入驻需缴纳基础保证金,缴纳标准为 500 元人民币。

(2)浮动保证金:每月 1 日平台根据达人推广商品/服务在上一个自然月在线支付订单交易情况(支付 GMV)计算浮动保证金应缴金额,每月 2 日按照表 1-2-4 所示标准调整对应的应缴保证金金额。

表 1－2－4 浮动保证金标准

在线支付订单成交金额(万元/月)	浮动保证金标准(元)
[0,5]	0
(5,10]	3 000
(10,50]	5 000
(50,＋∞)	20 000

（3）活动保证金：达人参与平台重点活动的，需缴纳相应活动保证金。活动保证金缴纳标准由平台根据活动类型确定，分为 5 000 元、10 000 元、20 000 元三个标准，缴纳金额以达人保证金账户、提报活动时相应页面的提示为准。

2. 淘宝平台达人入驻

1）账号基础

（1）账号注册：淘宝平台入驻较为简单，淘宝达人账号在淘宝主播 App 进行注册，与淘宝 App 互通，注册手续简单，无须其他要求。

（2）账号信息：淘宝直播达人的昵称默认为淘宝账号名称，如果使用默认账号名称和默认头像将会出现违规情况，因此必须进行更改。

2）材料资质准备 入驻抖音平台需提供身份证照片正反面，身份证须使用二代身份证。证件需保证清晰完整有效，距离有效期截止时间大于 1 个月，身份证年龄须满 18 周岁，与抖音账号实名认证身份信息保持一致。

工作实施

1. **实施内容** 注册成为淘宝直播达人。

2. **实施准备** 手机、身份证。

3. **实施步骤**

（1）下载淘宝主播 App：在应用商店中找到淘宝主播 App 进行下载（图 1－2－1），电脑版为淘宝直播主播工作台。

图 1－2－1 淘宝主播 App 下载

(2) 登录淘宝 App,点击"主播入驻"(图 1 - 2 - 2)。

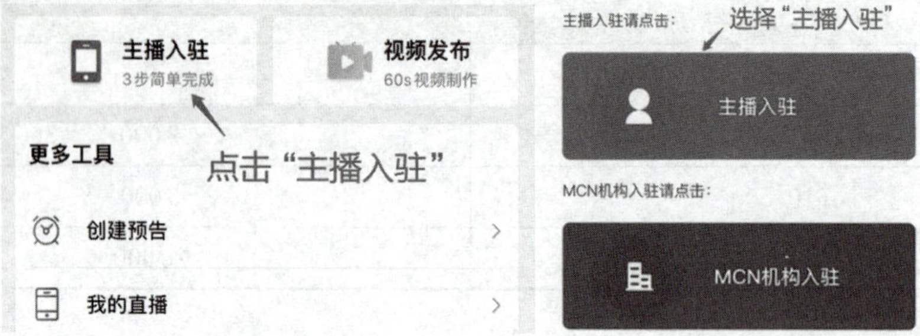

图 1 - 2 - 2　主播入驻

(3) 完成实人认证(图 1 - 2 - 3)。

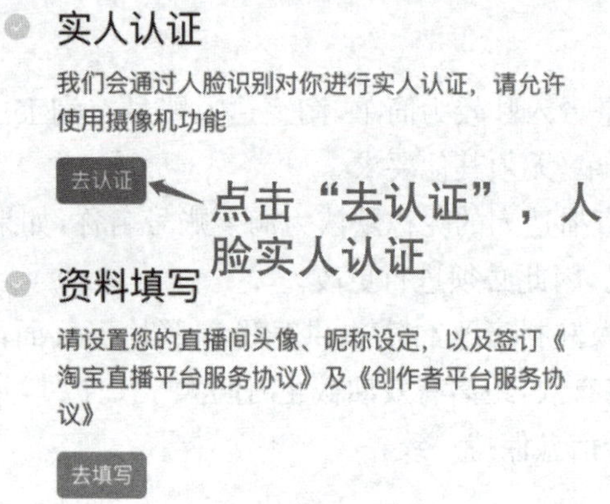

图 1 - 2 - 3　实人认证

(4) 更改昵称、头像(图 1 - 2 - 4)。

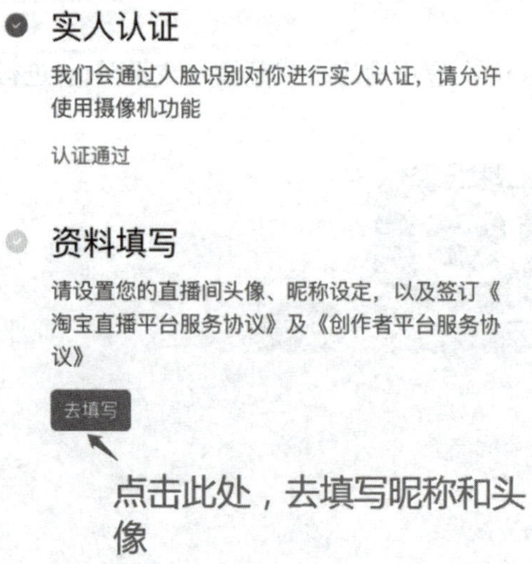

图 1 - 2 - 4　更改昵称头像

（5）学习相关平台规则。

工作评价

如表1-2-5所示。

表1-2-5　工作评价标准

评价项目	评 分 细 则	分数	得分
平台入驻	是否成功入驻平台	50	
学习规则	是否完成了平台规则的了解，并修改了自己的账号昵称以及头像，避免违规	50	
总分		100	

任务小结

本次任务主要围绕选择直播平台展开，分为分析直播平台用户画像和计算不同平台入驻成本、认证成为直播电商达人三部分。通过分析各平台用户画像，包括年龄、性别、地域、消费偏好等，了解其与公司业务适配度，为平台选择提供依据。同时计算主流直播电商平台入驻成本，如抖音、快手等平台的保证金、扣点、服务费等，以助公司在控制成本的前提下选择适合品牌发展的平台，为公司直播电商业务奠定基础，后续可结合业务需求和成本考量做出最佳平台选择决策并入驻平台。

任务检测

一、判断题（正确的打"√"，错误的打"×"）

1. 抖音用户年龄分布相对集中在18～30岁。（　　）

2. 淘宝平台男性用户占比低于三分之一。（　　）

3. 京东平台个人入驻申请直播是免费的，但需要成为京东达人且满足一定条件。（　　）

二、单项选择题

1. 以下哪个平台以年轻用户居多，24岁以下人群超过四成？（　　）

A. 抖音　　　　B. 快手　　　　C. 小红书　　　　D. 淘宝

2. 快手小店最低缴存保证金标准为（　　）。

A. 1000元　　　B. 500元　　　C. 2000元　　　D. 10000元

3. 以下哪个平台在3C电子、家电等品类上具有主要优势？（　　）

A. 抖音　　　　B. 快手　　　　C. 淘宝　　　　D. 京东

三、简答题

1. 简述抖音平台的用户画像特点（至少从两个方面）。

2. 比较淘宝和京东平台在用户消费偏好的差异。

项目拓展 能力提升

在今后的工作中,我们将会遇到各种各样的情况,需要帮助不同的公司或个人申请入驻不同的直播平台,注册不同类型的账号,请为以下人物设计合适的直播平台入驻方案。

人物 1

身份:农家阿妈。

产品:自制腊肉、粉条。

需求:在网上直播售卖,赚取生活费用。

预备资金:家中资金不多,除必要外不准备花费太多。

直播平台:_____

账号类型:_____

入驻准备:_____

人物 2

身份:大学生。

产品:无。

需求:上学期间想要自由兼职,在网络上带货。

预备资金:仅有生活费用可以使用,数量不多。

直播平台:_____

账号类型:_____

入驻准备:_____

人物 3

身份:玩偶企业。

产品:玩偶。

需求:近年玩偶销量逐年下降,达人带货坑位费高昂,希望建立自己的官方账号进行直播销售。

预备资金:资金充裕,希望尽快取得比较好的效果。

直播平台:_____

账号类型:_____

入驻准备:_____

人物 4

身份:服装经销商。

产品:服装。

需求:微商转型,有较好的供应链与粉丝基础,希望能扩大规模。

预备资金：资金充裕，希望尽快取得比较好的效果。

直播平台：_____

账号类型：_____

入驻准备：_____

项目二　搭建直播工作间

项目介绍

　　在当今数字化时代,直播已成为信息传播、娱乐互动及商业推广的重要平台。无论是教育领域的在线授课,电商行业的直播带货,还是娱乐界的明星互动,直播间都扮演着不可或缺的角色。本项目将深入介绍如何从零开始,搭建一个功能完备、用户体验良好的直播间,涵盖组建直播团队、选择直播产品、确定直播风格 3 个任务 7 个工作环节,旨在帮助学员掌握直播间搭建的全流程技能。

学习目标

　　(1) **知识目标**:深入理解并掌握直播工作间搭建的全流程,明确直播团队的基本构成,根据需要精准选择直播产品,了解直播风格塑造的逻辑链。

　　(2) **技能目标**:根据不同直播需求,独立选择合适的硬件设备,完成直播间搭建的全流程,并妥善制订直播中的应急处理计划。

　　(3) **素养目标**:能够在面对直播中遇到新问题时运用创新思维寻找解决方案,不断优化直播效果。

项目导航

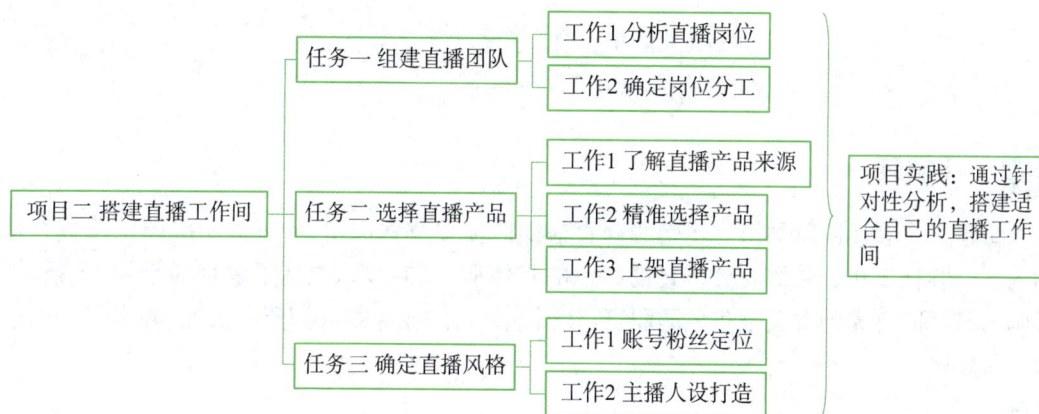

任务一

组建直播团队

任务背景

假设你入职的公司最近想要顺应电商发展趋势开辟直播业务，但公司没有现成的直播团队。主管希望由你来负责筛选并审核公司的现有人才，组建一支合格的直播团队，明确直播团队的职责分工，确保直播前的准备工作和直播过程中的协调配合顺畅无阻，让公司的直播业务得以顺利开展。

任务分解

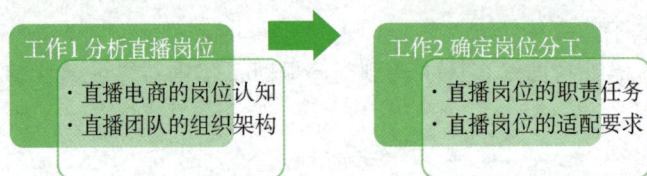

```
工作1 分析直播岗位          →    工作2 确定岗位分工
·直播电商的岗位认知              ·直播岗位的职责任务
·直播团队的组织架构              ·直播岗位的适配要求
```

工作 1 分析直播岗位

工作情景

组建一个直播团队的第一步是明确直播团队需要哪些岗位，并根据相应岗位选拔合适的人才以胜任工作。你需要分析直播岗位的具体职责和要求，包括了解直播策划、主播、摄影师、音控师、灯光师等关键角色的职责，并根据公司的业务需求和资源情况，确定每个岗位的人员配置。

课前引入

图 2-1-1 中直播岗位的名称分别是什么？

图 2-1-1 不同直播岗位

知识准备

1. 直播电商的岗位认知 稳定的直播团队是一场成功直播的幕后主力。一场完整的直播通常由主播、助播、场控、运营、客服等岗位组成,每个岗位都有其独特的职责和重要性。了解这些岗位的实际意义对于组建一个高效的直播团队至关重要。

(1)主播:主播是直播过程中的核心人物,是直播的具体执行者和表现者,负责与观众互动,展示产品,传达信息。除去一定的外在条件要求,他们还需要具备良好的表达能力和亲和力,以及对直播内容的充分了解,综合素质和专业能力往往是不可或缺的。

(2)助播:专业的直播机构除了有大量的储备主播外,还需要根据直播需求与直播风格储备一定数量的助播。在直播过程中,助播主要负责补充主播的信息,处理突发情况,并在主播需要休息或更换时接替其工作,需要具备快速反应能力和一定的产品知识。

(3)场控:场控负责直播间现场的秩序维护,包括互动环节的管理、直播设备的监控等,及时清理扰乱直播氛围的行为。场控需要协助处理直播时的突发情况,以确保直播顺利完成,因此该岗位需要具备较强的组织能力和应变能力。

(4)运营:运营负责直播前的策划以吸引用户参与并增加停留时间,负责直播中的执行以及直播后的数据分析以促进销售转化。运营是连接团队与业务目标的桥梁。运营通常需要对用户需求展开分析并持续优化直播策略,因此要具备市场分析能力和项目管理能力。

(5)客服:客服在直播前负责收集用户相关信息及数据,熟悉产品属性及优惠信息,在直播中负责解答观众问题,处理观众反馈,维护观众关系,提升用户对直播服务的体验感。客服需要具备良好的沟通技巧和问题解决能力。

2. 直播团队的组织架构 根据发展阶段和工作需求情况,依托直播工作岗位设置、工作内容、工作流程等要素,可以搭建不同层级的直播团队。

(1)低配版直播团队

组织架构:主播 1+运营 1。

团队职能:运营兼顾摄像、场控等工作,主播兼任策划、编导等岗位。主播通常需要每天独自直播 4 小时。

(2)进阶版直播团队

组织架构:主播 2+运营 1+策划 1+场控 1。

团队职能:该版本的直播团队职能分配中,运营和主播负责各自职能,策划兼任编导工作,场控兼任摄像工作。主播可以两人同时直播,也可以轮播。轮播一般以 3 小时为一场,一天两场。

(3)中配版直播团队

组织架构:主播 2+助播 2+运营 1+策划 1+场控 1+编导 1。

团队职能:该团队架构中,单独设计编导岗位,编导负责统筹直播安排。主播、助播可以两人一组,一天轮播两场,每场 3 小时。

(4)高配版直播团队

组织架构:主播 2+助播 2+运营 1+策划 1+场控 1+编导 1+摄像 1+客服 1。

团队职能:该版本的直播团队职能分配已经做到了"各司其职",摄像完成直播技术性工作,客服负责配合主播完成一系列服务工作。主播、助播可以根据产品需求多人同台,也可以独立分场直播。

工作实施

图 2-1-2 赣南脐橙

1. **实施内容**　电商公司最近洽谈了一项新业务:直播售卖赣南脐橙(图 2-1-2)。请根据现有的岗位认知,构思直播团队结构,为公司组建一个恰当的直播团队。

2. **实施工具**　电商平台、直播平台、搜索网站。

3. **实施步骤**

(1)分析赣南脐橙的市场定位和目标消费群体,确定直播的风格和内容方向。

(2)根据直播内容的方向,选择合适的主播,考虑其风格是否与产品定位相符。

(3)确定直播策划人员,负责制定直播流程、内容脚本以及互动环节的设计。

(4)招募场控人员,负责直播现场的秩序维护和设备监控,确保直播顺利进行。

(5)指派运营人员,负责直播前的宣传推广和直播后的数据分析,以优化直播效果。

(6)安排客服人员,负责直播前后的客户咨询和反馈处理,提升客户满意度。

(7)考虑是否需要额外的摄像师和灯光师,以提高直播画面质量。

(8)制订直播团队的应急处理计划,确保在遇到技术问题或突发情况时能够迅速应对。

4. **实施结果**　完成直播团队岗位部署表(表 2-1-1)。

表 2-1-1　直播团队岗位部署表

岗位名称			
岗位人数			

工作评价

如表 2 - 1 - 2 所示。

表 2 - 1 - 2　工作评价标准

评价项目	评 分 细 则	分数	得分
岗位认知合理度	对直播团队各岗位的理解是否到位	25	
岗位设置合理度	是否能根据赣南脐橙销售需求合理设置各岗位	25	
岗位数量合理度	是否能根据直播需求设置恰当数量岗位	25	
岗位分配合理度	是否能根据人员特质合理分配对应工作岗位	25	
总分		100	

工作 2　确定岗位分工

工作情景

某电商公司根据发展规划需要组建一支直播团队,你接到主管的工作安排负责这项事务,基本的团队岗位已经规划好并发布在公司总群。公司内想要报名的同事们纷纷向你咨询各岗位具体职责,请你解答大家的问题,并安排好各岗位的合适人选。

课前引入

以下哪一项不属于主播的工作范围?

A. 展示产品　B. 与观众互动　C. 回答客户后台问题　D. 介绍产品信息

知识准备

1. 直播岗位的职责任务

（1）主播

直播主持:负责直播的整体节奏控制,包括开场白、产品介绍、互动环节设计等,确保直播流程顺畅且吸引人。

产品展示与讲解:深入了解产品特点,通过生动的语言和实际操作展示产品,强调卖点,解答观众疑问。

互动与引导:积极与观众互动,回应评论,通过抽奖、问答等方式提高观众参与度,引导观众下单购买。

品牌形象塑造:代表品牌形象,传递品牌故事和价值观,增强消费者对品牌的认知与信任。

数据分析与反馈:参与直播后的数据分析,了解观众反馈,为后续的直播内容优化提供依据。

(2)助播

辅助直播:在主播休息或需要协助时,接替主播进行直播,保持直播的连续性和稳定性。

后台管理:管理直播间的后台设置,如商品链接的上下架、优惠券的发放、弹幕管理等。

数据监控:实时监控直播间的在线人数、互动率、转化率等关键数据,及时提醒主播调整策略。

紧急应对:处理直播中可能出现的突发情况,如技术故障、观众投诉等,确保直播顺利进行。

(3)场控

统筹运作:全面负责直播场控的整体规划和执行,确保直播现场的高效运作。制定直播场控的流程和标准,监督团队成员的工作表现。协调直播团队与其他部门(如技术、内容、营销等)的沟通与合作。

技术支持:负责直播流程的设计与优化,确保每个环节衔接顺畅,解决直播过程中可能出现的技术问题,保障直播顺利进行。应对直播中的突发情况和技术故障,快速定位并解决问题,确保直播的连续性和稳定性。

设备监控:直播前的场地布置、设备检查与调试,包括摄像头、麦克风、灯光等,确保直播画面的清晰度和音质等。

(4)运营

直播策划与执行:负责直播内容的策划和创意构思,确保直播内容的吸引力和独特性。制定直播活动的执行方案,包括直播时间、平台选择、主播安排等。协调直播团队,确保直播活动的顺利进行,包括技术支持、设备调试、现场协调等工作。

数据分析与优化:收集和分析直播数据,包括观看人数、互动率、转化率等关键指标。通过数据分析,挖掘用户需求和市场趋势,为直播运营策略的优化提供依据。制定数据报告,向管理层汇报直播运营的效果和成果。

(5)客服

在线服务:负责直播期间的在线客服工作,实时解答观众的问题和疑虑。提供准确、及时、友好的服务,提升观众的满意度和忠诚度。实时监控直播平台的观众留言和弹幕,及时回应观众的问题。处理观众的投诉和建议,确保问题得到妥善解决。协助观众解决技术问题,如观看直播时的卡顿、加载慢等问题。

售后服务:负责直播结束后的售后服务工作,处理观众的售后问题和订单纠纷。确保观众的售后问题得到及时、有效的解决,从而提升售后服务质量。处理观众的退货、换货请求,确保流程顺畅、操作规范。跟进观众的售后问题,确保问题得到彻底解决,并反馈处理结果。记录和统计售后问题,分析原因,提出改进建议。

2. 直播岗位的适配要求

(1)主播

专业技能:善于表达与沟通,思维敏捷,互动反应快。具备较强的产品理解能力,能准确把握产品特点,进行生动有趣的讲解。普通话标准,音质好,上镜效果好,敢于展现自我。熟练使用各类直播软件和设备,熟悉直播平台的运营模式。

个人素质:形象气质佳,五官端正,身材瘦高穿搭有型(针对部分特定品类如女装、时尚品类)。具备较强的团队合作精神和责任心,能够承受工作压力。热爱直播行业,有强烈的个人价值的实现需求,乐于接受压力和挑战。具备良好的学习能力和自我驱动力,能够快速掌握行业知识和技能。

(2)助播

专业技能:具备良好的沟通能力,能够与主播和观众有效互动。熟悉直播平台的操作流程和规则,了解直播市场趋势。具备一定的文案撰写能力,能够编写吸引人的商品介绍和互动环节。熟练使用直播设备,如摄像头、麦克风、灯光等,具备基本的故障排除能力。

个人素质:性格开朗,热情大方,具备良好的团队合作精神。工作细心,责任心强,能够承受一定的工作压力。对直播行业充满热情,愿意不断学习新知识,提升自我。

(3)场控

专业技能:熟悉直播平台的操作流程和规则,了解直播市场趋势。具备良好的沟通协调能力,能够迅速处理突发情况。具备一定的数据分析能力,能够解读直播数据,为优化直播策略提供依据。熟练使用办公软件和直播相关技术工具,如 Word、Excel、直播管理软件、摄像设备等。

个人素质:性格开朗,热情大方,具备良好的团队合作精神。工作细心,责任心强,能够承受一定的工作压力。对直播行业充满热情,愿意不断学习新知识,提升自我。具备良好的时间管理能力和多任务处理能力。

(4)运营

专业技能:精通电商直播的运营策略,掌握用户行为分析、商品上架优化、营销活动策划等技能。具备数据监测与分析能力,能通过数据洞察市场趋势、优化运营效果。熟练使用 Excel、Python 等数据分析工具,以及抖音、微博、小红书等社交媒体平台。

个人素质:具备良好的沟通能力和团队协作能力,能够与团队成员、商家和消费者有效沟通。具备较强的应变能力和创新能力,能够迅速适应市场变化,提出有效的解决方案。对直播行业充满热情,愿意不断学习新知识,提升自我。

(5)客服

专业技能:具备良好的沟通能力和服务意识,能够耐心、细致地解答用户问题。熟悉电商平台的购物流程和售后服务规则。熟练使用办公软件,如 Word、Excel 等,具备基本的数据分析能力。了解直播行业,对电商直播有一定的认识和兴趣。

个人素质:性格开朗,热情大方,具备良好的团队合作精神。工作细心,责任心强,能够承受一定的工作压力。具备良好的学习能力和自我驱动力,能够快速适应新环境和新工作。普通话标准,音质清晰,具备良好的语言表达能力。

工作实施

1. **实施内容** 鉴于公司之前委派的组建直播团队的任务进展不错,主管放权让你负责相关人员的面试考察工作,请在近期为公司报名人员专门安排一次面试,确定赣南脐橙直播团队的具体人员名单及对应岗位。

2. 实施工具　Excel 软件、直播平台、摄像设备。

3. 实施步骤

(1) 制定面试流程与标准

设计面试环节:为每个岗位设计针对性的面试问题,包括专业技能测试、情景模拟、团队合作案例分析等,确保全面评估应聘者的能力和潜力。

设定评估标准:明确每个岗位的必备技能、软性要求(如沟通能力、团队合作精神),以及加分项(如相关行业经验、创新思维等),并制定相应的评分标准。

(2) 安排面试

确定面试形式:根据当前情况,选择线上(视频会议)或线下面试,确保所有候选人都能便捷参与。

制定时间表:为每位候选人安排面试时间,确保不同岗位的面试不冲突,同时考虑面试官的时间安排,可设置初试和复试环节。

通知候选人:通过邮件、电话或短信通知候选人面试时间、地点(或线上会议链接)、需准备的材料等。

(3) 实施面试

执行面试:按照既定流程进行面试,记录每位候选人的表现,必要时可录音或录像以便后续评估。

即时反馈:对于需要即时技能展示的岗位(如主播试镜),给予即时反馈,增加候选人的参与感和透明度。

(4) 综合评估与决策

评分汇总:面试结束后,收集所有面试官的评分和意见,进行汇总分析。

团队讨论:组织团队成员或相关部门负责人会议,讨论候选人的整体表现,综合考虑后确定最终人选。

岗位匹配:根据评估结果,将候选人分配到最合适的岗位上。

4. 实施结果　确定直播岗位分配名单(表 2-1-3)。

表 2-1-3　直播岗位分配名单

主播	助播	场控	运营	客服

工作评价

如表 2-1-4 所示。

表 2-1-4 工作评价标准

评价项目	评分细则	分数	得分
面试流程完善度	对直播团队各岗位的考核环节是否充分	25	
打分机制合理度	面试打分机制是否针对岗位需求设立	25	
人员分工明确度	是否告知直播团队各岗位具体分工	25	
面试规则公正度	是否公正公平完成面试、公正分配岗位	25	
总分		100	

任务小结

　　一个专业、高效的直播团队能够为企业创造更多与消费者直接沟通的机会,提升品牌认知度与忠诚度,进而推动企业在电商环境下的持续发展与壮大。在探讨电商企业拓展直播新路径时,组建直播团队这一任务的设置具有重要意义。通过详细分析直播岗位认知,研究直播团队组织架构,明确直播团队的岗位职责任务和适配要求,让学员了解直播团队组建全过程,从而有效提升直播活动的质量与效率。

任务检测

一、判断题(正确的打"√",错误的打"×")

1. 主播是直播团队的核心,其他岗位都是为主播服务的。(   )

2. 运营岗位只需要负责直播前的准备工作,在直播过程中不需要参与。(   )

3. 场控岗位须具备良好的沟通能力和应变能力,能够及时处理直播间的突发情况。(   )

4. 客服岗位只需要在直播结束后处理售后问题,直播过程中不需要参与。(   )

5. 组建直播团队时,应该根据直播内容和目标受众来确定岗位设置和人员配置。(   )

二、单项选择题

1. 以下哪项不属于直播团队的核心岗位?(   )

A. 主播 　　　　 B. 运营 　　　　 C. 场控 　　　　 D. 美工

2. 负责直播内容策划、脚本撰写、数据分析等工作的是哪个岗位?(   )

A. 主播 　　　　 B. 运营 　　　　 C. 场控 　　　　 D. 客服

3. 在直播过程中,负责与观众互动、解答疑问、引导下单的是哪个岗位?(   )

A. 主播 　　　　 B. 运营 　　　　 C. 场控 　　　　 D. 客服

4. 以下哪项是场控岗位的主要职责?(   )

A. 负责直播间氛围的营造 　　　　 B. 负责直播数据的分析

C. 负责直播商品的选品 　　　　 D. 负责直播脚本的撰写

5. 组建直播团队时，以下哪项因素最不重要？（　　　）

A. 团队成员的专业技能 　　　　B. 团队成员的性格特点

C. 团队成员的薪资待遇 　　　　D. 团队成员的合作默契

三、简答题

1. 请简述直播团队中运营岗位的主要职责。

2. 请举例说明场控岗位在直播过程中可以发挥哪些作用。

3. 你认为在组建直播团队时，除了专业技能之外，还应该考虑哪些因素？为什么？

任务二

选择直播产品

任务背景

你所在的公司最近洽谈了一个电商助农项目，需要由你带领公司组建好的直播团队进行直播带货，为农民销售产品并创造收益。目前直播产品还处于待定状态，请根据直播团队构成、助农产品特性以及产品的市场潜力和受众接受度来确定带货产品，并向主管说明选品原因。

任务分解

工作1 了解直播产品来源	工作2 精准选择产品	工作3 上架直播产品
· 生产制造商 · 品牌方与代理商 · 供应链整合 · 原创设计与定制 · 进口商品	· 明确目标受众 · 紧跟市场趋势 · 品牌调性匹配 · 质量为先 · 价格策略与促销机制	· 前期准备 · 商品上架 · 直播上架 · 后续管理

工作 1　了解直播产品来源

工作情景

直播团队的主要职责之一是确保每次直播所推广的产品不仅质量上乘，而且来源可靠，以满足消费者对品质与安全的双重需求。随着直播电商行业的竞争加剧，深入了解产品来源成了提升消费者信任度、维护品牌形象的关键环节。了解直播产品来源是一个涉及多方面、多步骤的过程，需要细致入微的调研、严格的审核以及专业的评估。通过这一系列工作，不仅能确保直播产品的质量与安全，还能为公司的长期发展奠定坚实的供应链基础。

课前引入

你知道直播产品有哪些来源？

知识准备

1. 来源一：生产制造商

直播产品的最直接来源是生产制造商，即那些负责产品设计、原材料采购、生产加工直至成品出厂的企业。选择有资质、信誉良好的制造商是确保产品质量的第一步。消费者和主播应关注制造商的资质认证（如 ISO 认证、质量管理体系认证等），以及其在行业内的口碑和历史。同时，了解制造商的生产能力、技术水平和研发投入也是评估其产品质量的重要参考。

2. 来源二：品牌方与代理商

许多直播间的商品来自知名品牌或其授权的代理商。品牌方通常会对其产品进行严格的质量控制，并提供一定的售后服务保障，这对于提升消费者信任度大有裨益。代理商则作为品牌与市场之间的桥梁，负责产品的分销与推广。选择正规渠道的品牌商品，可以有效降低购买到假冒伪劣产品的风险。

3. 来源三：供应链整合

随着电商平台的成熟，越来越多的直播团队开始重视供应链的整合与优化。通过与大型供应链企业合作，主播能够获取更多样化、性价比高的商品资源。供应链整合不仅关乎产品的采购效率，更在于对供应链各环节的严格把控，包括原材料检验、生产过程监督、物流配送等，确保从源头到终端的每一个环节都符合质量标准。

4. 来源四：原创设计与定制

部分主播或商家为了增强竞争力，会推出原创设计或定制产品。这类产品往往具有独特的设计元素或功能特性，能够满足特定消费群体的需求。原创设计与定制产品的来源主要依赖于内部设计团队或与外部设计师的合作。在推广这类产品时，强调其独特性和背后的设计理念，有助于提升产品的附加值和吸引力。

5. 来源五：进口商品

随着全球化进程的加速，进口商品在直播中也占据了不小的份额。进口产品通常意味着更高的品质标准、独特的文化背景或稀缺性，吸引了大量追求品质和新鲜感的消费者。对于进口商品，了解其原产地、进口渠道、海关检验报告等信息至关重要，以确保合法合规且质量可靠。

工作实施

1. 实施内容　经公司领导层讨论，公司把助农直播产品定为脐橙，请你充分调研脐橙作为直播产品的可能渠道来源，以便后续根据产品来源确定产品选择。

2. 实施工具　传统电商平台（如淘宝、京东等）和兴趣电商平台（如抖音小店、小红书商城等）。

3. 实施步骤

（1）平台搜索：分别登录传统电商平台和兴趣电商平台，搜索并找到目标脐橙产品。

（2）信息记录：详细记录产品信息，分析平台上体现的产品来源情况。

（3）总结与推测：基于调研结果，形成一份详细的调研报告，总结并推测脐橙产品的来源渠道及其相对应的产品特征，为电商公司的产品营销和直播选品提供有力支持。

工作评价

如表2-2-1所示。

表2-2-1　工作评价标准

评价项目	评分细则	分数	得分
来源种类	基本准确概括脐橙的相关来源渠道	25	
来源比较	列举并比较各来源渠道的特征	25	
来源分析	根据脐橙具体品类分析相对应来源	25	
选品策略	根据来源渠道总结脐橙选品策略	25	
总分		100	

工作2　精准选择产品

工作情景

确保直播所推广的产品不仅质量上乘，而且来源可靠，是赢得消费者信任、维护品牌形象的重中之重。直播团队成员应分工明确，有的负责深入市场进行调研，了解产品的流行趋势和消费者需求；有的则负责与供应商沟通，核实产品的来源信息，确保每一环节都透明可追溯。在这个过程中，还要严格执行一系列的质量控制和专业评估流程，从产品的原材料、生产工艺到成品检测，每一步都力求做到精益求精。

课前引入

你想要推荐公司采用脐橙作为本场直播的产品，请撰写推荐理由。

知识准备

1. 明确目标受众　深入了解目标受众是精准选品的前提，包括他们的年龄、性别、兴趣爱好、购买力水平以及消费习惯等。通过数据分析工具、社交媒体调研或问卷调查等方式，收集并分析目标群体的偏好，确保所选产品能够直击他们的痛点或激发其购买欲望。例如，年轻女性群体可能对美妆、服饰及生活方式类产品更感兴趣，而科技爱好者则可能更关注电子产品。

2. **紧跟市场趋势**　市场趋势如同风向标，指引着直播产品的选择方向。关注行业动态、热门话题、季节性需求及新兴消费群体偏好，能够帮助捕捉潜在的爆款产品。利用大数据分析平台监测热销商品、关键词搜索量及社交媒体热度，及时调整选品策略，确保直播内容的新鲜度和吸引力。同时，考虑产品的差异化特点，避免同质化竞争，以提升竞争力。

3. **品牌调性匹配**　直播产品应与品牌形象和价值观保持高度一致，这是建立品牌忠诚度的基础。选择那些能够体现品牌特色、传递品牌故事的产品，可以有效增强观众对品牌的认同感。例如，主打环保理念的品牌应避免推广一次性塑料制品，转而推荐可持续使用的生活用品。通过产品选择，强化品牌形象的同时，也提升了直播内容的深度和广度。

4. **质量为先**　产品质量是直播销售的生命线。无论产品多么吸引人，若质量不达标，终将损害品牌形象，导致用户流失。因此，严格把控产品质量，选择有良好口碑、通过权威认证的品牌或供应商，是确保直播成功的关键。此外，提供真实、详尽的产品介绍和试用体验，增强消费者对产品的信任感，也是提升转化率的有效手段。

5. **价格策略与促销机制**　合理的价格策略与促销机制是激发购买行为的重要因素。根据产品成本、市场定价及竞争对手情况，设定具有竞争力的价格，并结合限时折扣、满减优惠、赠品搭配等促销手段，营造紧迫感，促进消费者快速决策。同时，考虑设置一些"独家优惠"或"直播专享价"，增加直播的独家价值感，吸引更多观众参与。

工作实施

1. **实施内容**　经过公司领导层的讨论与决策，公司决定将助农直播产品定位为脐橙。你需要对脐橙作为直播产品的潜在销售渠道进行深入调研，包括了解市场上脐橙的供应情况、销售渠道的优劣势、竞争对手的产品选择等，以便后续根据调研结果确定最合适的产品。

2. **实施工具**　利用传统电商平台（如淘宝、京东等）和兴趣电商平台（如抖音小店、小红书商城等）进行市场调研。这些平台拥有庞大的用户群体和丰富的产品信息，能够帮助快速获取市场上的脐橙产品信息及销售渠道情况。

3. **实施步骤**

（1）调研脐橙产品信息：在确定销售渠道后，需要详细记录每个平台上的产品信息，包括产品的价格、规格、销量、用户评价等。这些信息有助于了解产品的市场竞争力以及消费者的需求和偏好。

（2）调研脐橙产品特征：基于调研结果，总结并推测产品的来源渠道及其相应的产品特征。这些特征可能包括产品的品质、口感、包装、品牌形象等。了解这些特征有助于公司选择最适合自己的定位和市场需求的产品。

（3）明确脐橙的目标受众。

（4）明确平台支持：评估所选产品是否能够通过直播平台获得有力的支持，如流量倾斜、优惠券资源等。这些因素将影响产品的销售效果和公司的利润空间。

工作评价

如表2-2-2所示。

表2-2-2　工作评价标准

评价项目	评分细则	分数	得分
产品信息	基本准确概括脐橙的相关产品信息	25	
产品特征	总结脐橙的各方面产品特征	25	
目标受众	合理分析脐橙的目标受众	25	
平台支持	明确平台给予脐橙产品的支持政策	25	
总分		100	

工作3　上架直播产品

工作情景

上架直播产品在电商直播中具有重要意义和作用。它不仅能够提升消费者购物体验，促进销售转化，还能够优化库存管理，增强品牌影响力。因此，企业在进行电商直播时，应高度重视这一环节，确保直播产品的质量和展示效果，以实现最佳的销售效果。

课前引入

上架直播产品的必备步骤是什么？

知识准备

上架直播产品的步骤通常包括以下几个关键环节。

1. 前期准备

（1）商品选择：根据市场需求、消费者偏好以及品牌定位，选择适合直播销售的商品。确保商品质量可靠，符合相关法律法规的要求。

（2）商品信息准备：拍摄商品图片和视频，确保图片清晰、视频流畅，能够全面展示商品特点。编写商品描述，包括商品名称、规格、材质、用途、价格等信息，确保信息准确无误。

（3）平台选择与入驻：选择合适的电商平台或直播平台入驻，如抖音、快手、淘宝直播等。完成平台要求的入驻流程，包括填写相关信息、提交资质证明等。

2. 商品上架

（1）登录平台后台：使用账号登录所选平台的后台管理系统。

（2）进入商品管理页面：在后台管理系统中找到商品管理或类似功能的入口。

（3）新建商品：点击"新建商品"或类似按钮，开始上架新商品的过程。

（4）填写商品信息：根据平台要求，填写商品的详细信息，包括标题、描述、图片、视频、价格、库存等。确保所有信息准确无误，且符合平台的规定。

（5）设置商品规格：如果商品有多个规格或颜色，需要在商品信息中设置相应的规格选项。

（6）设置运费模板和售后政策：根据实际情况，设置运费模板和售后政策，如包邮、退换货规则等。

（7）提交审核：填写完所有信息后，提交商品进行审核。平台会对商品信息进行审核，确保符合平台的规定和要求。

（8）审核通过：审核通过后，商品将正式上架到平台，供消费者浏览和购买。

3. 直播上架

上架直播商品：在直播过程中，通过平台的直播管理功能，将需要销售的商品上架到直播间。消费者可以在直播间内看到商品信息，并进行购买。

4. 后续管理

（1）监控销售数据：实时监控商品的销售数据，包括浏览量、购买量、转化率等。

（2）优化商品信息：根据销售数据和消费者反馈，优化商品信息，如调整价格、改进描述等。

（3）处理售后问题：及时处理消费者的售后问题，如退换货、投诉等，确保消费者满意度。

以上步骤可能会因平台的不同而有所差异，但总体流程大致相同。在实际操作中，需要根据所选平台的具体规定和要求进行调整。

工作实施

1. 实施内容　公司决定直播售卖脐橙，提前做好商品上架的相关工作，以便直播顺利开展。

2. 实施工具　直播平台、电脑、摄像设备。

3. 实施步骤

（1）完成前期准备。

（2）完成系统上架工作。

（3）直播实时上架。

（4）跟进商品反馈。

（5）关注商品上架注意事项。

商品上架
注意事项

工作评价

如表 2-2-3 所示。

表 2-2-3 工作评价标准

评价项目	评分细则	分数	得分
商品信息准备	商品描述、图片、视频准备是否充分	25	
系统上架链接	合理设置商品价格等链接信息	25	
优化商品链接	根据平台规则对商品信息进行进一步优化	25	
持续跟进反馈	根据直播反馈优化上架产品链接	25	
总分		100	

任务小结

本任务围绕选择直播产品展开,重点讲解了 3 个关键环节:了解直播产品来源、精准选择产品以及上架直播产品。首先,直播产品的来源多样,包括自有品牌、批发市场、粉丝推荐等,选择稳定可靠的供应链是基础。其次,精准选择产品需要深入分析目标受众的需求,结合市场趋势和产品特点,确保产品具有竞争力和吸引力。最后,上架直播产品时,需完善产品信息,优化展示细节,如清晰的图片、详细的描述和吸引人的标题,以提升用户体验和购买转化率。通过系统化的产品选择与上架流程,能够有效提升直播销售的成功率。

任务检测

一、判断题（正确的打"√"，错误的打"×"）

1. 选择直播产品时,应该优先考虑利润空间大的产品,而不需要考虑市场需求。（　　）
2. 精准选择产品需要分析目标受众的年龄、性别、职业、兴趣爱好等信息。（　　）
3. 上架直播产品时,产品图片和视频越精美越好,不需要考虑加载速度。（　　）
4. 直播产品的标题和描述应该尽量简洁明了,突出产品卖点。（　　）
5. 可以通过直播预热、社群推广等方式提高直播产品的曝光率。（　　）

二、单项选择题

1. 以下哪项不是常见的直播产品来源?（　　）

A. 自有品牌产品 　　　　　　　　　B. 批发市场采购

C. 粉丝推荐产品 　　　　　　　　　D. 跨境电商平台

2. 选择直播产品时,以下哪项因素最不重要?(　　)

A. 产品的市场需求　　　　　　　　B. 产品的利润空间

C. 产品的包装设计　　　　　　　　D. 产品的供应链稳定性

3. 以下哪项是精准选择产品的关键步骤?(　　)

A. 分析目标受众需求　　　　　　　B. 对比竞争对手价格

C. 设计产品宣传文案　　　　　　　D. 联系物流公司发货

4. 上架直播产品时,以下哪项信息是必须填写的?(　　)

A. 产品故事　　　　　　　　　　　B. 产品规格参数

C. 主播个人简介　　　　　　　　　D. 直播间背景音乐

5. 以下哪项措施可以提高直播产品的转化率?(　　)

A. 设置优惠券和满减活动

B. 延长直播时间

C. 增加产品上架数量

D. 更换直播间背景

三、简答题

1. 请简述如何分析目标受众需求,从而精准选择直播产品。

2. 请举例说明上架直播产品时需要注意哪些细节。

3. 你认为除了产品本身之外,还有哪些因素会影响直播产品的销售?为什么?

任务三

确定直播风格

💡 任务背景

　　公司的脐橙直播助农项目即将正式开展,请你根据已经确定好的直播团队构成、脐橙的商品特性等要素确定首场直播风格。首场直播风格奠定了该项目直播的基调,主管对这项工作十分重视,请你写一份策划说明,建议选取的直播风格。

📋 任务分解

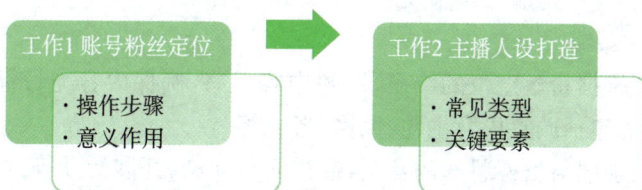

工作1 账号粉丝定位
·操作步骤
·意义作用

工作2 主播人设打造
·常见类型
·关键要素

工作 1 账号粉丝定位

工作情景

账号粉丝定位对于确定直播风格的意义在于增强内容吸引力、塑造独特品牌形象、提升观众忠诚度、优化直播效果、促进内容创新以及指导营销策略的制定。这些作用共同促进了直播账号的成功和持续发展。掌握账号粉丝定位的策略,是确定直播风格的关键步骤。

课前引入

你觉得助农直播账号的潜在粉丝可能是什么人群?

用户画像:_____

知识准备

1. 账号粉丝定位的操作步骤

（1）明确目标与方向

确定账号定位:需要明确账号的整体定位,包括目标受众、内容领域、风格等,这有助于为后续的粉丝定位提供明确的方向。

研究竞争对手:分析同领域内的其他成功账号,了解他们的粉丝群体特征、内容策略等,为自己的粉丝定位提供参考。

（2）收集与分析粉丝信息

粉丝画像构建:通过收集和分析粉丝的社会属性（如年龄、性别、地域等）、生活习惯、兴趣偏好等信息,构建粉丝的画像,有助于更深入地了解粉丝的需求和期望。

粉丝行为分析:通过数据分析工具,跟踪和记录粉丝在账号中的行为,如观看时长、互动情况（点赞、评论、分享等）、购买行为等。这些行为数据可以为后续的粉丝定位和内容策略提供重要依据。

（3）确定粉丝定位

细分粉丝群体:根据粉丝画像和行为分析的结果,将粉丝细分为不同的群体,如年轻女性群体、科技爱好者群体等。每个群体都有其独特的特征和需求。

确定目标粉丝:在细分粉丝群体的基础上,结合账号的定位和目标,确定主要的目标粉丝群体。这些目标粉丝将是账号未来发展的重点服务对象。

（4）调整与优化策略

内容策略调整:根据粉丝定位的结果,调整内容策略,确保内容与目标粉丝的需求和期望高度匹配。这可能包括调整内容主题、风格、形式等。

互动策略优化:加强与目标粉丝的互动,通过回复评论、开展活动等方式,提高粉丝的参与度和忠诚度。同时,也可以收集粉丝的反馈,不断优化内容和服务。

持续监测与调整：定期监测粉丝定位的效果，包括粉丝数量、活跃度、转化率等指标。根据监测结果，及时调整粉丝定位和内容策略，以适应市场的变化。

需要注意的是，账号粉丝定位是一个持续的过程，需要随着市场环境和粉丝需求的变化而不断调整和优化。同时，也要保持对新兴趋势和技术的敏感度，以便及时抓住机遇并应对挑战。

2. 账号粉丝定位的意义

账号粉丝定位对于确定直播风格的作用至关重要，主要体现在以下几个方面。

增强内容吸引力：通过深入了解粉丝的兴趣、偏好和行为习惯，账号能够精准定位直播内容的风格和调性。这种基于粉丝需求的定制化内容，能够极大地增强内容的吸引力，使直播更加符合粉丝的口味，提高观看率和互动率。

塑造独特品牌形象：明确的粉丝定位有助于形成独特的直播风格，进而塑造出与众不同的品牌形象。当直播风格与粉丝定位高度契合时，粉丝能够迅速识别并记住该账号，增强品牌的识别度和记忆度。

提升观众忠诚度：一致且符合粉丝定位的直播风格，有助于培养观众的忠诚度。粉丝会因为喜欢和认同直播内容而持续关注，形成稳定的观众群体，为直播账号带来持续的流量和收益。

优化直播效果：基于粉丝定位的直播风格，能够更有效地传达信息，提高直播的传达效率和效果。例如，如果粉丝群体偏年轻化，那么采用活泼、时尚的直播风格将更受欢迎；如果粉丝群体偏专业化，那么采用专业、严谨的直播风格将更合适。

促进内容创新：粉丝定位不仅为直播风格提供了明确的方向，还激发了内容创新的灵感。了解粉丝的需求和期望，直播者可以不断尝试新的直播形式和元素，以满足粉丝的期待，保持直播的新鲜感和吸引力。

指导营销策略制定：直播风格与粉丝定位的匹配程度，也是制定营销策略的重要考虑因素。了解粉丝的喜好，直播者可以更加精准地制定营销策略，如选择合适的推广渠道、制定合适的优惠活动等，以提高营销效果。

工作实施

1. 实施内容　　秭归脐橙声名远扬。品质优良、风味独特是它的标签，果大无核、皮薄色鲜、肉脆汁多、香郁味甜，可溶性固形物含量高达 12%～15%，每 100 mL 果汁含糖 11～13克。这里拥有纽荷尔、长红、红肉、早红、伦晚等 10 多个新品种，无论你偏好哪种口感，都能找到心仪之选。其果肉橙色，细嫩无核少络，酸甜适度的口感搭配上丰富的汁水，爽口之余还留有余味清香，仿佛在诉说着秭归这片土地的故事。请以秭归脐橙为售卖商品，为直播账号撰写一份账号粉丝定位分析。

2. 实施工具　　直播平台、传统电商平台、兴趣电商平台。

3. 实施步骤

（1）确定账号定位：明确账号的整体定位，包括脐橙的目标受众、内容领域、风格等。

（2）研究竞争对手：分析同领域内的其他成功账号的粉丝群体特征、内容策略。

（3）脐橙粉丝画像构建、粉丝行为分析：将粉丝分为几个主要群体，例如健康生活追求者、美食爱好者、家庭主妇、年轻上班族等，每个群体都有其特定的消费习惯和偏好。

（4）目标粉丝确定：在细分的粉丝群体中，选择与秭归脐橙产品特性最为匹配的群体作为主要目标粉丝，例如健康生活追求者和美食爱好者，他们更可能对高品质的脐橙感兴趣。

工作评价

如表 2-3-1 所示。

表 2-3-1 工作评价标准

评价项目	评分细则	分数	得分
账号定位	找准脐橙直播账号定位	25	
粉丝画像	分类归纳粉丝群体特征	25	
细分画像	细分脐橙用户画像，挑选目标用户	25	
监测调整	持续监测潜在用户群变化	25	
总分		100	

工作 2　主播人设打造

工作情景

秭归脐橙直播账号粉丝定位已经明晰，请根据账号定位和用户画像打造直播的主播人设。主播人设，即主播在直播中展现出来的个人形象、性格特点、专业能力和社交风格的综合体现，对于直播的影响是深远且多方面的。

课前引入

常见的主播人设有哪些？

知识准备

1. 常见的带货主播人设类型

专业类主播：通常具备深厚的专业知识和丰富的从业经验，如美妆博主、时尚达人、科技评测员等。他们通过分享专业知识、解读产品特点、提供购买建议等方式，吸引对特定领域感兴趣的观众。

形象类主播：主要依赖其外貌、气质和颜值来吸引观众。他们通常拥有较高的粉丝基础，能够通过个人魅力来推销产品。这类主播可能包括明星、"网红"等，他们通过 IP、长相和颜值带货。

教学类主播:在直播间教授一些知识或技能,如瑜伽老师、英语老师等。他们通过分享自己的专业知识和经验,吸引对特定领域感兴趣的观众,并在教学过程中推销相关产品。

组合类主播:通常由两个或多个主播组成,他们通过相互配合、互动和分工来推销产品。这种类型的主播人设能够增加直播间的趣味性和互动性,吸引更多观众参与。例如,一个主播负责讲解产品特点,另一个主播则负责演示使用方法或进行互动问答。

娱乐类主播:主要以搞笑、娱乐为主,通过幽默的语言、夸张的表情和动作来吸引观众。他们通常能够营造出轻松愉快的直播氛围,让观众在娱乐中购买产品。

生活体验类主播:通过分享自己的日常生活、购物心得和旅行经历等方式,与观众建立联系并推销产品。他们的人设通常与生活方式、品质生活等相关,能够吸引追求生活品质的观众。

厂家工厂型主播:通常直接对接工厂或制造商,通过展示产品的生产过程、讲解产品来源和性价比等方式来吸引观众。他们的人设通常与诚信、实惠和品质保障等相关。

老板老板娘型主播:通常是企业负责人或店主,他们通过亲自推销产品、分享创业经历和产品故事等方式吸引观众。这种类型的主播人设能够增强观众的信任感和购买意愿。

设计师型主播:通常具备较高的专业素养和审美能力,他们通过展示自己的设计作品、分享设计理念和搭配建议等方式来吸引观众。这类主播在服装、家居等领域较为常见。

2. 构建主播直播人设的关键要素

(1)个人形象与风格:主播的个人形象包括外貌、着装、发型等,这些都会给观众留下第一印象。选择符合自己特点且能吸引目标观众的形象风格,有助于塑造独特的个人形象。风格方面,主播可以根据自己的性格特点和直播内容选择合适的直播风格,如幽默风趣、专业严谨、亲切自然等。

(2)专业技能与知识:主播在直播中展现的专业技能和知识是其人设的重要组成部分。无论是游戏直播中的高超技巧,还是美妆直播中的专业护肤知识,都能让观众对主播产生信任和尊重。不断提升自己的专业技能和知识,有助于主播在直播中保持自信,同时吸引更多对特定领域感兴趣的观众。

(3)个性特点与价值观:主播的个性特点和价值观是其人设的灵魂。一个真实、有个性的主播更容易与观众产生共鸣,建立深厚的粉丝关系。通过分享自己的故事、经历和价值观,主播可以展现自己的独特魅力,吸引更多志同道合的观众。

(4)互动能力与社交技巧:主播的互动能力和社交技巧对于直播间的氛围和观众体验至关重要。一个善于与观众互动、能够调动观众情绪的主播,能够营造出更加活跃、有趣的直播氛围。主播可以通过回复观众评论、开展互动游戏、邀请观众参与等方式,提高直播间的互动性和观众的参与度。

(5)品牌形象与定位:主播的品牌形象和定位是其人设的延伸。一个清晰、有特色的品牌形象和定位有助于主播在观众心中形成独特的印象。主播可以通过设计独特的 Logo、口号、直播背景等方式,来强化自己的品牌形象和定位。

工作实施

1. 实施内容 通过直播这一形式,将优质的脐橙产品介绍给更多的消费者,同时也传递着健康、美味和快乐的生活理念。请帮公司脐橙直播账号的主播打造一个合适且具备吸引力的新人设。

2. 实施工具 直播平台、传统电商平台、兴趣电商平台。

3. 实施步骤

（1）明确目标受众

调研分析:了解目标受众的兴趣、需求和行为习惯,包括他们的年龄、性别、地域、职业等。

定位精准:基于调研结果,确定主播的受众定位,如年轻女性、科技爱好者、家庭主妇等。

（2）挖掘个人特色

自我评估:分析自己的性格、兴趣、专长和经历,找出与众不同的特点。

优势凸显:强调自己的独特之处,如幽默感、专业知识、生活态度等,将成为人设的核心元素。

（3）设计形象与风格

视觉形象:设计符合人设的视觉形象,包括服装、发型、妆容和直播背景。

语言风格:根据人设定位,选择合适的语言风格,如亲切自然、专业严谨、幽默风趣等。

（4）内容策划与输出

内容定位:根据目标受众和主播特色,确定直播内容的主题、风格和调性。

持续输出:保持内容的新鲜感和连贯性,定期更新直播内容,与观众建立稳定的互动关系。

（5）互动与社交

建立社群:利用社交媒体平台,建立粉丝社群,与观众保持密切互动。

反馈收集:积极回应观众的评论和反馈,不断优化直播内容和人设。

工作评价

如表2-3-2所示。

表2-3-2 工作评价标准

评价项目	评分细则	分数	得分
明确目标受众	调研分析、定位精准	20	
个人特色挖掘	自我评估、凸显优势	20	
设计形象与风格	视觉形象、语言风格	20	
内容策划与输出	内容定位、持续输出	20	

（续表）

评价项目	评分细则	分数	得分
互动与社交	建立社群、反馈收集	20	
总分		100	

📁 任务小结

随着直播行业的蓬勃发展，直播风格的选择对于吸引观众、提升观看体验和增强用户黏性具有重要意义。本次任务旨在通过深入分析账号粉丝定位，切实打造主播人设，确定一个既符合市场需求又能展现主播个性的直播风格。

📝 任务检测

一、判断题（正确的打"√"，错误的打"×"）

1. 账号粉丝定位只需要关注粉丝的数量，不需要分析粉丝的特征。（　　）

2. 主播人设打造需要与目标粉丝群体的喜好相匹配。（　　）

3. 主播的语言风格和表达方式是人设打造的重要组成部分。（　　）

4. 账号粉丝定位完成后，不需要根据粉丝反馈进行调整。（　　）

5. 主播人设打造是一个长期的过程，需要不断地优化和调整。（　　）

二、单项选择题

1. 以下哪项不是账号粉丝定位的主要依据？（　　）

A. 粉丝的年龄层次　　　　　　　　B. 粉丝的地域分布

C. 粉丝的消费能力　　　　　　　　D. 粉丝的个人喜好

2. 主播人设打造的核心目标是（　　）。

A. 吸引更多粉丝关注　　　　　　　B. 提高直播间的互动率

C. 建立独特的个人品牌形象　　　　D. 增加直播时长

3. 以下哪项是账号粉丝定位的关键步骤？（　　）

A. 分析竞争对手的粉丝群体　　　　B. 设计直播间的装饰风格

C. 制定直播的促销活动　　　　　　D. 联系广告商进行合作

4. 主播人设打造时，以下哪项因素最不重要？（　　）

A. 主播的外貌形象　　　　　　　　B. 主播的语言风格

C. 主播的专业知识　　　　　　　　D. 主播的粉丝互动能力

5. 以下哪项措施可以帮助主播更好地打造人设？（　　）

A. 模仿其他成功主播的风格　　　　B. 根据自身特点设计独特的标签

C. 频繁更换直播内容　　　　　　　D. 减少与粉丝的互动

三、简答题

1. 请简述账号粉丝定位的主要步骤及其重要性。
2. 请举例说明主播人设打造中需要注意的关键点。
3. 你认为主播人设与账号粉丝定位之间有什么关系？如何实现两者的有效结合？

项目三　制定直播方案

项目介绍

　　在直播电商领域,一个精心策划的直播方案是吸引观众、提升销售转化率的关键。本项目旨在教授学生如何根据目标受众、产品特性以及市场趋势,制定具有吸引力和可执行性的直播方案。通过详细解析直播方案制定的各个环节,掌握直播策划的核心技能,从而在激烈的竞争中脱颖而出。

学习目标

　　(1)**知识目标**:深入了解直播方案制定的基本原则、关键环节以及评估标准,掌握不同直播场景下的方案策划技巧,熟悉各类直播营销工具与策略的应用。

　　(2)**技能目标**:能够根据产品特点和市场需求,独立制定直播方案,包括直播主题策划、脚本编写、互动环节设计以及推广策略制定等。

　　(3)**素养目标**:具备创新思维和敏锐的市场洞察力,能够灵活应对直播过程中的各种突发情况,持续优化直播方案,提升用户体验和销售效果。

项目导航

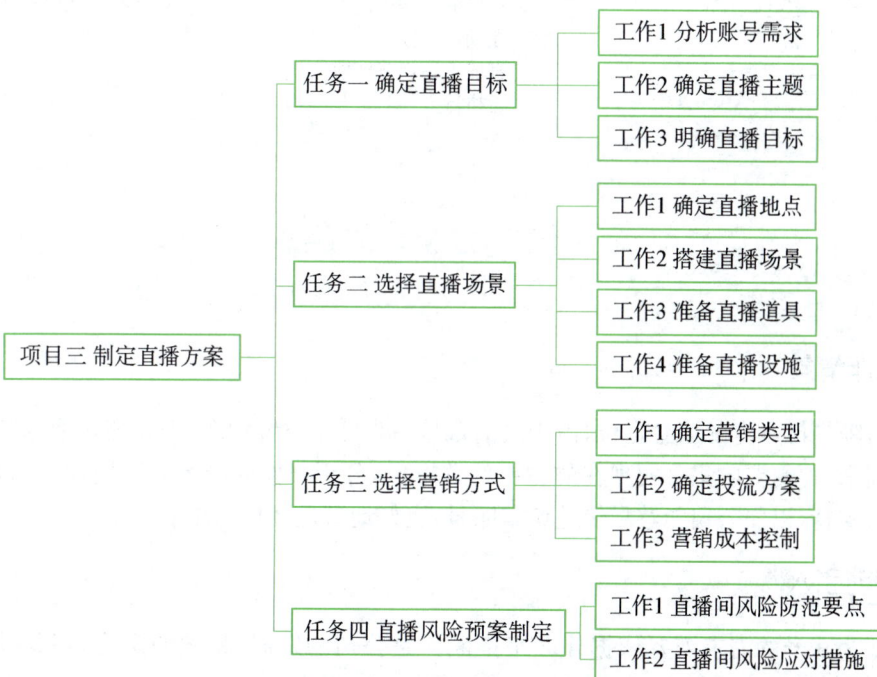

任务一

确定直播目标

任务背景

假设你是一名刚刚踏入电商行业的实习生,加入了一家电商公司。这家公司原本只有传统电商业务,目前正计划拓展业务,涉足直播电商领域。你的主管要求你明确直播电商的目标,为公司制定有效的直播策略提供数据支持。

任务分解

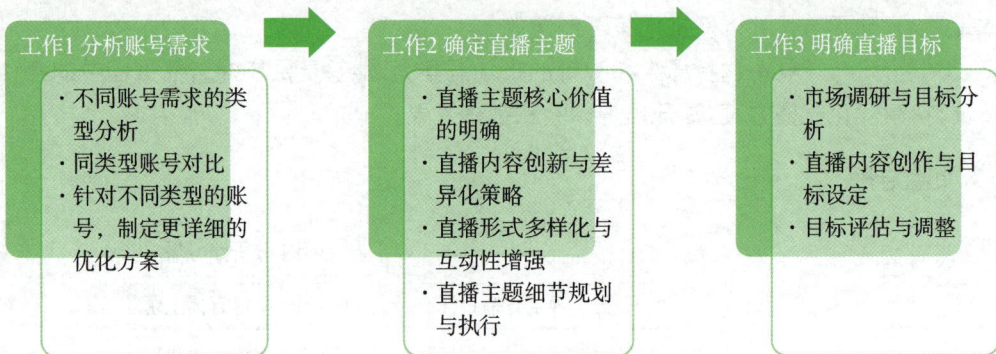

工作1 分析账号需求	→	工作2 确定直播主题	→	工作3 明确直播目标
·不同账号需求的类型分析 ·同类型账号对比 ·针对不同类型的账号,制定更详细的优化方案		·直播主题核心价值的明确 ·直播内容创新与差异化策略 ·直播形式多样化与互动性增强 ·直播主题细节规划与执行		·市场调研与目标分析 ·直播内容创作与目标设定 ·目标评估与调整

工作 1 分析账号需求

工作情景

要清晰自己本身的账号定位,由于之前账号一直处于空置状态,现在公司要求将账号重新利用起来,你需要收集公司现在的主要经营方向,分析其他同类产品案例,明确自身账号需要什么支持,以便公司能够尽快地调整账号,更好地满足客户的需求。

课前引入

你认为账号的需求需要依据什么来推断?是公司的发展、粉丝的定位,还是其他相关因素?

知识准备

1. 不同类型账号的需求分析

（1）个人品牌型账号：这类账号通常以个人魅力或专业知识为核心，吸引特定群体的关注，例如时尚博主、健身教练等。

（2）产品推广型账号：重点在于展示和销售特定商品，通过直播带货的方式吸引消费者，适用于品牌商家或个体经营者。

（3）教育培训型账号：专注于提供在线课程或培训内容，通过直播平台进行教学和互动，满足用户学习和提升的需求。

（4）娱乐互动型账号：以娱乐内容为主，通过直播与观众互动，提供轻松愉快的观看体验，吸引流量并进行品牌宣传。

（5）新闻资讯型账号：实时发布新闻事件或行业动态，为用户提供最新信息，适用于媒体机构或新闻工作者。

2. 同类型账号对比

通过对比分析，我们可以发现，同类型账号之间在内容制作、互动方式、用户定位等方面存在差异。例如，在内容制作上，有的账号注重原创性，而有的则更倾向于转载或改编热门内容。在互动方式上，有的账号积极回应粉丝评论，而有的则更注重内容的单向传播。用户定位方面，有的账号针对特定人群，而有的则面向更广泛的受众。通过这些对比，我们可以总结出哪些策略是有效的，哪些需要改进，从而为公司账号的调整提供具体的方向和建议。此外，同类型账号的对比还应包括以下几个方面。

（1）账号活跃度与粉丝互动性。观察同类账号的发布频率、互动量（如点赞、评论、分享等）以及粉丝忠诚度，可以了解哪些内容更受欢迎，哪些互动方式更能吸引用户参与。

（2）账号内容质量与创新性。评估同类账号的内容原创性、实用性、趣味性以及视觉呈现效果，有助于我们发现自身账号在内容创作上的优势和不足，进而提升内容质量，增强用户黏性。

（3）账号商业化运营策略。分析同类账号的盈利模式、广告植入方式、合作品牌选择等，可以为公司账号的商业化运营提供有益的参考，帮助我们在保持内容质量的同时，实现更好的商业变现。

3. 针对不同类型的账号，制定更详细的优化方案

（1）关注内容的个性化和差异化，确保账号发布的内容能够突出其独特性，从而在众多账号中脱颖而出。

（2）加强与粉丝的互动，通过举办线上活动、问答互动等方式提高粉丝参与度，增强粉丝的忠诚度。

（3）定期进行账号内容质量的自我评估，通过用户反馈和数据分析来不断调整和优化内容策略。

（4）针对商业化运营，将探索更多元化的盈利模式和广告合作方式。

工作实施

1. 实施内容　该账号目前可以与公司 3 个产品绑定,一是麦片,二是柑橘,三是菠萝。请大家选择 2 个产品,进行账号调研,了解账号需求(表 3-1-1)。

表 3-1-1　传统电商与兴趣电商调研结果

	麦片	柑橘	菠萝
商品推荐机制			
价格比较			
用户评价比较			
购买意愿比较			
用户反馈与优化			

2. 实施工具　抖音、快手、小红书等。

3. 实施步骤

(1)对于麦片,重点在于展示产品的健康属性和多样化的食用方法,可以策划一系列以健康生活为主题的直播活动,邀请营养专家进行讲解,同时通过直播演示麦片的烹饪过程,增加观众的参与感和购买欲望。

(2)对于柑橘和菠萝(或根据调研结果选择的另外 2 个产品),可以利用直播展示水果的新鲜度和产地直供的优势,通过实地探访果园、介绍种植过程等环节,增加产品的透明度和消费者的信任感。同时,可以设置互动环节,如限时抢购、买赠活动等,刺激消费者的购买行为。

(3)在直播过程中,实时收集观众的反馈和问题,及时调整直播内容和互动方式,确保直播方案的灵活性和适应性。

(4)在直播结束后,对直播效果进行评估,包括观看人数、互动量、销售数据等。根据评估结果对直播方案进行优化,形成一个持续改进的循环过程。同时,结合账号调研的结果,不断调整和优化直播策略,以满足账号的特定需求,提升直播效果和销售转化率(表 3-1-1)。

工作评价

如表 3-1-2 所示。

表 3-1-2　工作评价标准

评价项目	评分细则	分数	得分
商品推荐机制	准确描述 3 种产品在平台中的推荐机制,并分析不同推荐机制对于产品销售的影响	20	

（续表）

评价项目	评 分 细 则	分数	得分
价格比较	列举并比较3种产品价格区别，分析价格差异的原因，包括成本、用户群体等因素	20	
用户评价	收集3种产品的用户评价，分析不同产品中用户评价对产品销量的影响	20	
购买意愿	分析各个产品的用户的购买意愿，并给出分析	20	
用户反馈	分析不同产品用户反馈对产品优化的促进作用	20	
总分		100	

工作 2　确定直播主题

工作情景

基于工作1对账号需求的分析，我们需要进一步确定直播的主题。首先，结合公司当前的主要经营方向，筛选出与公司产品或服务紧密相关的热点话题。然后，参考其他同类产品的成功案例，分析它们直播的主题、形式及受众反馈，提炼出可借鉴的元素。最后，根据账号定位及客户需求，明确直播的核心价值，确保所选主题既能吸引目标客户群体，又能有效传达公司品牌形象和产品优势。通过这一系列的调研与分析，我们将为公司账号确定一个具有吸引力、符合市场需求且能展现公司特色的直播主题。

课前引入

以下的直播主题定制是否合适呢？为什么？

案例1："6·18"时，一个护肤品商家推出了"【盛夏狂欢节】今晚8点！防晒美妆专场——冰点价＋抽免单＋宠粉礼盒大放送！"直播主题。

案例2：一个家具厂首次直播时制定了"××家居产品直播——来看看我们的新品"的新号启动直播主题。

知识准备

直播主题的精准定位对于吸引目标受众、传递公司品牌价值以及推广产品具有至关重要的作用。因此，主题的选择需要经过周密的规划，确保其能够充分反映公司的核心价值，并与市场需求相契合。

1. 直播主题核心价值的明确　明确直播的核心价值所在，包括确定直播的主要目的，例如提升品牌形象、推广新产品或增强用户黏性等。基于此目的,结合公司当前的经营方向和市场趋势,筛选出与公司产品或服务紧密相关的热点话题。例如,若公司主营健康食品,则可围绕"健康生活""营养搭配"等话题展开。

在明确核心价值时,需深入分析目标受众的偏好和需求。通过市场调研和数据分析,掌握目标受众的观看习惯、兴趣点以及购买偏好,从而制定出更符合其需求的直播主题。例如,若目标受众主要是年轻女性,则可围绕"美容养颜""减肥瘦身"等话题进行直播。

2. 直播内容创新与差异化策略　在确定直播主题时,内容的创新性和差异化是关键。避免内容同质化,采用新颖的方式吸引观众的注意力,包括探索新的直播形式、引入新的元素或话题,以及采用独特的表达方式等。例如,可以考虑结合虚拟现实技术,为观众提供沉浸式的购物体验。通过虚拟现实技术,观众可以在家中预览产品效果,感受产品的真实质感,从而激发购买欲望。此外,邀请行业内的知名人士参与直播,分享他们的专业知识和使用心得,为直播内容增添权威性和吸引力。

同时,注重直播内容的差异化。在同类产品中,挖掘公司产品的独特卖点,并在直播中突出展示。例如,若产品具有独特的包装设计或创新的功能特点,应在直播中进行详细展示和介绍,以加深观众的印象。

3. 直播形式多样化与互动性增强　这是确定直播主题时的重要考量。通过多样化的直播形式和丰富的互动环节,可以提高观众的参与度和直播的趣味性。

在直播形式上,可以尝试采用多种方式进行直播,如户外直播、室内直播、访谈式直播等。户外直播可以带领观众走进产品的生产现场或原产地,感受产品的真实生产过程;室内直播则可以邀请专家或明星进行产品讲解和演示;访谈式直播则可以邀请行业内的专家或意见领袖进行深度访谈,分享行业内的最新动态和趋势。

在互动环节上,设计多种有趣的互动方式,如问答、抽奖、观众投票等。通过问答环节,引导观众参与讨论,提高直播的互动性;抽奖环节则可以增加观众的参与热情,提高直播的趣味性;观众投票环节则可以收集观众的意见和建议,为后续的直播优化提供参考。

4. 直播主题细节规划与执行　在确定直播主题后,还需对直播主题进行细节规划和执行,包括确定直播的时间、地点、主持人、嘉宾以及直播流程等。

在时间上,选择合适的直播时间,以覆盖目标观众的活跃时段。通过市场调研和数据分析,了解目标观众的观看习惯和时间偏好,从而制定出更合理的直播时间。同时,提前进行直播预告,提醒观众按时观看。

在地点上,选择适合直播的场地和环境。若直播内容需要展示产品的生产过程或原产地,可选择在工厂或果园进行直播;若直播内容主要是产品讲解和演示,可选择在室内进行直播。在选择场地时,还需考虑场地的光线、音响、网络等条件,确保直播的顺利进行。

在主持人和嘉宾的选择上,需挑选具有专业知识和良好表达能力的主持人,以及具有行业影响力和知名度的嘉宾。他们可以为观众提供专业的产品讲解和行业动态分享,提高直播的专业性和权威性。

在直播流程上,制订详细的直播计划,包括开场白、产品介绍、互动环节、结束语等。同时,准备相关的道具和资料,如产品样品、宣传册、PPT等,以便在直播中展示和介绍。

在执行过程中,注重细节和品质。确保直播内容的真实性、准确性和专业性,避免虚假宣传和误导消费者。同时,注重直播的视觉效果和听觉效果,通过高质量的摄像和录音设备,为观众提供清晰、流畅的直播体验。

5. 直播主题信息了解

(1)关注行业内的最新动态和趋势。通过参加行业会议、阅读行业报告、关注行业媒体等方式,了解行业内的最新技术和产品趋势,以及竞争对手的动态和市场变化。这有助于制定更符合市场需求的直播主题和内容。

(2)深入了解产品的特点和优势。通过查阅产品资料、与研发人员沟通等方式,了解产品的功能特点、性能参数、使用场景等。这有助于在直播中准确、生动地介绍产品,提高观众的购买意愿。

(3)了解目标受众的喜好和需求。通过市场调研和数据分析,了解目标受众的观看习惯、兴趣点以及购买偏好。这有助于制定更符合他们需求的直播主题和内容,提高直播的吸引力和互动性。

工作实施

1. **实施内容** 该电商公司主要销售食品,其中包括生鲜水果和速食类产品,请选择其中一类进行直播主题分析,了解直播主题的设置、内容安排和互动策略。

2. **实施工具** 抖音、快手、小红书等。

3. **实施步骤**

(1)直播平台选定:选择适合公司产品特性和目标受众的直播平台。例如,若目标受众主要是年轻人,可以优先考虑使用抖音和小红书,因为这些平台在年轻用户中具有较高的活跃度和影响力。对于生鲜水果类产品的直播,可以利用抖音的短视频优势,制作吸引人的预热视频和直播预告,增加产品的曝光率。而小红书则适合分享详细的使用心得和产品评测,通过图文结合的方式吸引用户深入了解产品。

(2)分析同类产品直播主题:对于速食类产品,可以考虑在快手平台上进行直播,因为该平台的用户群体对生活便利性和快速消费有较高的需求。在直播主题的设置上,可以围绕"快速、健康、美味"的核心价值,展示速食产品的制作过程和食用体验。通过与知名美食博主合作,分享速食产品的多样性和便捷性,同时提供一些创意食谱,增加产品的吸引力。此外,可以设置互动环节,如观众投票选出最受欢迎的速食产品,或者在直播中进行速食制作比赛,提高观众的参与感和直播的趣味性。在直播内容的安排上,要确保信息的准确性和实用性,同时注重内容的创新和差异化,避免与其他直播内容雷同,确保直播主题的独特性和吸引力。

针对生鲜水果类产品,可以在抖音平台上开展一系列直播活动。首先,结合时令水果上市周期,策划"新鲜采摘,即时品尝"的主题直播,邀请消费者一同参与线上采摘体验,介绍水果的产地、口感以及保鲜方法。同时,安排专业营养师在线解答观众关于水果营养和搭配的问题,提升互动性和教育性。此外,还可以设计限时优惠活动,如直播期间下单享受额外折扣,以激发观众的购买热情。这些举措旨在打造具有吸引力的直播内容,从而增强品牌影响力。

（3）确定合适的直播主题：针对速食类产品，在快手平台上进行直播，以"快速、健康、美味"为核心价值，展示速食产品的制作过程和食用体验。直播中，邀请知名美食博主，通过分享速食产品的多样性和便捷性，以及提供创意食谱，来增加产品的吸引力。同时，设置互动环节，如让观众投票选出最受欢迎的速食产品，或者在直播中进行速食制作比赛，以提高观众的参与感和直播的趣味性。在直播内容的安排上，确保信息的准确性和实用性，同时注重内容的创新和差异化，避免与其他直播内容雷同，确保直播主题的独特性和吸引力。针对生鲜水果类产品，侧重于展示其自然、新鲜的特点。

在抖音平台上，定期举办"果香四溢，健康之选"的直播活动，邀请消费者见证水果从采摘到配送的整个过程，强调食材的纯正和健康。同时，结合热门话题和季节特点，推出特色水果搭配推荐，通过营养师的专业讲解，提升产品的专业形象。此外，直播中将穿插互动游戏和抽奖环节，以提升用户黏性和购买意愿，进一步扩大品牌影响力（表3-1-3）。

表3-1-3 直播主题确定表

	速食类	新鲜水果
平台		
受欢迎程度		
主题		
购买人数		
用户反馈与优化		

（4）总结与分析：在直播结束后，总结与分析是至关重要的一步。首先，收集并分析直播过程中的数据，包括观看人数、点赞数、评论互动量、产品销售情况等关键指标。这些数据能够直观地反映出直播的受欢迎程度和实际效果，为后续直播提供改进的方向和依据。其次，收集观众反馈，包括直播内容、主持人表现、互动环节的设置等，通过后续复盘，了解观众的真实感受和建议。这些反馈是优化直播内容和形式的宝贵资源。

工作评价

见表3-1-4。

表3-1-4 工作评价标准

评价项目	评分细则	分数	得分
直播主题核心价值	准确寻找直播主题的内容，是否贴近直播主题，核心价值是否准确	20	

（续表）

评价项目	评分细则	分数	得分
直播内容创新与差异化	与同类直播内容相比较,创新点与差异化是否存在,在创新与差异过程中,是否能够吸引用户	20	
直播形式多样化与互动性	形式上与其他竞品相比是否多样,用户互动性是否频繁	20	
直播主题细节规划与执行	主题细节是否规整,做出的规划是否能够实现	20	
总结与分析	复盘是否能够寻找出真正不足,并对此加以改进	20	
总分		100	

工作 3　明确直播目标

工作情景

在确立直播目标的过程中,首要任务是解决如何确定直播目标的问题。直播目标的设定并非无端产生,而是建立在深入的市场分析、受众研究以及业务需求的基础之上。在明确了直播目标之后,接下来的任务是根据这些目标制订详尽的执行计划,包括确定直播的时间、地点、所需设备、人员分工等。同时,确保计划的制订充分考虑到目标受众的特性,并合理分配资源,为直播活动的顺利进行提供坚实保障。

课前引入

以下的两个直播哪个更具可操作性? 为什么?
目标1:单场直播涨粉1万,销售额5万元以上。
目标2:宣传公司文化,使销售额有所增长。

知识准备

在直播领域,明确直播目标是确保直播活动成功的关键。为了深入理解和准备直播目标,需要掌握市场调研、内容策划、技术设备、团队协作以及目标评估等多个方面的知识。

1. 市场调研与目标分析

（1）目标受众研究

受众特征:了解目标受众的年龄、性别、职业、兴趣爱好、消费习惯等,这些特征将直接影响直播内容的策划和风格。

观看习惯:分析受众的直播观看时间、偏好类型(如娱乐、教育、购物等)、互动方式等,以便在合适的时间段提供符合受众喜好的内容。

（2）竞争对手分析

直播策略：研究竞争对手的直播主题、内容、形式、推广渠道等，识别其成功之处和潜在不足。

受众互动：分析竞争对手如何与受众互动，包括互动方式、互动频率、互动效果等，以借鉴其成功经验。

差异化定位：基于对竞争对手的分析，确定自身直播的独特卖点，以差异化的内容和服务吸引受众。

2. 直播内容策划与目标设定

（1）主题与定位

明确主题：根据市场调研结果，确定直播的主题和核心内容，确保其与目标受众的需求和兴趣相匹配。

精准定位：明确直播的市场定位，包括目标受众、内容风格、品牌形象等，以形成独特的竞争优势。

（2）目标设定与量化

明确目标：根据直播的定位和内容，设定具体的直播目标，如观看人数、互动率、转化率等。

量化指标：将目标转化为可量化的指标，以便在直播后进行效果评估。

3. 目标评估与调整

（1）效果评估

数据收集：在直播过程中和直播后，收集观看人数、互动率、转化率等关键数据。

分析总结：对收集到的数据进行分析和总结，评估直播目标的实现情况。

（2）经验总结

成功之处：总结直播中的成功经验和亮点，为未来的直播活动提供参考。

不足之处：分析直播中的不足之处和潜在问题，并提出改进措施和建议。

（3）**目标调整：**根据效果评估和经验总结的结果，对直播目标进行调整和优化，确保未来的直播活动更加精准和高效。

工作实施

1. 实施内容 公司准备开启一场直播，选定的是玩具直播带货，但是由于这一次是新号开播，大家都不知道达到什么样的直播目标才合适。请根据上述内容，制定直播目标。

2. 实施工具 淘宝、抖音、快手、微信、小红书、京东、拼多多等平台。

3. 实施步骤 针对新号开播的玩具直播带货，直播目标的实施步骤应具体而细致，以确保直播活动顺利进行和目标的有效达成。以下是详细的实施步骤。

（1）市场调研与目标分析细化

目标受众研究深入分析：目标受众的年龄、性别、兴趣偏好、消费能力等特征，确定直播内容和形式的定位。

竞争对手分析:研究同类产品的直播表现,包括观看人数、互动率、转化率等关键数据,找出差异化的竞争优势。

(2)直播内容策划与目标设定明确

主题与定位:根据市场调研结果,确定直播的主题和定位,如"亲子互动玩具专场""益智玩具特惠"等,以吸引目标受众。

目标设定与量化指标:设定具体的直播目标,如观看人数达到×万、互动率不低于×%、转化率提升至×%等,并将目标细化到每个直播环节。

(3)直播后评估与调整:①对直播数据进行深入分析,评估直播目标的实现情况。②总结直播中的成功经验和不足之处,提出改进措施和建议。③根据评估结果,对直播目标进行调整和优化,为下一次直播活动提供参考。

通过以上实施步骤,可以确保新号开播的玩具直播带货活动能够顺利进行,并有效地达成直播目标。

工作评价

如表3-1-5所示。

表3-1-5 工作评价标准

评价项目	评分细则	分数	得分
市场调研与目标分析	受众与观看习惯是否与自己所需相符	20	
竞争对手分析	竞争对手分析是否准确,与其是否有差异性	20	
直播内容策划与目标设定	策划是否新颖,目标设定是否合理	20	
目标评估与调整	现有目标是否合理,是否能够进行及时调整	20	
总结与分析	复盘是否能够寻找出真正不足,并对此加以改进	20	
总分		100	

任务小结

在确定直播目标任务时,明确直播的核心目的是提升品牌知名度和用户参与度。接着,设定了具体的量化指标,包括直播观看人数目标、互动率目标和转化率目标。随后,针对目标受众进行了分析,确定了内容策略和互动方式,以确保直播内容的吸引力和参与度。最后,制订了详细的执行计划和时间表,包括直播前的宣传推广、直播中的互动环节设计以及直播后的数据分析和反馈总结。通过这一系列的步骤,确保直播活动能够高效地达成既定目标。

任务检测

一、判断题(正确的打"√",错误的打"×")

1. 直播目标的设定不需要考虑目标受众的特性。（　　）
2. 竞争对手分析在直播目标的制定中不重要。（　　）
3. 直播内容的主题和定位应与目标受众的需求和兴趣相匹配。（　　）
4. 直播目标的量化指标不需要在直播后进行效果评估。（　　）
5. 直播后的目标评估与调整对于未来的直播活动没有意义。（　　）

二、选择题

1. 以下哪项不是市场调研与目标分析的内容?（　　）
   A. 目标受众研究　　　　　　　　　　B. 竞争对手分析
   C. 直播内容策划　　　　　　　　　　D. 差异化定位
2. 直播目标的设定应基于哪些因素?（　　）
   A. 市场需求　　　　　　　　　　　　B. 竞争对手表现
   C. 个人喜好　　　　　　　　　　　　D. 受众特征
3. 直播后评估与调整中,以下哪项不是必要的步骤?（　　）
   A. 对直播数据进行深入分析　　　　　B. 总结直播中的成功经验
   C. 忽略直播中的不足之处　　　　　　D. 根据评估结果调整直播目标
4. 在制定直播内容时,以下哪项不是需要明确的?（　　）
   A. 直播的主题　　　　　　　　　　　B. 直播的市场定位
   C. 直播的观看人数　　　　　　　　　D. 直播的内容风格
5. 以下哪个平台不是可以用来实施直播的工具?（　　）
   A. 淘宝　　　　　　B. 京东　　　　　　C. 微博　　　　　　D. 拼多多

三、简答题

1. 简述如何根据市场调研和目标分析来确定直播的主题和定位。
2. 在直播后评估与调整阶段,应如何对直播数据进行深入分析,并根据结果调整直播目标?

任务二

选择直播场景

任务背景

假设你是一名刚刚踏入电商行业的实习生,加入了一家电商公司。这家公司原本只经营传统电商业务,现在计划进军直播电商领域。由于公司团队成员对直播电商还不太熟悉,主管分配给你一系列关键任务,希望你能通过深入研究和学习,为公司选择合适的直播场景,推动业务拓展。

任务分解

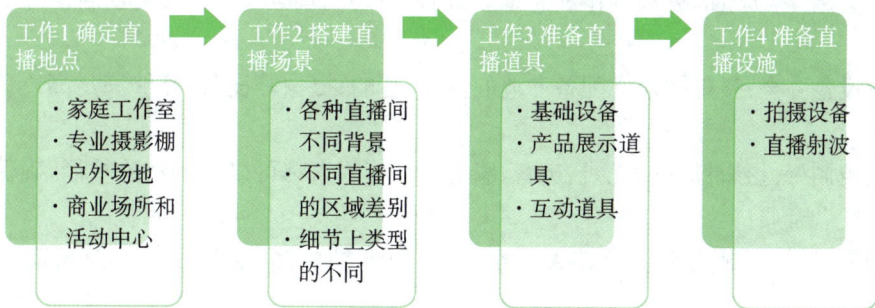

工作1 确定直播地点	→	工作2 搭建直播场景	→	工作3 准备直播道具	→	工作4 准备直播设施
·家庭工作室 ·专业摄影棚 ·户外场地 ·商业场所和活动中心		·各种直播间不同背景 ·不同直播间的区域差别 ·细节上类型的不同		·基础设备 ·产品展示道具 ·互动道具		·拍摄设备 ·直播射波

工作 1 确定直播地点

工作情景

公司在过去主要组织线下传统活动,但近期发现线上直播活动的吸引力和影响力日益增强。为了充分利用线上直播的优势并提升活动效果,你需要通过调研市场、分析成功案例,明确线下传统活动与线上直播活动在观众参与动机、活动呈现方式、互动策略等方面的差异。

课前引入

请分析以下哪些场景属于室内直播,哪些属于室外直播:
①篮球场;②教室;③宿舍;④操场。

知识准备

在选择直播地点时,我们需要详细分析不同地点的特点和优势,并将其与直播间的具体需求相匹配。

1. 家庭工作室

符合类型:个人直播,如游戏直播、美妆直播、读书分享、家居生活分享等。具有以下特征。

环境私密:家庭工作室提供了相对私密的空间,有助于主播在直播中保持放松和专注。

成本较低:相较于其他专业场地,家庭工作室的租赁和装修成本更低,适合预算有限的主播。

灵活性高:主播可以根据自己的喜好和需求,随时调整直播环境,如更换背景、调整灯光等。

注意事项：需要确保光线充足、隔音效果好，及有稳定的网络连接。同时，要注意保持家庭环境的整洁和美观。

2. 专业摄影棚

符合类型：高质量的视频制作和直播，如时尚秀、产品展示、访谈、美食制作等。具有以下特征。

专业设备齐全：摄影棚通常配备专业的灯光、音响、摄像等设备，能够满足高质量直播的需求。

环境控制好：摄影棚内的光线、声音、温度等环境因素都可以得到精确控制，确保直播画面的清晰度和音质。

空间充足：摄影棚通常拥有较大的空间，可以容纳主播、工作人员以及所需的道具和设备。

注意事项：成本较高，需要提前预约和安排。同时，需要确保摄影棚内的安全措施得到落实。

3. 户外场地

符合类型：户外探险、旅游直播、体育赛事直播、户外音乐会等。具有以下特征。

场景丰富：户外场地提供了丰富多样的自然和人文景观，能够给观众带来身临其境的感觉。

互动性强：户外直播通常能够吸引更多观众的参与和互动，提高直播的趣味性和参与度。

宣传效果好：户外直播能够展示当地的自然风光和人文特色，有助于提升当地的知名度和美誉度。

注意事项：环境控制难度大（如天气变化、网络连接不稳定等），需要提前做好应急预案。同时，需要确保户外场地的安全性和便利性。

4. 商业场所和公共活动中心

符合类型：轻松的访谈、读书会、产品发布会、音乐会、讲座、大型活动直播等。具有以下特征。

环境舒适：商业场所和公共活动中心通常拥有舒适的环境和设施，能够提升直播的品质和观众的观看体验。

有特色：这些场所通常具有独特的装饰和氛围，能够营造独特的直播风格。

设施齐全：这些场所通常配备了完善的音响、灯光等设备，能够满足直播的基本需求。

注意事项：可能需要支付场地费用，且可能有其他客户或观众的干扰。需要提前与场所管理方沟通，确保直播顺利进行。同时，需要确保安全措施得到落实，确保观众和主播的安全。

综上所述，不同直播地点各有其特点和优势。在选择直播地点时，我们需要根据直播间的具体需求（如类型、规模、预算等）进行综合考虑和匹配。同时，还需要注意环境控制、技术设施、安全与隐私等方面的要求，以确保直播的顺利进行和高质量呈现。

工作实施

1. 实施内容　为了更好地推广麦片产品,需要确定一个适合进行直播带货的地点。考虑到目标消费群体的多样性和地域分布,我们将选择一个具有高人流量和良好网络覆盖的地点,以便最大化直播效果。

2. 实施工具

(1) 实地考察工具:地图应用、交通规划软件、天气预报网站。

(2) 网络测试工具:网络速度测试应用、信号覆盖地图。

(3) 直播设备:高质量摄像头、麦克风、稳定器、照明设备。

3. 实施步骤

(1) 确定直播地点的要求:列出直播地点需要满足的条件,如人流量、网络环境、场地大小、安全性等。

(2) 初步筛选地点:根据直播要求,初步筛选出几个潜在的直播地点,如购物中心、公园、商业街区等。

(3) 实地考察:前往筛选出的地点进行实地考察,评估人流量、场地布局、周边环境、交通便利性等因素。

(4) 网络测试:在每个潜在地点进行网络速度和信号覆盖测试,确保直播过程中的网络稳定性。

(5) 直播设备测试:在选定的地点进行直播设备的测试,确保音视频质量达到直播标准。

(6) 综合评估与选择:根据实地考察和测试结果,综合评估每个地点的优缺点,选择最适合进行直播的地点。

(7) 制订直播计划:确定直播地点后,制订详细的直播计划,包括直播时间、内容安排、互动环节等。

工作评价

如表 3-2-1 所示。

表 3-2-1　工作评价标准

评价项目	评 分 细 则	分数	得分
麦片带货场地选择	选择上是否符合麦片场地需求	40	
工具选择	工具选择是否合理	30	
总结与分析	复盘是否能够寻找出真正不足,并对此加以改进	30	
总分		100	

工作 2　搭建直播场景

工作情景

在日常工作场景中，每一个直播类型与平台都有着自己需要搭建的直播场景，我们将在选定的地点根据产品特点和品牌风格进行场景布置。考虑到直播带货的互动性和视觉吸引力，场景设计中将融入产品展示区、试用体验区以及互动游戏区。这些区域的设计将兼顾实用性与美观性，以营造一个既专业又富有吸引力的直播环境。

课前引入

在搭建直播场景时，如何确保网络连接的稳定性和视频画面的清晰度？

知识准备

在电子商务领域，直播已成为一种重要的营销手段。为了提升直播效果，吸引并留住更多消费者，搭建一个优质的直播场景至关重要。

1. 直播场景布置

1）背景与环境

（1）选用简洁、大方且符合品牌调性的背景，避免过于花哨或杂乱无章。

（2）确保直播环境光线充足，色彩搭配和谐，营造舒适、愉悦的观看氛围。

（3）直播区域应整洁有序，避免无关物品干扰观众视线。

2）产品展示区

（1）设置专门的展示架或桌面，用于摆放直播中将要介绍的产品。

（2）确保产品摆放整齐，便于观众清晰地看到产品的外观和细节。

（3）对于需要演示的产品，准备好相应的道具和工具，确保演示过程流畅。

3）互动区域

（1）设立互动环节，如提问、抽奖等，鼓励观众积极参与。

（2）在直播画面中设置明显的互动提示，如"提问区""抽奖区"等，引导观众参与。

2. 直播内容与策划

1）主题明确

（1）根据直播目的和目标受众，确定清晰、吸引人的主题。

（2）提前制定详细的直播内容大纲，包括产品介绍、功能演示、互动环节等。

2）内容策划

（1）内容应具有趣味性、互动性和实用性，能够激发观众的兴趣和购买欲望。

（2）结合品牌故事、产品特点等元素，打造具有创意和情感联接的直播内容。

3）品牌推广

（1）在直播中融入品牌推广元素，如品牌历史、理念、优势等。

（2）利用直播中的互动环节，加深观众对品牌的认知和信任。

3. 商品展示与营销方式

1）传统电商

（1）商品展示主要依靠产品图片、详细的文字介绍和用户评价。

（2）利用搜索引擎优化和广告投放等手段，提高产品在平台上的曝光率。

2）兴趣电商

（1）商品展示通过生动有趣的视频、直播等方式进行。

（2）营销强调内容的吸引力和传播性，如打造有趣的故事、话题等吸引用户。

4. 平台算法与推荐机制利用

1）传统电商

（1）算法推荐主要基于用户的历史购买行为和搜索记录。

（2）商家需优化产品标题和关键词，提高搜索排名。

2）兴趣电商

（1）算法推荐基于用户的兴趣标签，包括浏览内容、点赞、评论等行为。

（2）商家需不断更新和优化兴趣标签体系，提高推荐准确性。

5. 消费者决策过程引导

1）传统电商

（1）消费者决策过程相对理性，注重价格、品牌、售后服务等因素。

（2）商家需提供详细的产品对比工具和信息，帮助消费者做出理性决策。

2）兴趣电商

（1）消费者决策过程更受情感和兴趣的影响。

（2）商家需注重营造情感共鸣和信任关系，通过用户评论和分享的展示，增加购买的可能性。

6. 总结
搭建一个优质的直播场景需要综合考虑背景布置、内容策划、商品展示与营销方式、平台算法与推荐机制利用以及消费者决策过程引导等多个方面。通过精心策划和准备，可以打造出具有吸引力和效果的直播场景，提升直播效果，吸引更多消费者。

工作实施

1. 实施内容
针对秭归脐橙产品，在电商平台上进行直播场景搭建，旨在提升产品曝光度，增强用户购买意愿，同时收集用户反馈，优化后续营销策略。

2. 实施工具
淘宝、快手、抖音等直播平台。

3. 实施步骤

（1）背景设计：结合秭归脐橙的产品特性，设计清新、自然的直播背景，突出产品的绿色、健康属性。

（2）灯光布置：确保直播画面明亮、清晰，突出产品细节，同时营造温馨、舒适的购物氛围。

（3）道具搭配：选择与秭归脐橙相关的道具，如篮子、水果刀、果汁机等，展示产品的多种用途和食用方式。

（4）主播选择：挑选形象健康、口才流利的主播，进行产品介绍和互动，提升直播的吸引力和转化率。

（5）内容策划：制订详细的直播内容计划，包括脐橙的种植故事、营养价值介绍、现场试吃体验等，以增加内容的趣味性和教育性。

（6）互动环节设计：设计互动游戏和问答环节，如脐橙知识竞赛、限时优惠抢购等，以提高观众参与度和购买转化率。

（7）技术保障：确保直播过程中的网络稳定性和视频质量，提前测试设备，准备备用设备以防万一。

（8）数据分析：直播结束后，收集并分析数据，如观看时长、互动次数、转化率等，以便评估直播效果并为后续直播提供改进方向。

通过上述步骤的实施，可以有效地提升秭归脐橙在电商平台上的直播效果，增强消费者的购买意愿，并通过收集反馈进一步优化营销策略。最终目标是通过直播场景的搭建和内容的精心策划，实现产品销量的提升和品牌影响力的增强。

4. 实施结果　预计在接下来的 3 个月内，秭归脐橙的销量会有显著增长。

工作评价

如表 3-2-2 所示。

表 3-2-2　工作评价标准

评价项目	评 分 细 则	分数	得分
背景与环境	背景是否合适，环境是否干净	40	
直播内容与策划	主题是否明确，内容策划是否合适，品牌推广是否有效果	30	
总结与分析	复盘是否能够寻找出真正不足，并对此加以改进	30	
总分		100	

工作3　准备直播道具

工作情景

在准备直播前，务必精心挑选和准备直播道具，如适合平台用户画像的装饰品、符合商品品类的展示道具，以及利用平台扶持政策可能获得的特色道具。这些信息与准备工作对于公司选择合适的直播平台开展业务至关重要。确保所有道具均经过清洁和消毒处理，保持新鲜脐橙的色泽和质感,同时准备好各类促销信息和折扣券,以便在直播过程中及时发放。

课前引入

在准备直播道具时,应该如何确保所有必要的设备如摄像头、麦克风、照明设备以及背景布置等都已齐全并处于良好工作状态?

知识准备

1. 基础设备

(1)高清摄像头:选择具备自动对焦、广角拍摄功能的摄像头,确保直播画面清晰,能够全面展示产品或场景。同时,摄像头应支持高帧率拍摄,以减少画面卡顿现象。

(2)专业麦克风:选择具备降噪功能的专业麦克风,如电容麦或动圈麦,确保声音清晰,减少噪声干扰。此外,可配备无线麦克风,方便主播在直播过程中自由移动。

(3)照明设备:根据直播环境选择合适的照明设备,如环形灯、补光灯等。照明设备应具备亮度可调、色温可调等功能,以满足不同直播场景的需求。同时,应确保照明光线均匀,避免产生阴影或反光现象。

(4)直播电脑或手机:选择性能稳定、配置较高的电脑或手机作为直播设备。电脑应具备独立显卡、大容量内存等配置,以确保直播流畅;手机则应选择支持高清直播、具备良好散热性能的手机。

(5)三脚架或稳定器:用于固定摄像头或手机,保持画面稳定。选择具备调节高度、角度等功能的三脚架或稳定器,以适应不同直播场景的需求。

(6)网络设备:确保直播网络稳定,避免卡顿。可选择高速路由器、网线等网络设备,以确保直播过程中的网络流畅性。

2. 产品展示道具

(1)产品展示架:根据产品类型选择合适的展示架,如层架、旋转架等。展示架应具备承重能力强、稳定性好等特点,以确保产品能够安全、稳定地展示在观众面前。

(2)背景板或背景布:根据直播风格和产品特点选择合适的背景板或背景布。背景板或背景布应具备颜色鲜艳、图案清晰等特点,以提升直播视觉效果。同时,背景板或背景布应易于更换,以适应不同直播场景的需求。

(3)产品标签或说明书:准备清晰、简洁的产品标签或说明书,方便主播在直播中介绍产品特点和使用方法。标签或说明书应包含产品名称、规格、功能等信息,并应易于观众阅读和理解。

(4)道具搭配:根据产品类型和直播主题,选择适当的道具进行搭配。如美妆类直播可搭配化妆刷、化妆镜等道具;服饰类直播可搭配衣架、模特等道具。道具的选择应能够突出产品特点,提升直播效果。

3. 互动道具

(1)点赞、评论提示牌:制作清晰、醒目的点赞、评论提示牌,引导观众进行互动。提示牌应包含点赞、评论的提示语,并应放置在直播画面中显眼的位置。

（2）礼物展示架：准备礼物展示架，用于展示观众赠送的礼物。展示架应具备美观、实用等特点，以吸引观众的注意力。同时，主播应定期感谢观众的礼物赠送，增强与观众之间的互动。

（3）抽奖箱或转盘：根据直播主题和观众喜好，设计合适的抽奖活动。抽奖箱或转盘应具备趣味性、互动性等特点，以吸引观众参与。主播应定期公布抽奖结果，并及时发放奖品。

4. 其他道具

（1）计时器：准备计时器，用于控制直播节奏。主播可根据直播内容和时间安排，设置合适的计时器提醒，以确保直播内容紧凑有序。

（2）白板或小黑板：准备白板或小黑板，标注直播中的重点信息，便于及时提醒消费者。白板或小黑板应具备书写流畅、易于擦拭等特点，以便主播在直播过程中随时记录重要信息。

（3）水杯和纸巾：准备水杯和纸巾等生活必需品，以保持主播的良好状态。主播应定时补充水分、擦拭汗水等，以保持整洁、专业的形象。

（4）品牌标识或 Logo：在直播中展示品牌标识或 Logo，以提升品牌知名度和认同感。品牌标识或 Logo 应清晰、醒目地放置在直播画面中显眼的位置，以便观众识别和记忆。

（5）其他辅助设备：如遥控器、电池、充电器等辅助设备，确保直播过程中设备能够正常运行。同时，主播应提前检查设备电量和信号情况，以避免因设备故障而影响直播效果。

请注意，以上道具清单仅供参考，具体道具的选择和使用应根据直播内容、平台要求以及观众喜好等因素进行灵活调整。

工作实施

1. 实施内容　请根据直播内容、风格和目标受众，详细列出所需的直播道具，并确保它们符合品牌形象和直播主题。同时，考虑道具的实用性、耐用性以及采购成本，制订一份合理的采购计划。

2. 实施工具　电商平台（如淘宝、京东）、实体店、品牌官网、二手市场等。

3. 实施步骤

（1）确定直播主题：根据直播内容、风格和目标受众，确定直播的主题和风格。

（2）列出道具清单：根据直播主题，列出所需的道具清单，包括背景布、灯光设备、摄像头、麦克风、展示架、产品样品、装饰品等。

（3）选择采购渠道：根据道具的类型和预算，选择合适的采购渠道。对于常用道具，可以在电商平台或实体店购买；对于品牌专属道具，可以在品牌官网定制；对于预算有限的道具，可以在二手市场寻找。

（4）采购道具：按照采购计划，购买所需的道具，并确保它们的质量和数量符合要求。

（5）道具布置：在直播前，根据直播场景和主题，合理布置道具，确保它们能够突出直播主题、提升直播效果。

（6）道具维护：在直播过程中，注意道具的维护和使用，避免损坏或丢失。直播结束后，及时清理和整理道具，以便下次使用。

4. 实施结果

道具清单:背景布、灯光设备、摄像头、麦克风、展示架、产品样品、装饰品等。

采购渠道:电商平台、实体店、品牌官网、二手市场等。

道具质量:符合直播要求,能够提升直播效果。

道具数量:满足直播需求,无短缺或多余。

道具布置:合理美观,符合直播主题。

道具维护:良好,无损坏或丢失。

工作评价

如表3-2-3所示。

表3-2-3　工作评价标准

评价项目	评分细则	分数	得分
直播道具准备	直播道具是否准备完善	40	
展示道具准备	展示道具是否准备完善	30	
互动道具准备	互动道具是否准备完善	30	
总分		100	

工作4　准备直播设施

工作情景

为确保直播活动顺利进行,必须准备相应的直播设备和设施。这涉及采购高质量的摄影器材、稳定的网络设备、良好的照明系统以及其他辅助工具,确保直播期间画面和声音的品质,为观众提供优质的直播观看体验。配合直播团队进行多次测试,以调整设备参数至最佳状态。

课前引入

在准备直播设备时,应该如何选择高质量的摄像头、麦克风和扬声器,以确保直播画面的清晰度和声音的保真度?

知识准备

1. 直播设备的选择与配置

(1)图像采集设备:选用具备高分辨率及稳定性能的图像采集设备,以确保直播画面的清晰度和流畅性。考虑设备的视角调节能力、自动对焦技术等,以适应多变的直播场景。

(2) 音频采集设备:选用音质清晰、具备有效降噪功能的音频采集设备,以降低背景噪声对直播音质的影响,提升观众的听觉体验。

(3) 照明设备:配置专业的照明设备,如环形灯、柔光灯等,以确保直播环境的光线充足且自然,展现主播和产品的最佳状态。

(4) 直播软件:选用功能丰富、运行稳定的直播软件,支持高清画质、实时互动、虚拟礼物等功能,以提升直播体验。

2. 网络条件的优化

(1) 宽带速度:确保网络带宽满足直播需求,避免直播过程中出现卡顿、延迟等问题。

(2) 网络稳定性:选择稳定的网络连接方式,如有线网络,以减少网络波动对直播的影响。

(3) 备用网络方案:准备备用网络方案,如 4G/5G 网络,以应对突发网络故障。

3. 直播环境的布置

(1) 背景布置:选择简洁、整洁的背景,避免杂乱无章的环境分散观众的注意力。

(2) 产品摆放:合理摆放产品,确保产品展示清晰、美观,便于观众了解产品特点。

(3) 氛围营造:利用灯光、音乐等元素,营造符合直播主题的氛围,提升观众沉浸感。

4. 直播前的测试与调整

(1) 设备测试:在直播前进行设备测试,确保图像采集设备、音频采集设备等正常工作,调整至最佳状态。

(2) 网络测试:测试网络连接速度和稳定性,确保直播过程中不会出现网络问题。

(3) 直播预览:进行直播预览,检查直播画面、音质等效果,及时调整参数,确保直播质量。

工作实施

1. 实施内容 本次直播的核心内容为脐橙的展示与销售。为确保直播效果,需准备一系列专业的直播设备,以便清晰地展示脐橙的品质特征,吸引观众的注意力,并提升购买转化率。

直播设施具体包括:

(1) 高清摄像头与摄像设备:用于捕捉产品的细节,确保画面清晰度和色彩还原度。

(2) 专业麦克风与音频设备:确保直播过程中的声音清晰、洪亮,提升观众的听觉体验。

(3) 直播灯与照明设备:提供充足的照明,确保直播画面明亮、清晰。

(4) 三脚架与支撑设备:稳定直播设备,防止画面抖动。

(5) 直播手机或电脑:用于直播平台的操作与直播画面的传输。

(6) 其他辅助工具:如产品展示架、背景板、标签纸、计时器等,以营造专业、舒适的直播氛围。

2. 实施工具

直播设备:高清摄像头、专业麦克风等。

网络平台:抖音、快手等短视频及直播平台。

其他工具:产品展示架、背景板、标签纸、计时器等。

3. 实施步骤

(1)确定直播目标与产品:选定具体的脐橙产品,确保产品新鲜、质量上乘,并准备好足够的库存。

(2)搭建直播场景:根据直播需求,搭建专业的直播场景,包括设置产品展示架、背景板等。

(3)调试直播设备:在直播前,对设备进行调试,确保设备性能良好,画面清晰、声音洪亮。

(4)安排专业主播:选择具有专业素养和良好表达能力的主播进行直播,提升直播效果。

(5)直播测试与演练:在正式直播前,进行直播测试与演练,确保直播过程顺利进行。

工作评价

如表 3-2-4 所示。

表 3-2-4 工作评价标准

评价项目	评分细则	分数	得分
直播设备的选择与配置	直播设备选择与配置是否正确	40	
网络条件的优化	网速是否满足直播的标准,能否做到不卡顿	30	
直播环境的布置	直播环境的布置是否符合直播间需求	30	
总分		100	

任务小结

在选择直播场景的任务中,我们首先分析了直播的目的和目标受众,以确保场景选择与内容传达相匹配。接着,我们考虑了技术需求,包括网络稳定性、照明和声音设备等,以保证直播质量。随后,我们评估了不同场景的视觉效果和背景噪声,挑选出了最能吸引观众注意力且干扰最小的地点。最后,我们还考虑了场景的可访问性和安全性,确保直播过程顺利无阻碍。通过综合考虑这些因素,我们成功地为直播任务挑选出了最佳场景。

任务检测

一、判断题(正确的打"√",错误的打"×")

1. 在准备直播设备时,不需要考虑设备的视角调节能力。(　　　)

2. 直播设备的音质清晰度对直播音质没有影响。(　　　)

3. 在直播前,不需要进行设备测试。(　　)

4. 直播软件的功能丰富程度对直播体验没有影响。(　　)

5. 直播环境的背景可以杂乱无章,不会影响观众的观看体验。(　　)

二、单项选择题

1. 为确保直播画面的清晰度和流畅性,应选用哪种图像采集设备?(　　)

A. 低分辨率的设备　　　B. 具备高分辨率及稳定性能的设备　　　C. 任何类型的设备

2. 为了降低背景噪声对直播音质的影响,应选用哪种音频采集设备?(　　)

A. 音质模糊的设备　　　B. 具备有效降噪功能的设备　　　C. 任意设备

3. 在直播环境布置中,应避免哪种背景?(　　)

A. 简洁整洁的背景　　　B. 杂乱无章的背景　　　C. 任意背景

4. 以下哪种网络条件不利于直播?(　　)

A. 宽带速度快　　　B. 网络波动大　　　C. 有备用网络方案

5. 在直播前,以下哪项工作是不必要的?(　　)

A. 设备测试　　　B. 网络测试　　　C. 不进行直播预览

三、简答题

1. 在准备直播设备时,应该如何选择高质量的摄像头和麦克风?

2. 简述直播前的测试与调整工作包括哪些内容。

任务三

选择营销方式

任务背景

在当今竞争激烈的市场环境中,电商企业要想脱颖而出,实现持续发展和增长,选择合适的营销方式至关重要。随着科技的飞速发展和消费者行为的不断变化,传统的营销手段已经难以满足现代电商企业的需求。因此,电商企业必须紧跟时代步伐,深入研究市场趋势,精准把握消费者心理,以制定出科学、高效的营销策略。

任务分解

工作1 确定营销类型	工作2 确定投流方案	工作3 营销成本控制
·市场分析 ·品牌定位 ·营销目标设定 ·评估营销类型 ·制定营销计划	·直播投流内涵 ·直播投流方案的基本信息 ·组合投放策略	·成本控制环节分析 ·直播成本策略制定

工作 1 确定营销类型

工作情景

张某及其小组成员通过学习直播营销目的分析技巧,基本掌握如何合理科学地设置直播目的,指导老师让他们继续学习直播营销的基本方式,结合营销目标选择合适的直播方式。

课前引入

假设某店铺计划进行两场直播活动,表 3-3-1 中的两款产品是即将在直播间展示的新品。请以 4 人为小组,尝试为该店的新品进行直播推广,帮助其找到合适的主播并讨论如何进行产品展示。根据下表中的提示,将讨论结果填入表中。

表 3-3-1 直播产品分析表

产品	适合哪类主播	如何展示产品
	(提示:购买保健品的人群有哪些? 他们的关注点是什么?)	
	(提示:购买化妆品的人群有哪些? 他们的关注点是什么?)	

知识准备

在正式确定直播营销类型之前,需要进行多方面的分析研究,选择最合适的营销类型,以扩大品牌知名度,实现营销目标。

1. **市场分析** 首先,深入研究目标市场的规模、增长趋势、消费者需求以及潜在机会,有助于确定营销活动的重点和方向。其次,研究竞争对手的营销策略、市场份额以及消费者反馈,有助于发现竞争对手的优势和劣势,为差异化竞争提供依据。

2. 品牌定位 根据品牌的核心价值、愿景和使命,确定品牌在市场中的定位。这有助于确保营销活动与品牌形象保持一致。

将市场细分为特定的受众群体,以便精准营销。了解目标受众的需求、偏好和行为模式,有助于制定更具针对性的营销策略。

3. 营销目标设定 根据市场分析和品牌定位,设定具体的营销目标,如提高品牌知名度、增加销售额、提升客户满意度等。

针对设定的目标,制定详细的营销策略和行动计划,包括营销渠道的选择、营销活动的安排以及预算的分配等。

4. 评估营销类型 根据产品的特性(如功能、价格、外观等),评估哪些营销类型更适合推广该产品,并评估不同营销类型的成本效益,选择性价比高的营销类型。

(1) 产品展示型营销:在直播中指的是通过直播展示产品的特点、优势和使用方法,以直观的方式向消费者展示产品。这种营销方式依赖于主播的展示和讲解,使消费者对产品有更深入的了解。例如,××兔年新春开启的"××新春焕梦花旅"直播,通过全三维虚拟设计渲染直播,消费者仿佛置身于焕梦玫瑰花园中,见证了超过1 000万朵数字玫瑰的幸福绽放,这种直播方式有效地展示了产品并传递了品牌祝福。

(2) 互动营销:在直播中通过与观众的实时互动,提高观众的参与度和品牌印象。这种营销方式可以通过问答、投票、游戏等形式进行。例如,黑猪肉农场品直播,通过6大直播平台联手,超过500万人在线收看,新型营销模式赚足眼球,直播将成为标配。这种互动式的直播活动引发了观众的强烈猎奇心理,增加了品牌的互动性和话题性。

(3) 优惠促销型营销:在直播中是通过提供折扣、优惠券、特价商品等优惠手段,刺激消费者的购买欲望。通常在每年"双十一""双十二""年货节""开学季"等特殊节点各平台品牌、主播等会获得品牌促销机制,给予消费者性价比最高的折扣价,以此促进订单成交,大大增加销售额和销售量。

例如,××整合互动营销,9大直播平台联手,超500万人在线观看,最终卖出1万支口红新产品"××",转化实际销售额达到142万元人民币。通过直播发布新品并提供优惠促销,成功吸引了大量消费者的关注和购买。

(4) 自媒体直播营销:又称社会化营销或社交媒体营销,是指利用社会化网络、小红书、微博、微信、抖音等平台,在线社区、贴吧、媒体开放平台或其他互联网协作平台媒体进行直播营销的一种方式。自媒体直播营销具有门槛低、传播快、可信度低等特点。它强调内容个性化与互动技巧,需要对营销过程进行实时监测、分析、总结与管理,并根据市场与消费者的实时反馈调整营销目标。通过直播平台发布内容,建立品牌影响力,吸引粉丝,进而实现营销目的。

(5) 场景化营销:在直播中指根据现实中存在的场景,通过营造直播间氛围和情境,在特定的场景下开展营销活动,增强消费者的代入感和购买欲望。

(6) KOL/网红合作营销:在直播中指通过与具有一定影响力的意见领袖或网红合作,利用他们的粉丝基础和影响力来推广品牌或产品。例如,某平台千万大V与流量网红合作,都具有较高知名度和巨大粉丝基础,营销彩妆品牌,并在社交平台做图文、视频等切片进行二次宣传,极大增加了品牌曝光度和产品销售量。

（7）内容营销:在直播中指通过创造和发布有价值的、相关联的和连贯的内容来吸引和留住明确定义的受众,并最终驱动营利性的客户行动。内容营销的方式是通过直播展示企业的最新动态和产品,吸引了大量观众的关注。

5. 制订营销计划

综合评估:将市场分析、品牌定位、营销目标以及产品特点和受众偏好等因素综合考虑,确定最合适的营销类型。

制订详细计划:针对选定的营销类型,制订详细的营销计划,包括活动的时间表、执行步骤、预算分配以及效果评估等。

工作实施

1. **组建专业团队** 组建一个包括市场营销师、数据分析师、创意策划人员、主播副播、运营师、摄影摄像师等在内的专业团队。明确团队成员的职责和分工,确保各项工作有序进行。

2. **收集市场信息** 通过市场调研、行业报告、竞争对手分析等方式,分析行业的发展趋势、市场规模以及增长潜力。了解市场的规模、增长趋势、消费者需求以及潜在机会。研究竞争对手的营销策略、市场份额以及消费者反馈。

3. **研究品牌定位与目标受众** 确定品牌在市场中的定位,包括品牌形象、品牌声誉等。通过问卷调查、访谈等方式,收集目标受众的反馈和意见。通过数据对目标受众进行细分,了解他们的需求、偏好和行为模式。

4. **设定营销目标** 基于团队实际情况和品牌资源条件来设定具体的营销目标,目标应具有明确的时间限制,以便团队能够在规定的时间内集中精力完成任务。例如,可以设定"在未来 3 个月内,每周至少进行 3 次直播活动"或"直播活动结束后的 1 周内实现销售额的增长"。

5. **确定营销类型** 分析营销类型的优劣势和可行性,根据产品特点、受众偏好以及营销目标等因素,评估不同营销类型的适用性。考虑营销活动的时效性、地域性以及目标受众的接受度等因素,确定营销类型。

工作评价

如表 3-3-2 所示。

表 3-3-2 工作评价标准

评价项目	评 分 细 则	分数	得分
团队成员	组建团队是否完善、分工明确	25	
分析市场	列举脐橙相关企业的发展趋势、市场规模以及增长潜力等	25	
营销目标	制定脐橙营销的目标,并记录分析完成情况	25	

（续表）

评价项目	评 分 细 则	分数	得分
营销类型	描述选择的营销类型,并详细描述原因,如产品特点、受众偏好以及营销目标等因素	25	
	总分	100	

工作 2　确定投流方案

工作情景

在直播活动日益成为品牌宣传、产品推广、在线教育及娱乐互动等领域不可或缺的一部分时,制定一个高效、稳定的直播投流方案显得尤为重要。直播投流,即将现场采集的视频、音频等数据经过编码处理后,通过网络传输到服务器,再由服务器分发至观众端的过程。一个优质的直播投流方案不仅能确保直播画面的流畅度和清晰度,还能提升用户体验,增强互动效果。

课前引入

在直播时进行投流会存在哪些优势?

知识准备

1. 什么是直播投流

直播投流的核心在于实时性和互动性。它利用流媒体传输技术,将现场采集的音视频数据经过编码处理后,通过网络传输到流媒体服务器。服务器再将这些数据分发至观众端,观众可以通过各种设备(如手机、电脑等)实时观看直播内容。

直播投流的关键要素如下。

(1)采集端:负责采集现场的音视频数据,通常包括摄像头、麦克风等设备,以及相应的音视频采集软件或硬件编码器。

(2)流媒体服务器:负责接收、存储和分发直播数据。服务器需要具有强大的处理能力和稳定的网络连接,以确保直播数据的实时传输和分发。

(3)网络传输:直播数据通过网络传输到流媒体服务器和观众端。网络带宽、延迟和稳定性等因素都会影响直播的质量和观众体验。

(4)观众端:观众通过各种设备(如手机、电脑等)观看直播内容。观众端需要具有相应的解码器和播放器,以正确解析和播放直播数据。

2. 明确直播投流方案的基本信息

（1）明确直播目标与需求

首先，确定直播面向的观众群体，包括他们的兴趣偏好、观看习惯及网络环境。对于这些受众，主播是采用单向传授的介绍分享、发布会，还是互动性强的直播、问答环节等。

其次，根据目标受众的分布，选择合适的直播平台，如抖音、小红书、B站、企业微信直播等，考虑平台的用户基数、技术支持及推广能力。

再次，明确直播的分辨率、帧率、码率等技术指标，以及是否需要支持多机位切换、实时字幕、特效叠加等功能。

（2）评估硬件与软件资源：在直播过程中需要使用高质量的摄像头、麦克风、音频接口等，确保源头信号的清晰度和稳定性。选择合适的编码器（硬件编码器或软件编码器），考虑其支持的格式、编码效率及兼容性。

技术人员需要选择易于操作、功能齐全的直播管理软件，用于监控直播状态、调整参数、管理互动等。同时需要提前测试直播现场及服务器的上行带宽，确保网络稳定且满足直播数据传输的需求。

（3）视频思路与分发策略：视频拍摄产品展示过程中，第一种使用真人实拍＋口水情歌，第二种使用无口播产品展示＋场景模拟，第三种使用产品展示＋真人实拍＋情感鸡汤文案。同时，直播团队需要集成弹幕、评论、点赞、抽奖等互动功能，增强观众参与感，并考虑如何有效管理这些互动内容。

（4）测试与优化：在正式直播前进行多次模拟测试，包括设备连接、编码效率、网络延迟、播放质量等方面的检查。根据测试结果调整编码参数、CDN配置等，以达到最佳直播效果。

（5）监控与评估：直播过程中，利用监控工具实时跟踪直播质量，包括带宽占用、观众数量、互动情况等。直播结束后，分析观众行为数据，包括但不限于观看时长、跳出率、互动频次等，评估直播效果，为未来直播提供参考。

3. 组合投放策略

（1）新手期直播投放策略：80％短视频引流＋20％直播画面直投。在这一时期，确保内容有吸引力且与目标受众高度相关，能激发观众兴趣，引导他们进入直播间。明确目标受众的画像，以确保短视频能够精准触达潜在观众。

（2）成长期直播投放策略：50％短视频引流＋50％直播画面直投。这一时期内，需要探索更多元化的内容形式，保持新鲜感。进行更细致的用户分层，实施精准营销，设计差异化的促销策略和转化路径，提高转化率。

同时收集观众反馈，分析直播数据，关注行业动态和竞争对手情况，及时调整策略以保持竞争力。

工作实施

1. 选择直播平台　根据目标受众、直播内容类型、预算等因素，选择合适的直播平台，如抖音直播、小红书直播、微信直播、B站直播等。确保所选平台支持高清画质、实时互动（如弹幕、评论、点赞）、直播回放、数据统计等功能。

2. **准备直播设备与环境**　直播时需要同时具备高质量的硬件和软件,其中直播推流软件包括 OBS Studio、XSplit 等,支持多画面切换、字幕添加、音频调节等功能。直播环境需要光线良好,保持整洁。

3. **设置广告投放参数**　根据直播间的规模、目标和预期收益,合理规划每日或总投放预算。新开直播间可以先从小额预算开始测试,根据投放效果逐步调整。接着,确定投放时间段。分析目标用户活跃时间规律,根据直播内容确定投放时间段。

工作评价

如表 3 - 3 - 3 所示。

表 3 - 3 - 3　工作评价标准

评价项目	评 分 细 则	分数	得分
目标明确性	明确直播流畅度、扩大品牌影响力及增强用户参与度的核心目标	25	
投放效果	团队实时跟踪直播数据,包括观看人数、互动频率、转化率等关键指标,并根据数据反馈及时调整投放策略	25	
用户反馈	收集观众评论、问卷调查及社交媒体反馈	25	
数据分析	评估数据收集的完整性和准确性	25	
总分		100	

工作 3　营销成本控制

工作情景

随着消费者需求的多样化和市场竞争的加剧,电商公司需要加大营销力度,以扩大品牌影响力并提升市场份额。然而,营销成本的快速上升引起了高度关注,如何在保证直播营销效果的同时有效控制成本,成为当前亟待解决的问题。你需要明确知道直播营销成本的组成环节,以及每个环节的成本控制方式等。

课前引入

在这个信息爆炸、网络直播遍地开花的时代,一场精心策划的直播活动,如何在瞬间吸引成千上万的观众,将品牌信息精准传达至目标客户,同时又能够高效控制成本,实现投资回报率(ROI)的最大化? 探讨从策划、执行到后期分析,每一个环节的成本控制策略,以及如何通过技术创新、内容优化、合作资源的高效整合等手段,实现成本效益的最大化。

知识准备

1. 成本控制环节分析　直播营销成本控制是一个复杂的过程,具有多个环节,具体环节如下。

(1)主播成本控制:根据产品特性和目标受众选择合适的主播,考虑其影响力和费用。

成本控制方式:与主播进行合同谈判,包括直播次数、时间、内容要求、费用支付方式等,确保费用合理,避免过高的主播费用。在合同中明确主播的责任和义务,以及违约责任,以减少合作风险。

(2)平台成本控制:选择性价比高的直播平台,考虑平台的用户基础、流量成本和技术支持。

成本控制方式:利用平台提供的数据分析工具,优化广告投放和流量购买,提高转化率。

(3)内容制作成本控制:制订直播内容计划,确保内容与营销目标一致,避免无效内容的制作。

成本控制方式:对直播内容的制作成本进行效益分析,确保投入产出比合理。

(4)技术支持成本控制:根据直播需求选择合适的设备,避免不必要的高端设备投入。

成本控制方式:评估是否需要外部技术支持,或者是否可以利用现有资源。例如个人直播或者人数较少的直播中,可以使用手机等移动设备进行直播,也可减少灯光数量,保证成本控制在合理范围内。

(5)营销推广成本控制:精准定位目标受众,避免浪费广告预算。

成本控制方式:选择合适的推广平台,设计合理的促销活动,确保促销成本与收益相匹配。

(6)风险管理:识别直播营销过程中可能遇到的风险,如技术故障、主播表现不佳等。

成本控制方式:制定应对策略,减少风险对成本的影响。

2. 直播成本优化调整

(1)提高直播效率:直播电商的核心是通过直播平台进行商品展示和销售。提高直播效率是降低营销成本的关键。首先,直播主播需要具备良好的表达能力和产品知识,以便更有效地展示商品和及时解答观众疑问。其次,在直播过程中需要其他工种全力配合主播完成整场直播工作,如副播在直播中的配合对直播营销具有极大助力。

(2)精准营销与广告投放:精准营销与广告投放目标受众定位准确,识别目标受众,制定针对性的营销策略,提高转化率。选择合适的广告投放平台,如社交媒体、短视频平台等,降低广告投放成本。

(3)利用数字人主播:数字人主播能够实现 24 小时不间断直播,降低人力成本,提高直播效率,积极布局数字人主播以补充品牌商店播角色。数字人主播的形象、声音、性格等可以根据品牌需求进行定制,更好地适应市场变化。这种定制化能力使得数字人主播能够更好地符合品牌形象和营销策略。

(4)直播技术成本控制:选择性价比高的场地,如共享直播间或租赁闲置场地,以降低场地租赁成本。合理配置摄像、灯光、音响等设备,避免过度投资。设计合理的薪酬结构,如底薪＋提成的方式,激励主播提高直播效果。

(5)直播后二次营销:直播后主要靠直播素材剪辑短视频进行公域推广、私域人群直播回放二次触达及超级推荐的直播推广进行二次营销。但整体上商家直播后的二次营销的普及度较低,营销空缺较大。

工作实施

1. 制定成本预算项目表 根据营销目标,制订详细的预算计划,包括广告费用、促销费用、人力成本等。绘制成项目表,方便查阅。

2. 确定成本控制环节 综合直播前后的营销环节,确定成本分配比例。

3. 分析成本效益 对每个营销渠道和活动进行 ROI 评估,确定投资回报率。

4. 实施营销策略 根据预算和成本效益分析,执行营销策略,包括广告投放、促销活动、公关事件等。

工作评价

如表 3-3-4 所示。

表 3-3-4 工作评价标准

评价项目	评分细则	分数	得分
目标达成度	评估直播预定的观众覆盖目标,以及品牌提及量	25	
技术技能	评估直播过程中的流畅性,视频和音频的质量	25	
内容质量	直播内容吸引度,与目标受众的兴趣和需求匹配度	25	
数据分析	评估数据收集的完整性和准确性	25	
总分		100	

任务小结

通过本任务的学习,我们掌握了直播电商的营销类型、投流方案和营销成本控制,以及直播营销组合策略、方案策划及直播流程设计等技能。通过任务检测让学生初步了解直播电商岗位的能力要求,增强了团队合作意识和能力,同时让学生明白成功不是一蹴而就的,需要储备更多专业知识提升自己的专业技能,增强自身的知识能量。

任务检测

一、判断题(正确的打"√",错误的打"×")

1. 直播目的只需要分析营销目标。( )

2. 直播产品包括实物产品和虚拟产品。（　　　）

3. 直播筹备只需要对设备进行检查调试。（　　　）

4. 利用直播平台提升销售额至 100 万元是具体的目标。（　　　）

5. 才艺营销方式要求主播必须才艺过硬。（　　　）

二、单项选择题

1. 下列属于"产品外观"分析维度的是（　　　）。

A. 产品尺寸　　　　　　　　　　B. 产品口味

C. 自动美颜功能　　　　　　　　D. 美白功能

2. 下列哪个目标属于可度量目标？（　　　）

A. 提升口碑　　　　　　　　　　B. 销售额增加 100 万元

C. 好评率大幅提升　　　　　　　D. 其他平台粉丝增加

3. 下面哪个环节属于直播筹备工作阶段？（　　　）

A. 脚本设计　　　　　　　　　　B. 借助平台推广

C. 进行产品介绍　　　　　　　　D. 分析直播数据

4. 下列哪个属于固定属性特征？（　　　）

A. 性别　　　　　　B. 未婚　　　　　　C. 学历　　　　　　D. 居住地

5. 适用才艺营销方式进行直播活动的产品是（　　　）。

A. 空灵鼓　　　　　　B. 书籍　　　　　　C. 旅游产品　　　　　　D. 保养品

三、多项选择题（每题有两个或两个以上的正确答案）

1. 直播电商的目的分析包括（　　　）。

A. 产品分析　　　　　　　　　　B. 用户分析

C. 营销目标　　　　　　　　　　D. 市场分析

2. 常用的直播营销方式有哪些？（　　　）

A. 颜值营销　　　　　　　　　　B. 明星营销

C. 稀有营销

D. 利他营销　　　　　　　　　　E. 才艺营销

3. 直播简述一般应包括（　　　）。

A. 直播平台　　　　　　　　　　B. 直播形式

C. 直播主题　　　　　　　　　　D. 直播场地

4. 直播方案的必备要素有（　　　）。

A. 直播目的　　　　　　　　　　B. 直播概述

C. 人员安排　　　　　　　　　　D. 费用预算

四、简述题

1. 如何进行直播营销目的分析？

2. 直播成本包括哪些方面？

制定直播风险预案

任务背景

随着互联网技术的飞速发展,直播行业已成为文化传播、商品销售、娱乐互动的重要平台。然而,直播过程中可能面临各种突发情况,如技术故障、内容违规、观众投诉、主播失言等,这些风险不仅影响直播的顺利进行,还可能对品牌形象、用户信任乃至法律合规造成严重后果。因此,制定一套全面、有效的直播风险预案,确保直播活动在任何情况下都能迅速、妥善应对,已成为直播运营不可或缺的一环。

任务分解

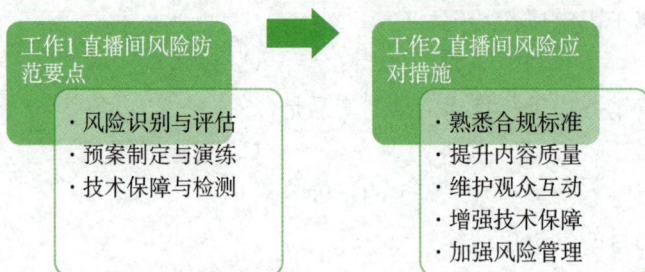

工作1 直播间风险防范要点	工作2 直播间风险应对措施
· 风险识别与评估 · 预案制定与演练 · 技术保障与检测	· 熟悉合规标准 · 提升内容质量 · 维护观众互动 · 增强技术保障 · 加强风险管理

工作 1 直播间风险防范要点

工作情景

在直播间这个充满活力和创意的空间里,同样潜藏着各种风险和挑战。技术故障可能让直播瞬间中断,内容违规可能引发法律纠纷,观众互动失控可能导致氛围恶化,主播失言可能损害品牌形象,网络攻击可能威胁信息安全。主播需要明确直播间风险防范要点,才能更好驾驭地直播内容。

课前引入

让我们思考几个问题:

1. 你是否遇到过直播卡顿、声音失真等技术问题?这些问题对你的直播体验产生了哪些影响?

2. 你是否关注直播内容的安全性？如何确保直播内容符合法律法规和道德规范？

3. 在直播过程中，你如何管理观众互动？如何避免恶意评论和攻击性言论的出现？

知识准备

直播间风险防范是确保直播活动顺利进行、维护主播形象、保护用户权益的重要措施。直播间风险防范要点如下。

1. 环节设置 在策划线上活动时，主办方需要使活动的各个环节更加完善和细致，以确保环节设置的公正性，预防可能出现的异议。特别是在直播过程中观众情绪高涨的环节，必须采取有效措施，避免因同时涌入直播间的人数过多导致正常直播环节无法开展。同时，在策划网络直播活动时，环节设置的反复推演同样至关重要，特别是在涉及"转发抽奖"和"扫码领取红包"等互动环节时，应实施相应的预防措施，以防止恶意行为导致奖品或红包被不当领取，确保广大观众能够公平参与，避免因此出现环节无法按预设推进或者引发的争议弹幕泛滥等状况。

2. 软硬件测试 为了确保网络直播能够达到最佳效果，直播团队必须在直播活动开始前对所有相关的软硬件进行全面而细致的检查与测试。首先，团队成员需要熟练掌握直播软件的操作流程，以及软硬件之间的协同工作机制，以避免因操作失误而影响直播质量。其次，对网站和服务器进行多次压力测试，确保它们能够承受大量观众同时访问带来的负载，防止服务器因过载而崩溃。第三，选择一个稳定可靠的网络环境进行直播，以减少网络波动对直播流畅度的影响，避免出现卡顿或中断的情况。最后，确保所有直播数据都有完整的备份和恢复方案，这样在后期进行营销活动时，可以方便地利用直播资料和素材，进一步扩大活动的影响力。通过这些细致的准备工作，可以大大提高直播的专业性和观众的观看体验。

3. 主播话术审核 随着网络直播用户规模的持续增长，直播平台已经成为社交、娱乐等场景的重要入口。这一趋势促使相关部门开始加强对直播平台的管理。为了应对用户规模的扩大和直播内容的多样化，监管政策也在不断完善，以确保直播行业的健康有序发展。因此，直播平台的规范化管理已成为行业发展的关键。

2007 年 12 月，国家广电总局公布《互联网视听节目服务管理规定》（2015 年修订）；2010 年 3 月，同样由国家广电总局发布《互联网视听节目服务业务分类目录（试行）》（2017 年调整）；2016 年 6 月，国家网信办发布《移动互联网应用程序信息服务管理规定》；2016 年 4 月 13 日，百度、新浪、搜狐等 20 余家直播平台共同发布《北京网络直播行业自律公约》，承诺网络直播房间必须标识水印，内容存储时间不少于 15 天备查，所有主播必须实名认证，对于违规的主播，情节严重的将列入黑名单，审核人员对平台上的直播内容进行 24 小时实时监管。

首先，企业必须对主播的言辞进行严格的审查和把关，以防止因随意发言而违反相关法律法规。不当的主持言辞不仅会损害企业的声誉，还可能直接触犯法律红线。

其次，主播应保持专业素养，注意自己的言行举止，避免使用不文明语言或展示不雅行为。同时，直播团队需要明确区分工作与私生活，尊重他人的隐私权和合法权益，严禁在直播中泄露他人个人信息。

再次，主播在直播过程中必须严格遵守行业法律法规，不得从事不正当竞争或欺诈行为。在介绍商品或服务时,应真实、准确地描述其特性和优势,不得夸大事实或进行虚假宣传,以维护直播内容的真实性和诚信度。通过这些注意要点,可以确保直播活动的合法合规,同时保护消费者权益,为企业树立良好的社会形象。

4. 弹幕监控 弹幕作为观众在直播中发送的即时评论,以滚动、停留或特效的方式呈现于屏幕之上,极大地增强了直播的互动性。然而,由于弹幕的实时性和不可预测性,主播无法对观众的弹幕进行预先审核,这就需要依赖现场管理来确保直播的秩序和内容的合规性。

直播平台通常设有"管理"角色,他们与主播一同监控直播间的弹幕动态。对于那些发布低俗、过度娱乐化、宣扬拜金主义和崇尚奢华等不当内容的弹幕,管理者有权直接关闭其发言权限。对于情节严重的违规行为,管理者不仅应立即采取措施,还可以截图保存证据,并移交给公安机关进行后续处理,以维护直播环境的健康和秩序。通过这样的管理机制,可以有效地过滤掉不当内容,保护观众和主播的合法权益,同时遵守相关法律法规,确保直播活动顺利进行。

5. 侵权检查 企业在进行直播营销时,需要准备一系列物料以增强直播的吸引力和专业性,包括背景板、贴图、玩偶、吉祥物等。这些物料在直播前必须经过细致的审查,以确保不侵犯任何受版权保护的内容,避免因使用未经授权的版权物料而引发法律纠纷。

2017年5月,国务院发布的《2017年全国打击侵犯知识产权和制售假冒伪劣商品工作要点》中明确提出,要加大互联网领域侵权假冒治理力度,强化对知识产权的保护,加强商标行政执法,并加大版权保护工作力度。因此,在直播营销中所使用的所有物料,都必须严格遵守不侵权、不违法的原则,确保直播活动合法合规。这不仅是对法律的尊重,也是企业社会责任的体现,有助于构建一个健康、有序的直播营销环境。

6. 平台资质 线上直播需要选择具有相关资质的直播平台,以保证卖方与买方的合法权益。

(1)资质要求:直播平台作为网络直播营销活动的核心载体,必须严格遵循国家法律法规,获取必要的行政许可和备案手续。

(2)运营管理:直播平台在运营管理方面应展现出高度的规范性和科学性。一方面,直播账号需要符合平台规则和社会要求;另一方面,平台应制定网络直播营销管理规则,使得用户正确使用平台并产出高质量的作品。

(3)安全管理:在安全管理方面,直播平台应当采取技术措施和其他必要手段保证网络的安全稳定运行,防范网络违法犯罪活动,并制定网络安全事件应急预案。同时,对直播间内的链接、二维码等跳转服务加强管理,以杜绝恶意行为的潜在风险。

(4)信息公示:直播平台负有信息公示的责任,应在首页显著位置持续公示其营业执照、行政许可等关键信息,并在终止网络直播营销业务前公示相关信息。

(5)备案管理:根据国家规定,直播平台在开展经营性网络表演活动时必须持有《网络文化经营许可证》并进行ICP备案;若涉及网络视听节目服务,则需持有《信息网络传播视听节目许可证》并进行ICP备案;若涉及互联网新闻信息服务,则必须持有《互联网新闻信息服务许可证》。

（6）技术能力：直播平台应配备与服务规模相适应的专业人员，并具备维护互联网直播内容安全的技术能力，确保技术方案符合国家相关标准。

工作实施

1. **组建专项小组**　由技术、内容、法务、客服等部门组成，负责预案的制定与执行。
2. **风险识别与评估**　通过头脑风暴、历史数据分析等方式，列出潜在风险并评估其影响。
3. **制定详细预案**　针对每项风险，明确应对步骤、责任人、联系方式及备用方案。
4. **培训演练**　组织全体参与人员进行预案培训，并通过模拟直播场景进行实战演练。
5. **监控与调整**　直播期间，设立监控小组实时跟踪风险情况，必要时启动预案并调整策略。

工作评价

如表 3-4-1 所示。

表 3-4-1　工作评价标准

评价项目	评分细则	分数	得分
预案完整性	评估预案是否覆盖了所有可能的风险点，措施是否具体可行	25	
团队响应速度	通过模拟演练或实际应对情况，考察团队的快速响应和协同作战能力	25	
预案执行效果	分析预案在实际应用中的效果，包括问题解决效率、用户满意度、品牌影响等	25	
持续优化能力	评价团队在预案执行后的反思与改进能力，是否形成闭环管理，不断迭代优化预案	25	
总分		100	

工作 2　直播间风险应对措施

工作情景

在当前的数字化时代，直播已成为一种重要的信息传播和娱乐方式。然而，随着直播行业的快速发展，各种潜在风险也随之浮现，包括但不限于技术故障、内容违规、观众投诉、主播失言、网络攻击等。某知名主播正在进行一场重要的产品发布会直播，吸引了大量观众在线观看。然而,在直播过程中,突然出现了网络延迟、卡顿现象,导致观众无法正常观看直播内容。同时,主播在直播中的不当言论,引发了观众的强烈不满和投诉。此外,还有不法分子利用直播平台进行网络攻击,试图窃取观众的个人信息或破坏直播秩序。

课前引入

为了更好地理解直播间风险应对措施,我们需要关注以下几个方面。

技术风险包括:_____。

内容风险包括:_____。

观众风险包括:_____。

网络风险包括:_____。

知识准备

1. 合规性:遵守法律法规,确保直播内容合法

(1) 避免违禁内容:主播在直播中应严格遵守国家法律法规,不得涉及政治敏感话题、色情低俗内容、暴力血腥场景等。同时,也要避免传播谣言、侵犯他人隐私等行为。

(2) 知识产权保护:在直播中展示的商品或使用的音乐、图片等素材,应确保拥有合法的使用权,避免侵犯他人的商标权、著作权等知识产权。

(3) 真实宣传:主播在直播带货时,应确保所宣传的商品信息真实可靠,不得夸大其词、虚假宣传,以免误导消费者,损害自身信誉。

2. 内容质量:提升直播内容的专业性和趣味性

(1) 明确内容定位:主播应根据自身特长和兴趣,明确直播内容的定位,如美妆、美食、游戏、教育等,形成独特的风格,吸引目标观众。

(2) 注重内容创新:在保持内容连贯性的基础上,不断尝试新的直播形式、互动方式和话题,以提升观众的参与度和满意度。

(3) 提升专业素养:主播应不断提升自身的专业素养,如产品知识、行业动态等,以便在直播中提供更加专业、有价值的信息。

3. 观众互动:建立良好的观众关系,提升粉丝黏性

(1) 及时回应观众:在直播中,主播应密切关注观众的评论和提问,及时回应,增强观众的参与感和归属感。

(2) 设置互动环节:通过抽奖、问答、投票等互动环节,提升直播的趣味性和互动性,增强观众的黏性。

(3) 建立粉丝社群:利用社交媒体等平台,建立粉丝社群,定期发布更新、分享生活,与粉丝建立更加紧密的联系。

4. 技术保障:确保直播流畅,提升用户体验

(1) 选择优质直播平台:根据自身需求,选择性能稳定、功能丰富的直播平台,确保直播的流畅性和清晰度。

(2) 优化网络环境:在直播前,确保网络环境稳定,避免因网络延迟、卡顿等问题影响直

播效果。

（3）掌握直播技巧：学习并掌握直播设备的操作方法、音效调节、画面构图等技巧，提升直播的专业性和观赏性。

5. 风险管理：建立风险预警机制，应对突发情况

（1）制定应急预案：针对可能出现的突发情况，如设备故障、网络中断等，制定详细的应急预案，确保直播顺利进行。

（2）关注法律法规变化：密切关注国家法律法规的变化，及时调整直播内容，避免触碰法律红线。

（3）保护个人隐私：在直播中，注意保护自身和他人的隐私，避免泄露敏感信息，如家庭住址、电话号码等。

6. 持续学习：紧跟行业动态，提升个人能力

（1）关注行业动态：通过参加行业会议、阅读专业书籍等方式，了解行业动态和趋势，为直播内容提供新的灵感和素材。

（2）提升个人能力：不断学习新的知识和技能，如摄影技巧、视频剪辑、市场营销等，以提升个人的综合素质和竞争力。

（3）建立合作网络：与其他网红、品牌商家建立合作关系，共享资源，拓宽直播内容和商品推广的渠道。

工作实施

1. **预案完整性**　评估预案是否覆盖了所有可能的风险点，措施是否具体可行。

2. **团队响应速度**　通过模拟演练或实际应对情况，考察团队的快速响应和协同作战能力。

3. **预案执行效果**　分析预案在实际应用中的效果，包括问题解决效率、用户满意度、品牌影响等。

4. **持续优化能力**　评价团队在预案执行后的反思与改进能力，是否形成闭环管理，不断迭代优化预案。

工作评价

如表 3-4-2 所示。

表 3-4-2　工作评价标准

评价项目	评分细则	分数	得分
解除技术故障	面对技术故障（如网络不稳定、设备故障等），团队能够迅速启动备份方案，确保直播的连续性	30	
内容合规性	团队严格执行内容审核机制，确保直播内容符合相关法律法规和平台规定	35	

(续表)

评价项目	评分细则	分数	得分
观众投诉处理能力	对于观众的投诉和反馈,团队能够迅速响应,积极解决问题	35	
总分		100	

📁 任务小结

　　在直播间风险应对措施这一节中,我们学习了如何识别和管理直播过程中可能出现的法律、技术、内容和运营风险,并探讨了相应的预防和应对策略,以确保直播活动的顺利进行和品牌形象的保护。通过这些措施,我们能够降低直播过程中的风险,提高直播的安全性和专业性。

📝 任务检测

一、判断题(正确的打"√",错误的打"×")

1. 直播间内播放未经授权的音乐属于合法行为。(　　)
2. 主播在直播过程中可以随意透露他人隐私信息。(　　)
3. 直播平台应建立实时监控系统以筛查违规内容。(　　)
4. 直播间内销售假冒伪劣产品不会对品牌造成影响。(　　)
5. 直播间内的语言攻击和人身攻击行为是可以接受的。(　　)

二、单项选择题

1. 以下哪项不是直播间风险应对措施的一部分?(　　)
   A. 建立用户举报机制　　　　　　　　B. 直播内容的实时监控
   C. 无视用户投诉和反馈　　　　　　　D. 建立内容审核制度
2. 如果主播在直播中使用了他人的音乐作品,以下哪项措施是正确的?(　　)
   A. 继续使用,不做任何说明
   B. 在直播开始前获得音乐作品的使用授权
   C. 仅在直播结束后提供版权信息
   D. 使用无版权的音乐作品替代
3. 以下哪项是直播间技术风险的应对措施?(　　)
   A. 忽略网络延迟问题
   B. 使用未经测试的直播软件
   C. 定期检查和维护直播设备
   D. 在直播中公开敏感的个人信息
4. 主播在直播过程中应如何处理观众的不当言论?(　　)

A. 无视这些言论，继续直播   B. 与观众进行争论

C. 及时警告并采取平台规定的措施   D. 鼓励其他观众参与争论

5. 以下哪项不是直播间内容风险的应对措施？（　　　）

A. 避免传播违法违规信息   B. 确保直播内容符合平台规定

C. 允许直播中出现暴力和色情内容   D. 对直播内容进行预审和监控

项目四　进行直播预热

项目介绍

　　直播预热在直播电商运营中占据关键地位。它能提前锁定潜在观众,为直播的成功蓄势。开展直播时,先精准剖析直播定位与目标受众的特点,以此规划适配的预热策略。例如,在各大社交平台,发布吸睛的直播预告,如主播风采短视频、产品亮点图文等,佐以诱人的文案,唤起用户的期待;还可联合行业网红、KOL,借其强大的号召力与粉丝群体,拓宽预热信息的传播广度,将直播推送给更多潜在用户。同时,与直播粉丝社群、电商粉丝群积极互动,派送优惠券、小礼品等专属福利,促使用户提前预约直播。如此,直播开场便能汇聚大量流量,观众参与度显著提升,直播的整体效益与商业价值得以充分彰显,为直播电商的顺利推进筑牢根基。

学习目标

　　(1) **知识目标**:理解直播预热的概念与重要性,熟知流量提升渠道种类及特点,掌握宣传文案、海报、短视频的设计要点,明白社交平台与私域粉丝群运营策略,为直播预热构建全面知识体系。

　　(2) **技能目标**:能够独立设计吸引人的宣传文案、海报与短视频,熟练运用社交平台工具推广直播,有效经营私域粉丝群,精准分析目标受众并制定个性化预热方案,提升直播预热实操能力。

　　(3) **素养目标**:培养创新思维与审美能力,提升沟通协作与问题解决素养,增强数据敏感度与分析能力,使其在直播预热中展现专业、高效、富有创意的职业素养,适应直播电商行业需求。

项目导航

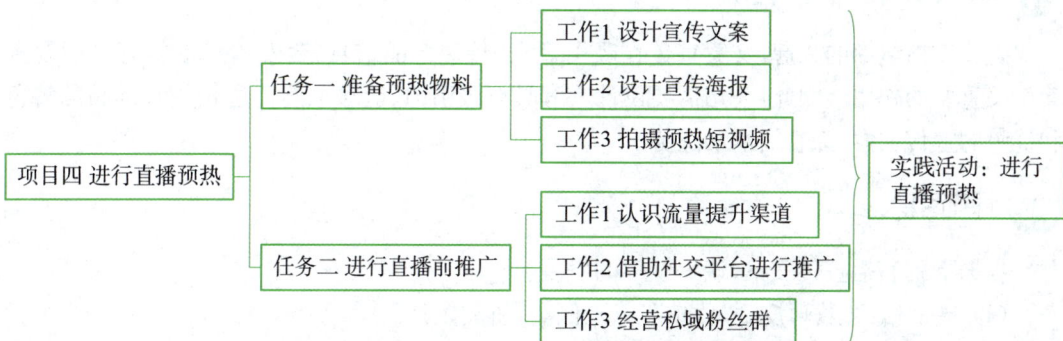

任务一

准备预热物料

任务背景

假如你就职于某电商企业,主要开展家居百货、农产品等品类的代运营业务。目标受众及年龄范围广泛。在直播前,需要精心准备预热物料以吸引目标客户的关注并激发他们参与直播的兴趣。

任务分解

工作1 设计宣传文案		工作2 设计宣传海报		工作3 拍摄预热短视频
·受众分析与定位 ·产品价值呈现 ·场景构建与代入 ·信任构建要素 ·语言风格运用 ·遵循广告法	→	·色彩匹配 ·字体应用 ·图像处理 ·整体布局 ·设计规范 ·设计应用	→	·短视频策划 ·短视频拍摄 ·短视频剪辑 ·短视频发布

工作 1　设计宣传文案

工作情景

随着直播电商的兴起,文案宣传在吸引观众、传递产品信息、激发购买欲望等方面发挥着至关重要的作用。因此,公司需要设计一套具有吸引力、能够准确传达相关农产品的特色和优势的宣传文案,为直播活动造势。

课前引入

根据下列直播宣传文案,谈一谈你的发现。

(1)皇帝柑:翠黄薄皮藏"琥珀",似橙似橘,清甜多汁。

(2)秘鲁蓝莓:来自秘鲁的花青素"蓝精灵"。

（3）车厘子：跨越 20 000 km 的智利甜心。颗颗脆甜多汁，拒绝口感寡淡、果肉发软；含有维生素 C、花青素等多种营养物质。

知识准备

1. 受众分析与定位

（1）人口统计学特征考量

性别差异： 男性与女性在消费偏好上存在不同。对于女性消费者，文案可侧重于外观、情感共鸣与时尚元素；男性消费者则可突出功能、科技感与品质保障。

消费习惯： 了解目标受众是追求高端品质、注重性价比还是热衷尝新等消费习惯，从而确定文案重点是宣传产品品质、价格优势还是创新性。

（2）心理与行为特征洞察

兴趣爱好： 依据受众兴趣领域撰写文案。如针对体育爱好者的直播，文案可围绕运动装备、赛事周边等展开，并使用相关体育术语与激情澎湃的语言风格。

购买动机： 分析消费者购买是出于自用、送礼还是收藏等动机。若是送礼用途，文案可强调产品的包装精美、适用性广泛等特点。

2. 产品价值呈现

（1）功能特性描述

核心功能展示： 清晰准确地阐述产品的主要功能。如电子产品要说明其运行速度、存储容量等；家居用品要介绍其使用方式与独特功能，像多功能家具可详细说明其不同的使用形态。

辅助功能补充： 除核心功能外，提及产品的附加功能可增加吸引力。例如手机的防水功能、相机的防抖功能等，让消费者全面了解产品优势。

（2）品质与质量保证

原材料与工艺介绍： 讲述产品采用的优质原材料以及精湛的制作工艺。如手工皮具可强调真皮材质与手工缝制工艺，体现其品质上乘。

质量检测与认证： 若产品经过权威机构检测或获得相关质量认证，在文案中予以说明，增强消费者信任度。例如获得国际环保认证的家居产品，可突出其环保健康特性。

（3）问题解决导向

痛点挖掘： 分析目标受众在相关领域面临的问题或困扰，如上班族的疲劳问题、家庭主妇的家务烦琐问题等。

产品解决方案： 阐述产品如何有效解决这些痛点。例如按摩椅文案可强调缓解上班族颈部、肩部疲劳，让消费者直观感受到产品的实用性。

3. 场景构建与代入

（1）日常场景描绘

居家场景： 描述产品在家庭日常生活中的使用场景，如厨房用品在烹饪过程中的便捷应用、家居清洁用品在打扫房间时的高效表现等，让消费者能联想到产品在自己家中的使用情境。

工作场景:针对办公用品或与工作相关的产品,展示其在办公环境中的作用。如笔记本电脑的轻薄便携适合移动办公,办公软件可提高工作效率等文案描述。

休闲娱乐场景:对于休闲娱乐产品,如旅游用品、运动器材、影视娱乐设备等,营造在休闲时光中使用产品的愉悦场景,激发消费者的购买欲望。

(2)特殊场景拓展

节日场景:结合不同节日氛围,如情人节、春节、圣诞节等,宣传适合节日赠送或使用的产品。情人节的情侣饰品、春节的年货礼盒、圣诞节的装饰用品等文案可融入节日元素,增强时效性与情感共鸣。

社交场景:考虑产品在社交场合中的角色,如时尚服装在聚会中的吸睛效果、美食在社交聚餐中的受欢迎程度等,通过文案让消费者意识到产品对其社交形象与社交体验的提升作用。

4. 信任构建要素

(1)品牌形象塑造

品牌历史与文化:讲述品牌的发展历程、传承的文化内涵,如老字号品牌可强调其百年传承的工艺与信誉,新兴品牌可突出其创新理念与活力文化。

品牌声誉与口碑:提及品牌在市场中的良好声誉、消费者的好评反馈等。可引用消费者评价、行业奖项等内容,以增加品牌可信度。

(2)权威背书运用

专业机构认证:若产品获得专业机构的检测、认证或评级,如医疗器械认证、食品的有机认证等,则在文案中明确标注,让消费者放心购买。

名人专家推荐:借助名人代言、专家推荐的影响力。名人的使用体验分享、专家对产品的专业评价可在文案中适当引用,吸引消费者关注。

(3)消费者见证呈现

真实案例分享:收集整理消费者使用产品后的真实案例,如减肥产品的减肥成功案例、美容产品的肌肤改善案例等,以消费者的亲身经历证明产品效果,增强文案的说服力。

用户评价展示:在文案中展示部分消费者的正面评价,可采用文字引用、截图展示等形式,让潜在消费者了解其他用户的使用感受。

5. 语言风格运用

(1)风格类型选择

幽默诙谐风格:适用于年轻、时尚、追求个性的受众群体。通过幽默的语言、搞笑的表述、夸张的修辞手法来吸引消费者的注意,如零食文案可写"这款零食好吃到让你停不下来,小心胖成小皮球哦"。

文艺清新风格:针对注重情感体验、追求生活品质的消费者。文案使用优美的词汇、诗意的表达、细腻的情感描写,如文创产品文案"在这喧嚣尘世中,让这款文创小物成为你心灵的栖息之所"。

专业严谨风格:对于科技产品、高端商务产品等,需要体现专业知识与严谨态度。使用专业术语、准确的数据、逻辑清晰的表述,如科技产品文案"采用全新一代芯片技术,运算速度提升 30％,为您的工作与生活提供高效能支持"。

（2）修辞手法运用

比喻:将产品比喻成形象生动的事物,使消费者更易理解产品特点。如"这款香水如春日里的微风,轻柔地拂过你的心田"。

拟人:赋予产品人的情感、动作或特性,增加产品亲和力。如"这盏台灯像一位贴心的小卫士,在夜晚为你照亮前行的路"。

排比:用排比句式增强文案的气势与节奏感,强化产品优势。如"这款手机,拥有高清屏幕,让画面清晰绚丽;拥有强劲芯片,让运行流畅无阻;拥有大容量电池,让续航持久无忧"。

适度夸张:适度夸张产品效果或特点,吸引消费者眼球,但"夸张"不能被异化成"虚假"。如"穿上这双运动鞋,你仿佛能飞檐走壁,轻松征服每一条道路"。

6. 遵循广告法

在撰写直播电商宣传文案时,必须严格遵循广告法相关规定。首先,文案中不能使用绝对化用语,如"最""第一""顶级"等极限词来夸大产品功效或优势,除非有真实且可查证的数据支撑或符合特定的法规允许情形。

其次,对于产品的功能、成分、效果等描述要真实准确,不得虚假宣传、误导消费者。例如,若宣传某种减肥产品,不能承诺在特定短时间内必定达到某个减肥效果而无科学依据。

再次,引用的数据、调查结果等需有可靠来源,不能随意编造。在涉及产品的材质、产地等信息时,也要如实表述,不能进行虚假标注或混淆概念。文案不能对竞争对手进行恶意诋毁或贬低,应坚持公平竞争的原则,在合法合规的框架内创作具有吸引力和说服力的直播电商宣传文案。

工作实施

1. 实施内容　公司需要给某品牌秭归脐橙设计一套具有吸引力、能够准确传达秭归脐橙特色和优势的宣传文案,为"双十二助农"抖音专场直播活动造势。宣传文案会被应用到电商平台详情页海报图、引流短视频、直播封面等。

2. 实施工具　抖音平台、Office 办公软件、搜索引擎等。

3. 实施步骤

（1）根据宣传文案用途,确定文案类型:由于宣传文案会被应用到详情页海报图、引流短视频、直播封面,则大致确定设计两组文案,一组用于短视频宣传,一组用于平面视觉。其中短视频文案要有产品的细节表达、具体卖点输出,平面视觉则讲究文字的精练和有效传播。

（2）明确直播活动主题:作为"双十二助农"专场直播活动,既要契合"双十二"大促节点,又要突出"助农"公益性质。

（3）调研与分析抖音平台的竞品文案,总结文案特点(表 4 - 1 - 1)。

表 4-1-1 竞品文案分析表

水果品牌	水果类型	文案类型 (短视频/预热海报)	文案内容	文案特点

（4）根据产品特点及卖点，结合竞品文案特色，进行头脑风暴：邀请文案策划、市场人员、农产品专家，从果实特点、产地环境、用户反馈等角度构思。

（5）分类撰写文案初稿。

① 撰写预热短视频文案：由于短视频的前几秒至关重要，因此需要用一个强有力的"钩子"（如一个有趣的问题、一个惊人的事实或一个引人入胜的故事开头）吸引观众的注意力，确保开头文案直接明了，快速引入主题，避免冗长地引入。用故事的形式来构建文案或者通过故事与观众建立情感联系，用户更容易被吸引。

文案示例

你知道中国特别甜的橙子在哪里吗？在秭归，每一颗脐橙都是大自然的艺术品。手工采摘，保证了每一颗橙子的新鲜度和最佳口感。你看金黄的果肉，甜而不腻，维生素 C 含量丰富，每一口都是满满的阳光滋味，不要错过。锁定"橙意满满"秭归脐橙直播专场，满减秒杀福利等你来抢！

---

② 撰写直播预热海报文案：关注海报布局元素，注意突出核心信息，有强烈的吸引力，有明确的呼吁行动。

海报文案示例

1. **标题**（显眼位置）：探索秭归脐橙的甜蜜秘密

2. **副标题**（稍小字体）：新鲜直达，自然之选

3. **主视觉核心卖点**（突出显示）

新鲜采摘：从枝头到您家，我们承诺新鲜。

甜而不腻：每一口都是自然的馈赠。

健康生活：富含维生素 C，为您的健康加分。

4. **呼吁行动**（显著位置）

不要错过：秭归脐橙直播专场，特别优惠仅在直播期间！

扫码预约：立即扫码，锁定直播，享受专属优惠。

5. **直播信息**（清晰显示）

直播时间：[具体日期和时间]

直播平台：[平台名称或二维码]

6. **联系方式（底部小字）**：扫描官方抖音号×××（二维码）进入粉丝群领秒杀福利。

（6）修改优化：先检查文案是否符合最新《中华人民共和国广告法》有关条例，再根据部分目标受众反馈，调整语言表达，如使专业术语更通俗易懂；优化逻辑结构，使产品介绍更顺畅；强化情感诉求，更突出对受众的吸引力。

4. **实施结果** 将优化后的文案应用到直播账号中，并测试效果。

工作评价

如表4-1-2所示。

表4-1-2 工作评价标准

评价项目	评 分 细 则	分数	得分
准确性	文案准确传达果实特点、营养成分、产品（直播）信息	30	
吸引力	评估文案是否能够吸引目标受众的注意，激发他们的兴趣，并引导他们积极参与直播活动	20	
独特性	与竞品相比，在产地介绍、用户反馈展示等方面有独特之处	20	
引导性	促使受众预约直播，通过分析点击率、转化率等数据评估。采用撰写人员自评、团队互评、受众反馈和专家评审综合评价	30	
总分		100	

工作2 设计宣传海报

工作情景

公司要求为某保健茶饮做"双十二"专场直播带货。需要制作一张预热海报，传达产品和直播的关键信息，吸引消费者关注并进入直播间。

课前引入

图4-1-1、4-1-2为两款品牌护肤品的宣传海报，分析海报中包含了哪些关键信息？

图 4-1-1 某产品直播预热海报

图 4-1-2 某产品详情页海报

知识准备

1. 海报文案撰写 参照工作1中工作实施的海报文案撰写。

2. 海报视觉设计要点

1）视觉设计的基本要素

（1）色彩匹配：可以参考70％、25％与5％的配色比例方式，底色为大面积使用的底色，主色与强调色利用互补色特性进行衬托，也可以根据实际情况调整比例。如果是单色搭配，可以通过调整颜色的明度和饱和度得到另一种颜色，文字颜色可用背景色降低饱和度或明度后的结果。在选择色彩时，要考虑色彩给人的心理感受，如红色代表活跃、热情，蓝色代表自信、冷静等。暖色系背景给人温暖、热情的感觉，冷色系背景则给人清爽、干净的感觉。另外，尽量使用品牌色彩来保持与品牌形象的一致性，同时吸引目标受众。

（2）字体应用：选择适合品牌和信息传递的字体，确保易读性，主标题可选择视觉表现力更强的字体，如粗体、立体字体、轮廓字体等，以契合主题风格并烘托画面氛围。副标题的字体需保证可识别性，便于阅读。文字排版要划分视觉等级，有主次之分。文字一般排在海报版面的上下两侧。

（3）图像处理：直播预热海报中的图片应清晰美观，这是基本要求。图片主题通常以红人、主播的照片或产品图片为主。主播照片应突出拍摄效果，产品图片应展示产品特点。背景应简约，起到烘托氛围和补充画面元素的作用。可选择网格、渐变色彩、3D场景以及纹理背景等。

（4）整体布局：常见的构图方式有三角形构图、斜线构图等。三角形构图稳定自然，空间感强；斜线构图动感活泼，适合科技、汽车等题材。装饰元素（如点、线、面）应根据直播主题来选择，以起到衬托画面的作用。产品图可采用堆品或单个产品的形式，注意保持视觉上的平衡和美观。

（5）设计规范：直播预热海报的尺寸可根据使用场景和设计需求来确定。常见的尺寸有 1080 px×1920 px、640 px×1138 px 等，其中 1080 px×1920 px 可在大部分移动端智能设备满屏显示。线上展示的直播预热海报分辨率一般为 72 dpi,线下印刷的分辨率一般为 300 dpi。直播海报图片和文案需要遵守平台规定,不能涉政、涉黄、涉暴,或含有广告违禁词。

（6）设计工具:设计软件如 Photoshop、Illustrator 等,功能强大,适合需要高度定制化的设计需求;在线设计平台如创客贴、稿定设计等,提供海量精美的设计模板和素材,支持文字、图片背景的编辑,非常适合不熟悉设计软件的用户。

工作实施

1. **实施内容** 针对某品牌(图 4-1-3)菊花决明子蒲公英茶设计一张直播预热海报,要求能传达产品卖点等。

2. **实施工具** Adobe Photoshop 软件、稿定设计网站等。

3. **实施步骤**

（1）确定设计主题:根据菊花决明子蒲公英茶的特点和直播活动的目的,确定海报的设计主题,重点突出"日常保健"功能,适宜上学、上班等用眼过度的人群;中药材科学配比;独立包装,无胶水。

（2）选择色彩和布局:根据设计主题选择合适的色彩搭配和布局排版。

色彩搭配说明(提示:由于品牌包装视觉呈暖色调,建议以黄色为视觉主基调)。

设计布局草图(提示:充分考虑产品卖点、直播活动要素,文案切忌冗长)。

图 4-1-3 产品图

（3）添加并处理产品图片和文案:在海报中插入高质量的产品图片和精练的文案。

（4）优化细节:对海报的细节进行反复修改和优化,确保视觉效果和信息传达都达到最佳状态。

（5）制作并发布:完成海报的设计后,在社交媒体、直播平台按时发布。

4. **实施结果** 根据上述步骤完成原创海报设计。

海报插入图片示例

工作评价

如表 4-1-3 所示。

表 4-1-3 工作评价标准

评价项目	评分细则	分数	得分
视觉冲击力	瞬间吸引目标受众目光,通过焦点小组测试评估	20	
信息传达准确性	产品和直播信息清晰明确	30	

（续表）

评价项目	评分细则	分数	得分
设计美观性	色彩搭配、构图布局、文字排版协调美观，通过内部评审和企业导师意见综合评估	30	
渠道适应性	适合多种渠道和设备展示，通过实际测试验证	20	
	总分	100	

工作 3　拍摄预热短视频

工作情景

公司针对某茶饮做"双十二"专场直播带货，需要拍摄预热类短视频，传达产品和直播的关键信息，引流到直播间。

课前引入

预热短视频是吸引客户关注直播活动的有效手段，能够以动态的形式展示产品特点和直播亮点。请从抖音等平台找出不同品类的最新 3 个引流类短视频进行分析，请按照表 4 - 1 - 4、表 4 - 1 - 5 格式分析。

表 4 - 1 - 4　短视频分析表

序号	视频标题	发布时间	时长	观看次数	点赞数	评论数	分享数	转化率
1								
2								
3								

表 4 - 1 - 5　短视频·拉片分析表

序号	分析维度	内容描述	具体分析	备注
1	视频封面	视频封面图片或动态图是什么		
2	视频标题	视频的标题是什么		
3	视频长度	视频多少秒		
4	内容结构	视频的内容是如何组织的		

（续表）

序号	分析维度	内容描述	具体分析	备注
5	视频风格	视频的整体风格是什么		
6	叙事方式	如何讲述故事		
7	视觉设计	使用了哪些视觉元素（如图像、动画、字幕等）		
8	声音元素	使用了哪些音频元素（如背景音乐、音响、人声等）		
9	剪辑技巧	蒙太奇技巧如何		
10	互动元素	是否有互动元素（如提问、投票、评论互动等）		
11	呼吁行动	是否包含呼吁行动		
12	受众反馈	评论区反馈如何		
13	关键词和标签	触发哪些关键词和标签		
14	趋势和时机	是否抓住了当前的热点		

知识准备

1. 短视频策划

主题构思：讲解如何根据产品特点和直播目的确定短视频主题，确保主题具有吸引力和独特性，能够引起目标受众的兴趣。例如，对于一款智能手表，可以构思"探索智能生活新伙伴——X品牌智能手表"的主题。

故事线构建：构建清晰、有逻辑的故事线方法，包括开头如何吸引观众的注意力，中间如何展示产品亮点和优势，结尾如何引导观众关注直播。如以用户痛点为开头，展示没有智能手表时在时间管理、健康监测等方面的不便，接着引出产品如何解决这些问题，最后以直播预告和优惠信息结尾。

脚本撰写：介绍脚本的格式和要素，包括镜号、景别、画面内容、台词、时长、音乐及音效等，需要学会详细规划短视频内容，确保拍摄和剪辑有明确的依据，脚本格式参考表4-1-6。

2. 短视频拍摄

摄影设备基础：了解不同摄影设备（如相机、手机）的特点和适用场景以及基本操作，如对焦、曝光、白平衡等，确保拍摄画面清晰、质量良好。

拍摄场景布置：根据产品风格和故事线选择合适的拍摄场景，如室内场景（展示产品使用环境）、室外场景（营造氛围）等，并介绍如何布置场景元素，使其与产品相得益彰。例如，拍摄家居用品可布置温馨的室内场景，摆放相关装饰品。

手机拍摄参数设置示例

拍摄手法运用：推镜头（突出主体）、拉镜头（展示全貌）、摇镜头（扫视场景）、移镜头（跟

表4-1-6 "秭归脐橙"短视频脚本

镜号	景别	时长	画面内容	台词/解说词	音乐及音效	拍摄地点	运镜技巧	画面处理	转场特效
1	全景	3秒	热闹的水果市场，人来人往，摊位上摆满各种水果，消费者在摊位前徘徊挑选	"在水果的世界里寻觅，期待那一抹独特的甜蜜。"	嘈杂的市场背景音渐强	水果市场	固定镜头	正常色彩，光线明亮	渐变转场（暗场转亮场）
2	中景	5秒	消费者拿起一个普通脐橙，仔细观察，表情略显失望，摇头放下	"普通脐橙，总难满足挑剔味蕾。"	轻微的叹息声	水果市场	推镜头（聚焦消费者动作）	色彩饱和度适中，面部补光	无
3	特写	3秒	朋友笑容满面，拿出手机展示秭归脐橙图片，图片中脐橙色泽鲜艳	"看这里，秭归脐橙，或许就是你在找的。"	手机提示音	水果市场	固定镜头	图片高清，色彩突出	闪切转场（图片闪入）
4	远景	4秒	阳光洒满翠绿的果园，脐橙挂满枝头，果农在园中忙碌采摘	"来自园原故里的馈赠，在这片土地上自然生长。"	鸟鸣声，果农劳作声，舒缓的音乐响起	果园	拉镜头（从果园全景拉远展示全貌）	暖色调，增强光影效果	溶解转场（画面渐溶）
5	中景	6秒	果农轻轻摘下一个脐橙，展示其饱满的果实	"精心培育，每一颗都饱含大自然的甜蜜。"	轻微的采摘音效	果园	固定镜头	突出果实色泽，增加暗角效果	无
6	特写	5秒	脐橙被放入果篮，果篮中脐橙堆积如山，汁水从果篮缝隙中渗出	"汁多味甜，仿佛是阳光与土壤的杰作。"	水滴声（模拟汁水）	果园	推镜头（聚焦果篮）	局部光影处理，突出果实汁水	旋转转场（画面旋转切换）
7	全景	4秒	热闹的市场摊位上，脐橙摆放整齐，客户围在摊位前挑选购买，包装	"一到市场，便成焦点，备受喜爱。"	喧闹的交易声	市场摊位	摇镜头（横扫摊位场景）	正常色调，突出人群互动	无
8	中景	5秒	演员将购买的秭归脐橙带回家，走进明亮的厨房，将脐橙放在案板上	"把这份甜蜜带回家，探索更多美味可能。"	轻微的脚步声	家庭厨房	跟镜头（跟随演员动作）	厨房光线充足，色彩柔和	淡入转场（画面淡入）

（续表）

镜号	景别	时长	画面内容	台词/解说词	音乐及音效	拍摄地点	运镜技巧	画面处理	转场特效
9	特写	4秒	演员双手拿起一个脐橙，展示脐橙圆润的外形和细腻的果皮	"看这圆润的模样，果皮轻薄。"	无	家庭厨房	固定镜头	特写聚焦，增强质感	无
10	近景	6秒	演员用刀切开脐橙，橙汁四溅、果肉饱满，演员露出惊喜表情	"一刀切下，汁水四溢，满满的都是诱惑。"	清脆的切果音效	家庭厨房	固定镜头	突出汁水和果肉色泽	无
11	特写	5秒	演员将一片脐橙放入榨汁机，榨汁机工作，橙汁缓缓流入杯中	"轻松榨汁，一杯橙汁，开启活力一天。"	榨汁机运转声	家庭厨房	固定镜头	光影闪烁（模拟榨汁机工作）	无
12	中景	5秒	演员端起一杯橙汁，喝了一口，脸上洋溢满足的笑容，对着镜头竖起大拇指	"口感清甜，营养丰富，快来一起品尝。"	欢快地喝果汁音效	家庭厨房	固定镜头	面部暖光处理	无
13	中景	6秒	演员坐在沙发上，拿起手机展示直播平台页面，点击预约直播按钮	"别错过精彩直播，更多福利等你解锁。"	手机操作音效	家庭客厅	固定镜头	屏幕画面清晰展示	擦除转场（直播页面擦除出现）
14	全景	4秒	演员站在客厅，背后是摆放着脐橙的果盘，演员微笑挥手	"期待与你在直播间相见，共享甜蜜时刻。"	轻松的音乐渐弱	家庭客厅	固定镜头	画面虚化周边，突出人物	无

注：景别包括远景、中景、近景、特写、全景，用于描述每个镜头的拍摄角度和范围；策划脚本时，还应考虑记录任何与拍摄相关的特殊信息，如拍摄地点、时间、天气条件、道具使用、演员要求等。

随主体或切换场景)、跟镜头(跟踪运动主体),以及不同景别(特写、近景、中景、全景、远景)的拍摄要点和作用,能够灵活运用拍摄手法丰富画面语言。

光线运用技巧:利用自然光(如不同时间段的光线)和人造光(灯光设备)来塑造产品形象、营造氛围,避免光线过暗或过亮导致画面质量不佳。

3. 短视频剪辑

剪辑软件操作:常用视频剪辑软件如剪映、Adobe Premiere Pro 等,操作步骤包括素材导入、剪辑片段、调整顺序、裁剪画面等。

剪辑节奏把握:根据短视频的主题和风格确定剪辑节奏,如快节奏适合展示时尚、活力的产品,慢节奏适合体现高端、优雅的产品,通过调整镜头时长、转场速度等营造合适的节奏,吸引观众注意力。

转场效果添加:掌握各种转场效果(如渐变、闪切、旋转、溶解等)的运用,根据画面内容和情感过渡选择合适的转场效果,使视频过渡自然流畅。

音乐与音效搭配:选择与视频风格和情感基调相符的背景音乐,以及添加合适的音效(如产品操作音效、环境音效等)来增强视频的感染力和真实感。

字幕制作规范:字幕内容的撰写(简洁明了、突出重点)、字体选择(与视频风格匹配)、字号大小、颜色搭配以及字幕出现的时间和时长设置非常重要,确保字幕能够辅助观众理解视频内容,且不影响画面美观。

工作实施

1. 实施内容 针对某品牌菊花决明子蒲公英茶完成预热短视频的拍摄与制作,要求能传达产品卖点等。

2. 实施工具 剪映、Adobe Premiere/After Effects 软件等。

3. 实施步骤

(1)确定视频主题:根据菊花决明子蒲公英茶的特点和直播活动的目的,确定预热短视频主题,确保与品牌形象和直播内容相匹配。

(2)策划短视频:按照表 4-1-7 的格式,完成短视频策划脚本撰写。

表 4-1-7 片名:＿＿＿＿＿＿视频脚本

镜号	景别	时长	画面内容	台词/解说词	音乐及音效	拍摄地点	运镜技巧	画面处理	转场特效

(3)完成预热短视频拍摄,确保画面稳定、清晰,声音清晰可辨。

(4)剪辑和后期制作,添加背景音乐、字幕和特效,以提升视频吸引力。

4. **短视频发布** 根据运营节点及合适的发布时机进行视频发布。

发布时间：

发布平台：

短视频发布文案：

话题关键词：

5. **实施结果** 请根据视频数据分析转化情况。

制作预热
视频

工作评价

如表 4-1-8 所示。

表 4-1-8 工作评价标准

评价项目	评分细则	分数	得分
内容吸引力	故事性、趣味性强，展示产品亮点，通过分析评论和分享数评估	20	
拍摄质量	画面清晰度、稳定性、光线效果好，通过实际观看评估	20	
剪辑效果	剪辑节奏、转场自然度、特效运用合理	30	
传播效果	播放量、点赞数、评论数、转发数等数据指标良好，通过数据分析平台监测评估	30	
总分		100	

任务小结

本任务围绕直播预热展开，通过设计宣传文案、海报与拍摄短视频等任务，实践直播预热的关键步骤与技巧。掌握了精准定位受众、撰写吸引人文案、设计视觉元素等能力，为直播电商运营奠定了坚实的基础。

任务检测

一、单项选择题

1. 宣传文案中，以下哪种语言风格适合针对年轻时尚群体推广潮流电子产品？（   ）

A. 专业严谨风格   B. 文艺清新风格

C. 幽默诙谐风格   D. 平实朴素风格

2. 在设计宣传海报时，若突出家电 3C 产品的高端品质，主色调选哪种颜色比较合适？（   ）

A. 粉色   B. 黑色   C. 绿色   D. 黄色

3. 拍摄预热短视频时，为了使画面稳定，以下哪种设备辅助效果最佳？（   ）

A. 三脚架   B. 闪光灯   C. 麦克风   D. 反光板

4. 以下哪种景别在短视频中最适合展示产品的细节？（　　）

A. 全景　　　　　　B. 中景　　　　　　C. 近景　　　　　　D. 特写

5. 短视频剪辑中，为了营造紧张刺激的氛围，通常选择哪种剪辑节奏？（　　）

A. 慢节奏　　　　　B. 适中节奏　　　　C. 快节奏　　　　　D. 随机节奏

二、简答题

1. 简述宣传文案中"场景构建与代入"的重要性及常用方法。

2. 设计宣传海报时，如何确保视觉设计的基本要素协调统一？

3. 拍摄预热短视频时，如何运用光线技巧突出产品特点？

4. 短视频策划中，故事线构建的关键要点有哪些？

5. 分别说明宣传文案、宣传海报和预热短视频在直播预热中的作用及相互关系。

任务二

进行直播前推广

💡 任务背景

在完成预热物料准备后，需利用各种渠道推广直播，吸引潜在客户，提升直播知名度与影响力，为产品销售转化助力。面对竞争激烈的市场，需精准把握目标受众特点，制定多元推广策略，以在众多直播中脱颖而出。

📋 任务分解

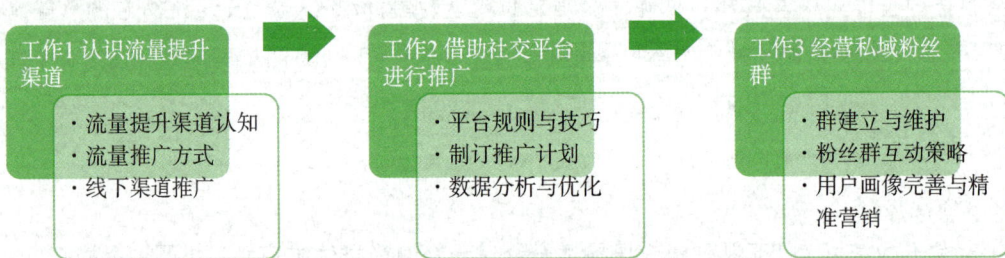

工作1 认识流量提升渠道	工作2 借助社交平台进行推广	工作3 经营私域粉丝群
·流量提升渠道认知 ·流量推广方式 ·线下渠道推广	·平台规则与技巧 ·制订推广计划 ·数据分析与优化	·群建立与维护 ·粉丝群互动策略 ·用户画像完善与精准营销

工作 1　认识流量提升渠道

📋 工作情景

在直播前，了解并识别各种流量提升渠道对于推广活动至关重要，这些渠道包括搜索引擎、社交媒体平台、内容合作平台等多种渠道。

课前引入

　　流量是直播成功的关键,识别并利用有效的流量提升渠道能够为直播活动带来大量潜在观众。查找3个抖音直播账号的流量来源和各渠道贡献比例。

知识准备

1. 社交媒体平台

（1）流量特点与用户群体特征

微博:用户多元且年轻化,信息传播迅速,话题性强。流量高峰时段通常在工作日的中午和晚上,以及周末全天。用户关注热点新闻、明星动态、娱乐八卦等,同时也对各类新鲜事物和潮流趋势感兴趣。

微信:用户黏性高,社交关系紧密,基于朋友圈和公众号形成强大的社交生态。用户活跃时间分布较为均匀,涵盖了从早到晚的各个时段,尤其在晚上和节假日使用频率较高。用户更关注与自身生活、工作、兴趣相关的内容,如生活资讯、职场技巧、健康养生等。

抖音:以年轻时尚群体为主,短视频形式极具吸引力,算法推荐机制精准。用户活跃时间集中在晚上和周末,尤其是晚上7点到11点之间。用户偏好轻松娱乐、创意有趣、潮流时尚的内容,如舞蹈、音乐、搞笑视频、美食分享等。

小红书:女性用户居多,注重产品"种草"和口碑分享,形成了独特的社区氛围。用户活跃时间主要是晚上和周末,尤其是晚上8点到10点。内容涵盖美妆、时尚、生活方式、旅游、美食等领域,用户热衷于发现新的好物和生活灵感。

（2）推广方式

广告投放:微博粉丝通可根据用户兴趣、地域、年龄等进行精准投放;抖音的Dou＋能快速提升视频播放量,推广直播预告视频;小红书信息流广告则能精准触达目标女性用户群体,展示直播活动和产品亮点。

话题营销:微博通过创建热门话题,吸引用户参与讨论和传播,如♯直播预告♯、♯新品首发♯等话题;抖音的话题挑战能激发用户创作热情,提高直播的曝光度;小红书的话题标签则方便用户搜索和发现相关内容,如♯美妆直播推荐♯、♯家居好物分享♯等。

KOL合作:选择与产品定位和目标受众匹配的网红、博主合作。在微博上,可与美妆时尚博主、生活达人等合作推广直播;抖音上与粉丝量大、互动性强的网红合作,通过他们的短视频推荐直播;小红书则与各类领域的知名博主合作,发布产品试用报告和直播预告,引导粉丝关注直播。

2. 搜索引擎优化

关键词研究:利用关键词研究工具(如百度指数、谷歌关键词规划师等),分析与直播产品相关的热门关键词和长尾关键词。例如,对于美妆直播,热门关键词可能包括"口红推荐""眼影教程"等,长尾关键词可以是"适合夏季的清爽妆容教程""平价好用的口红品牌推荐"等。结合关键词的搜索量、竞争度和相关性,确定在直播标题、描述、标签等中合理布局的关键词。

网站优化:优化直播页面的标题标签,确保包含核心关键词且简洁吸引人,如"[品牌名]美妆直播——最新潮流妆容分享与产品试用";优化页面描述,简要介绍直播内容和亮点,吸引用户点击;合理控制关键词密度,避免过度堆砌;提高网站页面的加载速度,优化图片大小、压缩代码等;确保网站结构清晰,方便搜索引擎爬虫抓取。

外部链接建设:与行业权威网站、知名博主的个人网站等交换友情链接,提高网站权重。以美妆直播为例,与时尚杂志网站、美妆评测网站等建立合作关系,互相推荐链接;在行业论坛、问答平台(如知乎、豆瓣小组等)发布有价值的内容,并巧妙地插入直播链接,吸引用户点击进入直播页面。

3. 直播平台自身推广资源

推荐算法与规则利用:了解直播平台的推荐算法,通常基于用户的浏览历史、收藏行为、观看时长、互动频率等多维度数据进行推荐。例如,用户经常观看美妆直播,平台会推荐更多相关的美妆直播给该用户。优化直播预告信息,包括标题、封面图片、简介等,使其更符合平台的推荐标准。标题要简洁明了且富有吸引力,突出直播亮点,如"爆款美妆限时抢购直播——超值福利等你拿";封面图片要高清、美观、有视觉冲击力,以展示直播产品或主播风采;简介要清晰准确地介绍直播内容、时间和特色,以吸引用户点击观看。

直播预告信息与封面优化:设计吸引人的封面图片,选择与直播主题相关的高清图片,如美妆直播可以使用模特妆容特写、热门美妆产品展示等图片;使用醒目的文字标注直播关键信息,如直播时间、主播名称、主要产品等;保持封面风格与直播内容一致,营造专业、吸引人的视觉效果。

4. 线下渠道应用场景与推广

线下门店活动:在门店、商场等场所设置直播宣传展示区,播放直播预告视频,展示直播中将要推荐的热门产品实物,吸引客户关注。发放带有直播二维码的优惠券、小礼品,如试用装等,引导客户扫码关注直播,告知客户直播中会有更多专属优惠和产品试用的机会。

参加展会:在展会上设置专门的直播体验区,现场进行直播,展示展会现场的产品新品、潮流趋势,邀请观众参与互动,如现场试用产品、回答问题赢取奖品等。在展会入口、通道等显眼位置张贴直播海报,宣传直播活动,吸引参展人群的关注。

合作推广:与其他线下商家或品牌进行合作,以美妆直播为例,与健身房合作推广运动美妆直播,在健身房内张贴海报、摆放宣传资料;与咖啡店合作推出美妆主题下午茶活动,并在活动中宣传直播,为客户提供独特的体验,同时扩大直播的影响力。

工作实施

1. 实施内容　公司即将为某新品牌纸巾品类提供代运营服务,前期需要做好市场调研与分析工作。对此,以班级(项目组)为单位,分组调研不同品牌纸巾的不同流量提升渠道,收集数据资料,分析各渠道特点与适用场景,撰写调研报告。

2. 实施工具　网络数据分析平台、行业报告、搜索引擎、社交媒体平台官方资料等。

3. 实施步骤

步骤一：分组分工，每组负责一个或多个渠道的调研，明确任务与职责，如表 4-2-1。

表 4-2-1 任务分工表

序号	人员姓名	担任角色	分工内容	备注

步骤二：数据收集，从官方渠道获取流量数据、用户画像等信息，分析竞品在各渠道的推广策略与效果。

官方网站及搜索引擎数据：登录品牌官方网站及官方电商平台（如天猫、京东等），获取其产品页面浏览量、销量、用户评价等数据，亦可结合使用百度指数、谷歌关键词规划师等工具。分析与品牌纸巾相关的热门关键词（如纸巾品牌、纸巾类型、纸巾用途等）和长尾关键词（如婴儿专用纸巾推荐、保湿纸巾评测、无香型纸巾购买等）的搜索量、搜索趋势、地域分布等数据。

微博：利用微博官方数据分析平台（如微博数据助手），获取品牌纸巾相关话题的阅读量、讨论量、粉丝增长趋势等数据。分析热门微博内容类型（如产品推广、创意广告、用户互动活动等），查看发布时间与传播效果的关系。通过微博用户画像分析工具，了解关注纸巾品牌的用户年龄、性别、地域分布、兴趣爱好等信息。

微信：借助微信公众号后台数据分析功能，收集文章阅读量、点赞数、转发数、在看数等数据，分析不同类型推文（如新品推荐、促销活动、品牌故事等）的传播效果。查看微信小程序的用户访问量、使用时长、购买转化率等数据，了解用户在微信生态内的行为路径。通过微信支付大数据分析，获取用户消费习惯、消费频次、消费金额等信息，进一步完善用户画像。

抖音：使用抖音创作者服务平台，获取品牌纸巾相关短视频的播放量、点赞数、评论数、转发数、完播率等数据。分析热门短视频的内容形式（如搞笑剧情、生活小妙招、产品展示等）和拍摄风格，查看不同时长视频的传播效果差异。通过抖音用户画像分析工具，了解关注纸巾品牌的抖音用户年龄、性别、地域、兴趣标签等信息，以及用户在抖音上的活跃时间段。

小红书：利用小红书数据分析平台（如小红书创作中心），收集品牌纸巾相关笔记的曝光量、点赞数、收藏数、评论数等数据。分析热门笔记的内容主题（如产品评测、好物分享、家居清洁攻略等）和图片风格，查看不同关键词笔记的搜索热度和排名情况。通过小红书用户画像分析工具,了解关注纸巾品牌的小红书用户的年龄、性别、地域、消费偏好等信息。

步骤三:以柱状图或折线图的形式,展示品牌纸巾在不同流量提升渠道(如社交媒体平台、搜索引擎、直播平台、线下渠道等)的流量数据(如访问量、浏览量、观看人数等),直观地对比各渠道的流量大小和趋势变化。

4. 实施结果 形成详细的流量提升渠道调研报告,为直播推广计划提供依据,可参考表4-2-2。

表4-2-2 调研表

渠道名称	流量来源	用户画像	成本投入	转化效果	优势	劣势	适用场景

示例:以某品牌纸巾为例,某渠道月访问量约500万次;渠道用户年龄20~45岁居多,女性略多,一二线城市为主,关注生活品质等;成本投入集中在内容制作,费用每月2万~5万元;品牌曝光提升明显,某渠道活动期间销售额增长50%,新增粉丝10万;该渠道优势用户基数大、传播快、互动强、精准定位;劣势在于信息易淹没、需持续投入、规则复杂。总之,该渠道适合新品推广、品牌传播、用户互动。

工作评价

如表4-2-3所示。

表4-2-3 工作评价标准

评价项目	评分细则	分数	得分
渠道选择认知	理解不同渠道推广规则(微博、微信、抖音、小红书等)	30	
流量策略认知	认知不同渠道的流量投放策略	30	
成本投入认知	对推广投入产出比有一定的认知	20	
数据分析认知	能根据关键数据指标(粉丝增长、阅读互动量、流量来源)进行分析	20	
总分		100	

工作2　借助社交平台进行推广

工作情景

社交平台是直播推广的关键阵地,需充分利用平台功能与资源,制定针对性推广策略,吸引用户关注直播,提高参与度与传播效果。

课前引入

以小组为单位,找出一个抖音平台纸巾品类的推广案例,谈一谈该案例带来的启发。

知识准备

1. 平台规则与技巧

不同平台推广规则:微博注重话题热度与实时性,可通过发布微博、创建话题、@大V等方式推广;微信公众号文章推送需注重标题吸引力与内容质量,结合朋友圈分享扩大传播;抖音短视频推广要把握算法推荐机制,提高视频质量与趣味性;小红书强调真实分享与"种草"属性,图文笔记要精美有创意。

内容创作技巧:根据平台特点与用户喜好,创作吸引人的文案、图片与视频。文案简洁生动、富有情感共鸣,图片高清美观、突出产品亮点,视频创意新颖、剪辑流畅。

2. 互动策略

粉丝互动方式:及时回复用户评论与私信,建立良好沟通关系;定期举办互动活动,如抽奖、问答、投票等,提高用户黏性与参与度。

话题引导与热点利用:关注社会热点与行业趋势,结合直播内容创建相关话题,引导用户参与讨论,提高话题热度与曝光度;参与热门话题讨论,巧妙植入直播信息,吸引更多用户关注。

3. 数据分析与优化

关键数据指标:关注粉丝增长趋势、内容阅读量、点赞数、评论数、转发数、视频播放量等指标,分析数据变化趋势。

策略调整依据:根据数据分析结果,了解用户喜好与行为习惯,调整推广内容与策略,优化发布时间与频率,提高推广效果。

工作实施

1. 实施内容　根据某品牌的纸巾产品与目标受众,选择1～2个合适的社交平台,制订推广计划,执行并优化。

2. 实施工具　社交媒体平台管理工具(如微博后台管理、抖音创作者服务平台等)、数据分析工具(如微博数据分析、抖音电商罗盘等)。

3. 实施步骤

(1) 平台选择:分析目标受众在各社交平台的分布与活跃情况,选择重点推广平台。

平台选择 1:＿＿＿＿＿＿＿＿＿＿＿＿＿＿＿＿＿＿＿＿＿＿＿＿＿＿＿＿＿＿＿

平台选择 2:＿＿＿＿＿＿＿＿＿＿＿＿＿＿＿＿＿＿＿＿＿＿＿＿＿＿＿＿＿＿＿

(2) 制订计划:确定推广内容形式(图文、视频、直播预告选择 1~2 种等)、发布时间、互动活动策划等。

(3) 内容创作与发布:按照计划制作优质内容,定期发布,及时与用户互动。

(4) 数据分析与优化:定期分析数据,根据结果调整策略,如优化内容选题、改进互动方式等,可使用电脑绘制分析图表。

4. 实施结果

在社交平台上发布一系列推广内容,吸引用户关注直播,提高直播预约量与参与度,形成良好的传播效果。

工作评价

如表 4-2-4 所示。

表 4-2-4　工作评价标准

评价项目	评 分 细 则	分数	得分
推广计划合理性	平台选择准确,推广内容与形式符合平台特点与受众需求,发布时间与频率合理	30	
内容质量	文案吸引人、图片精美、视频创意新颖,能有效传达直播信息与产品亮点	30	
互动效果	粉丝参与度高,评论数、点赞数、转发数等指标良好,互动活动策划成功	20	
数据应用能力	能熟练运用数据分析工具,根据数据准确调整推广策略,优化效果明显	20	
总分		100	

工作 3　经营私域粉丝群

工作情景

私域粉丝群是与忠实粉丝直接互动的重要渠道,需精心经营管理,提高粉丝忠诚度与活跃度,促进直播转化与口碑传播。假如你作为某公司乳制品产品社群营销负责人,需要对某款新上市的酸奶(常温奶)开展粉丝群的运营。

课前引入

分析图 4-2-1~图 4-2-6 的活跃私域粉丝群案例,总结其经营策略。

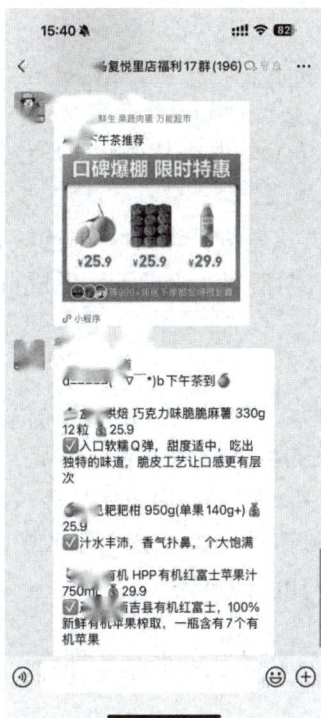

图 4-2-1　某商超社群

图 4-2-2　某奶茶品牌社群

图 4-2-3　某餐饮社群

图 4-2-4　某运动品牌社群

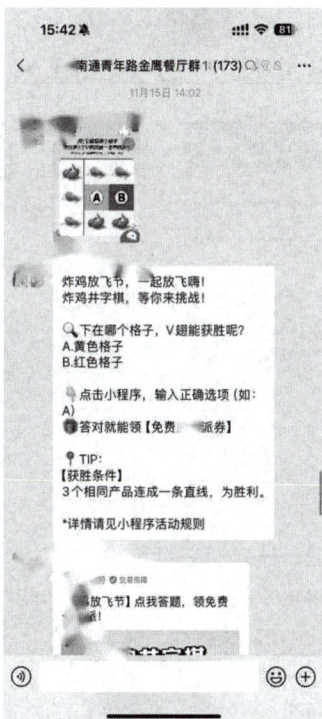

图 4-2-5　某快餐品牌社群

图 4-2-6　某线上旅行品牌社群

知识准备

1. 群建立与维护

平台选择与群创建：根据目标受众的使用习惯，选择微信群、QQ 群或其他社群平台创建粉丝群。设置群名称、头像、群公告等，明确群定位与规则。

成员管理：通过直播引流、电商平台引导、线下活动扫码等方式邀请粉丝入群，筛选核心粉丝与潜在目标用户；制定群规，规范成员言行，维护群秩序；定期清理违规或不活跃成员，保持群活力。

2. 互动策略

信息发布：定期发布直播预告，包括直播时间、主题、产品亮点、优惠活动等；分享产品使用心得、行业资讯、品牌故事等有价值的内容，增强粉丝黏性；及时发布群公告，通知重要事项。

活动策划：举办多样化活动，如直播专属抽奖（奖品包括产品、优惠券、周边礼品等）、问答竞赛（设置与产品或直播相关问题，奖励答对者）、产品试用（邀请粉丝试用新产品，收集反馈）、会员日活动（为会员提供专属优惠与服务）等，提高粉丝参与度与忠诚度。

3. 用户画像完善与精准营销

用户信息收集：通过问卷调查、聊天互动、购买记录分析等方式，收集粉丝年龄、性别、职业、消费习惯、兴趣爱好等信息，完善用户画像。

个性化服务与营销：根据用户画像，为不同粉丝提供个性化产品推荐、优惠活动推送、专属服务等，提高营销精准度与转化率。

4. 某电商平台企业微信案例解析

步骤一：添加好友-企业员工，主动添加用户，见图 4-2-7。

方式1：已有用户手机号，可以通过手机号添加　　　方式2：已有群聊，可以添加本群内的用户为好友

图 4-2-7　添加用户

步骤二：添加好友的验证，见图 4-2-8。

步骤三：添加好友后欢迎语，见图 4-2-9。

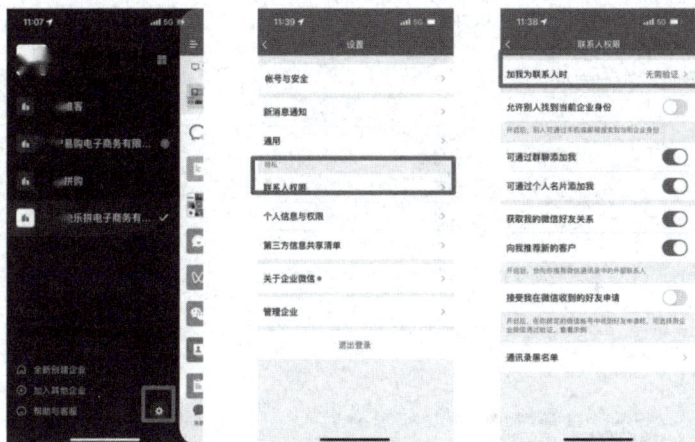

添加好友尽量都设置成无须验证，让客户可以直接添加员工，无须员工手动同意

图 4-2-8 好友的验证

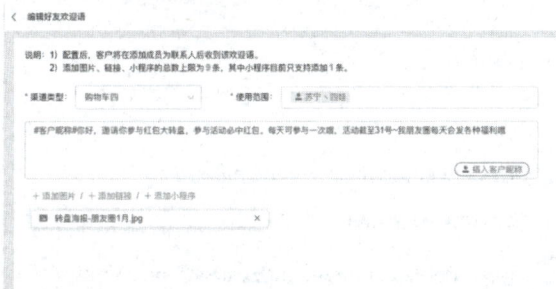

图 4-2-9 欢迎语

步骤四：创建群聊，见图 4-2-10。

图 4-2-10 创建群聊

步骤五：进群后欢迎语设置，见图4-2-11。

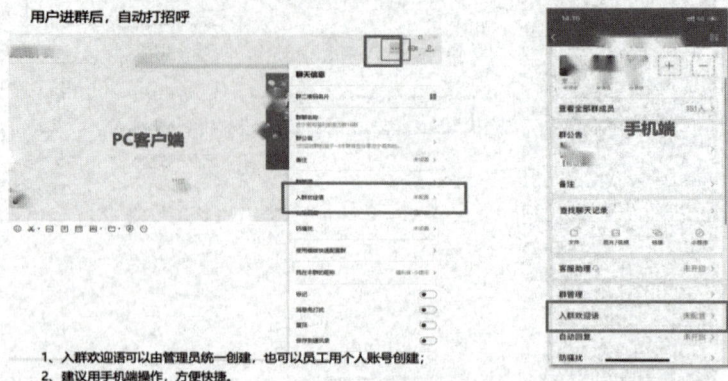

1、入群欢迎语可以由管理员统一创建，也可以员工用个人账号创建；
2、建议用手机端操作，方便快捷。

图4-2-11　进群欢迎语

步骤六：群管理设置，见图4-2-12。

群主和群管理员可以提前设置快捷回复话术，用于日常使用

图4-2-12　群管理设置

步骤七:增加曝光渠道,见图4-2-13。

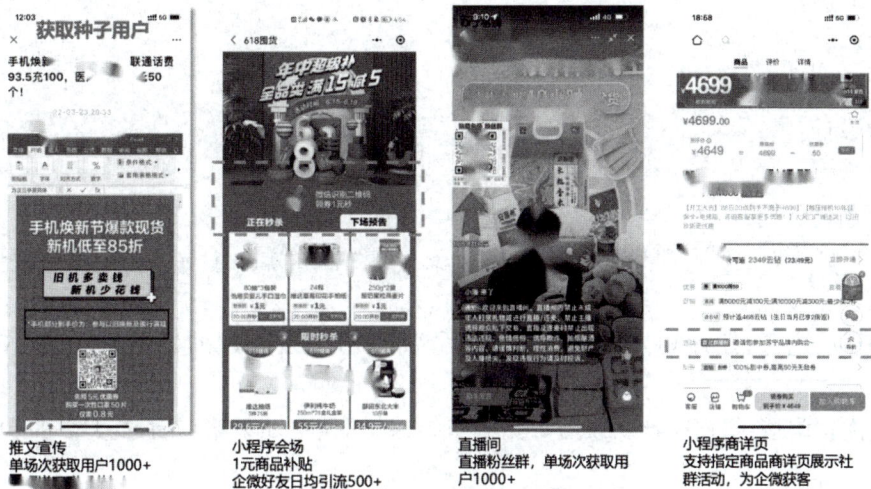

推文宣传
单场次获取用户1000+

小程序会场
1元商品补贴
企微好友日均引流500+

直播间
直播粉丝群,单场次获取用
户1000+

小程序商详页
支持指定商品商详页展示社
群活动,为企微获客

图4-2-13 增加曝光渠道

步骤八:适当裂变营销,见图4-2-14。

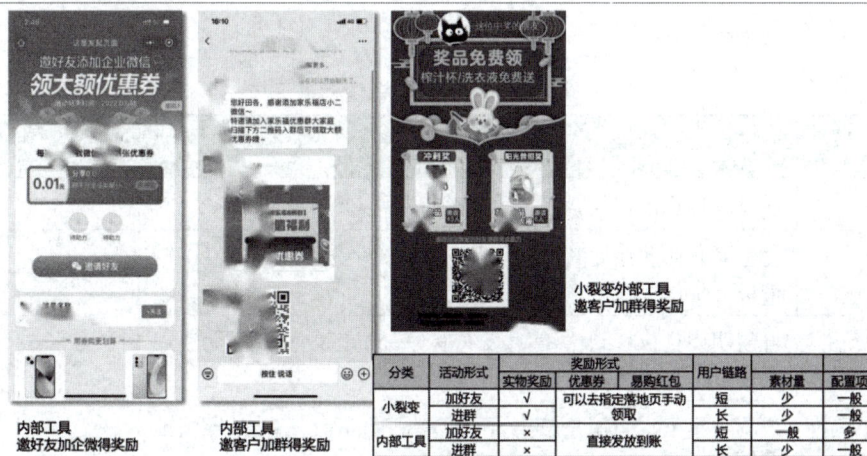

内部工具
邀好友加企微得奖励

内部工具
邀客户加群得奖励

小裂变外部工具
邀客户加群得奖励

分类	活动形式	奖励形式			用户链路	素材量	配置项
		实物奖励	优惠券	易购红包			
小裂变	加好友	√	可以去指定落地页手动领取		短	少	一般
	进群	√			长	少	一般
内部工具	加好友	×	直接发放到账		短	一般	多
	进群	×			长	少	一般

图4-2-14 裂变营销

工作实施

1. 实施内容 根据某品牌的常温酸奶,选择1个合适的社交平台,建立私域粉丝群,制订管理与互动计划,执行并持续优化,促进粉丝活跃与转化。

2. 实施工具 社群管理工具(如微信群机器人、企业微信等)、问卷调查平台、数据分析工具。

3. 实施步骤

(1) 群建立:选择平台创建粉丝群,设计群名称、头像、公告,邀请粉丝入群。

选择社群平台：

选择原因：

群名称：

群名片昵称：

头像设计：

群公告：

粉丝邀请计划：

（2）制订计划：规划信息发布内容与时间安排，策划互动活动，完善用户画像，确定精准营销方案。

（3）互动执行：按计划发布信息、举办活动，及时回复粉丝的咨询与反馈，收集用户信息。

（4）优化调整：根据粉丝反馈与数据分析结果，调整互动策略与营销方案，提升群运营效果。

4. 实施结果 私域粉丝群活跃度_____，粉丝忠诚度与参与度_____，直播转化率_____，能/不能形成良好口碑传播。

工作评价

如表 4-2-5 所示。

表 4-2-5 工作评价标准

评价项目	评 分 细 则	分数	得分
群活跃度	成员发言积极，互动频繁，活动参与度高，群内氛围活跃	25	
忠诚度	粉丝对直播关注度高，观看直播、购买产品转化率高，口碑传播良好	25	
管理规范性	群规明确且执行到位，信息发布有序，成员管理规范，无违规现象	25	
用户画像完善程度	成功收集丰富的用户信息，画像清晰准确，能有效指导精准营销	25	
总分		100	

任务小结

　　本任务聚焦于直播前推广，涵盖认识流量提升渠道、借助社交平台推广以及经营私域粉丝群 3 个关键工作。通过对不同流量提升渠道的深入了解，掌握了各渠道的流量特点、推广方式以及适用场景，能够根据产品和目标受众制定合理的推广策略。在社交平台推广方面，熟悉了不同平台的规则和技巧，学会了创作优质内容以及利用互动策略和数据分析来优化推广效果。经营私域粉丝群工作则强调了群的建立、维护以及通过互动和精准营销提高粉丝忠诚度和活跃度,促进直播转化。这些工作为直播活动吸引了潜在客户,提升了直播的知名度和影响力,是直播电商运营中不可或缺的环节。

任务检测

一、单项选择题

1. 以下哪个社交媒体平台的用户活跃时间主要集中在晚上和周末,尤其是晚上 7 点到 11 点,且偏好轻松娱乐、创意有趣、潮流时尚的内容?(   )

    A. 微博　　　　　　B. 微信　　　　　　C. 抖音　　　　　　D. 小红书

2. 搜索引擎优化中,以下哪个操作对于提高网站在搜索引擎自然搜索结果中的排名至关重要?(   )

    A. 关键词研究与合理布局　　　　　B. 频繁更换网站标题

    C. 大量使用图片代替文字　　　　　D. 减少网站页面加载速度

3. 在直播平台自身推广资源利用中,为了提高直播曝光度,以下哪项措施是重要的?(   )

    A. 随意设置直播标题　　　　　　　B. 选择模糊不清的封面图片

    C. 优化直播预告信息与封面　　　　D. 不关注用户互动频率

4. 以下哪种推广方式是小红书平台常用的且强调真实分享和"种草"属性的?(   )

    A. 大量投放硬广告　　　　　　　　B. 发布精美的图文笔记

    C. 频繁创建话题挑战　　　　　　　D. 只与明星合作推广

5. 在经营私域粉丝群时,为了提高粉丝参与度和忠诚度,以下哪种活动策划是较为有效的?(   )

    A. 从不举办活动　　　　　　　　　B. 只举办线上抽奖活动

    C. 举办多样化活动如抽奖、问答、产品试用等　D. 只举办线下聚会活动

二、简答题

1. 简述社交媒体平台作为流量提升渠道的优势和劣势。

2. 经营私域粉丝群时,如何完善用户画像?

3. 在进行搜索引擎优化时,如何确定纸巾品类直播的关键词?

项目拓展　能力提升

请选择一款创意家居用品进行直播预热,并为其建立私域社群,具体要求如下。

1. 产品选择　选择一系列创意家居用品,如可折叠多功能收纳架、智能

职业道德
小课堂

感应垃圾桶、创意灯具等。这些产品具有新颖的设计、实用的功能,能够吸引追求高品质生活和新奇家居体验的消费者。

产品名称:

产品品牌:

产品分析:

选择原因:

2. 宣传文案设计　针对产品特点,撰写幽默诙谐且富有创意的宣传文案。例如,对于可折叠多功能收纳架,"小小收纳架,变身空间魔法大师,杂物瞬间隐形,让你的家整洁如新,快来直播间解锁收纳秘籍!"突出产品的收纳功能和给家居空间带来的改变;也可以强调产品的创新性和实用性,运用夸张手法吸引受众,如"智能感应垃圾桶,挥手间垃圾'乖乖就范',洁癖星人的福音,直播现场有惊喜优惠等你来!"。

预热海报/直播封面文案:

短视频文案:

3. 宣传海报制作　确定以明亮、活泼的色彩为主色调,如橙色、蓝色等,营造出温馨、时尚的家居氛围。海报布局采用创意图形与产品图片相结合的方式,突出产品的独特设计。

设计草图:

4. 预热短视频拍摄与制作、发布　策划轻松有趣的故事线;拍摄场景选择家居环境,展示产品在实际使用中的场景和效果;运用特写镜头展示产品细节;运用全景和中景展示产品与家居环境的融合;剪辑节奏明快,添加欢快的背景音乐和有趣的音效,如收纳物品时的清脆声音、感应垃圾桶开关的音效。在视频结尾引导观众关注直播,如"12月20日晚8点,创意家居直播,与您不见不散,更多惊喜等您来!",并配上直播预约二维码。

短视频拍摄脚本:

5. 社群营销　为该款产品建立粉丝社群,并开展2次社群营销活动。

项目五　实施直播活动

项目介绍

本项目旨在打造专业直播,涵盖确定直播脚本、产品讲解与展示、规范直播行为、提升控场能力四大任务。通过精心设计直播流程与话术、创新产品展示、规范直播行为、精准控场,提供全方位直播解决方案,助力产品销售与品牌推广,培养学生的全方位直播实操能力。

学习目标

（1）知识目标:了解直播脚本的构成要素及设计方法,熟悉产品讲解五步法及竞争产品分析要点,掌握直播行为规范的具体要求,明确直播控场的关键节点和方法,知晓粉丝互动转化的策略。

（2）技能目标:能够独立设计直播流程并撰写话术,熟练运用产品展示方式和讲解方法,规范自身直播语言、动作和画面,有效提升直播控场能力,把握节奏,成功实现与粉丝互动并促进销售转化。

（3）素养目标:培养专业的直播态度和职业素养,增强创新意识,不断探索新的直播形式,提升沟通能力和服务意识,更好地与粉丝互动。

项目导航

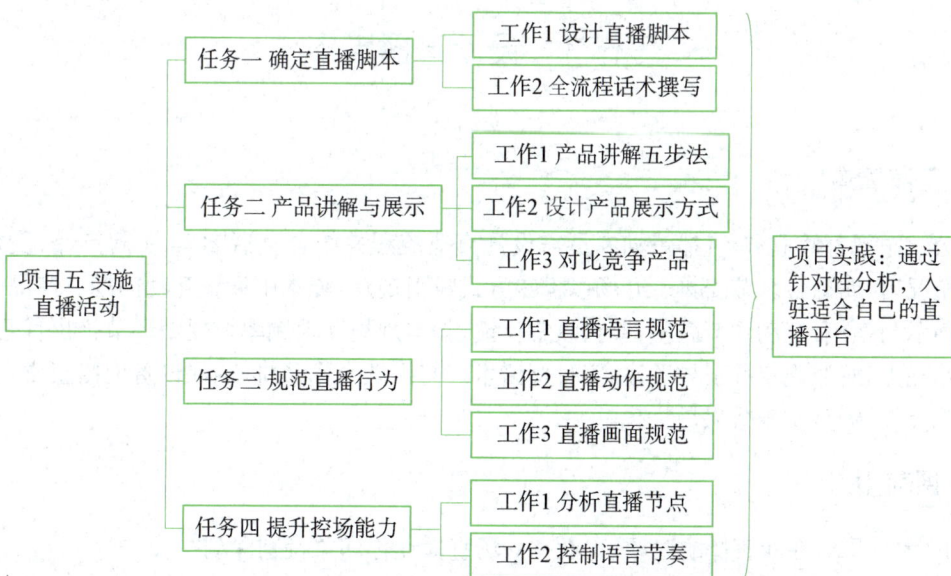

任务一

确定直播脚本

💡 任务背景

如果你是一名直播策划专员,负责本次直播活动的脚本策划工作。你的任务是根据公司的活动要求和产品特点,设计一个吸引人的直播流程,并撰写相应的流程话术,确保直播活动的顺利进行和良好效果。

📋 任务分解

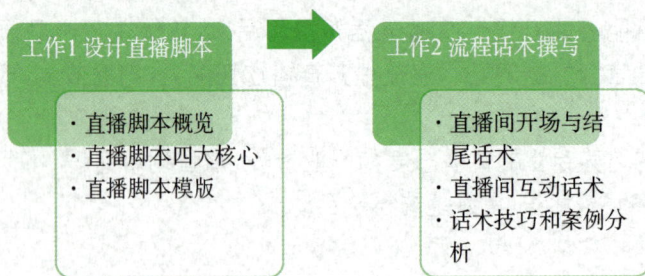

工作1 设计直播脚本	→	工作2 流程话术撰写
· 直播脚本概览 · 直播脚本四大核心 · 直播脚本模版		· 直播间开场与结尾话术 · 直播间互动话术 · 话术技巧和案例分析

工作 1 设计直播脚本

📝 工作情景

公司拓展直播业务,直播策划专员需设计直播流程并结合直播脚本,了解产品、受众与竞争情况后,明确各环节安排。开场以趣味方式吸引观众,脚本中设置互动问题。产品介绍结合演示与案例,互动环节鼓励参与、收集反馈,脚本规划互动频率。促销环节推出优惠,结尾总结亮点,感谢观众并引导关注,安排好话术。与团队合作彩排,确保设备网络正常,直播中根据反馈调整,实现效果最大化。

🗨 课前引入

1. 大家平时在看直播的时候,有没有一场直播让你印象特别深刻?

2. 大家觉得一场好的直播最关键的因素是什么?

3. 在实际生活中,大家有没有遇到过因为直播环节设计得好而让你忍不住下单的情况?

知识准备

1. 直播脚本概览

(1) 直播脚本

定义　直播脚本是对整场直播的所有人员在具体时间关键节点需要做的事情一一安排。就如同一场晚会,需要让所有人员都能统筹到位,确保安排。在直播过程之中,最重要的就是对我们的直播流程进行规划和安排,重点是逻辑和玩法的编写以及直播节奏的把控。

内容包括直播流程表、直播策划、产品手卡/脚本和直播话术。

(2) 直播脚本的意义

定义　一份合格、专业的直播脚本,几乎能解决直播中遇到的 80% 的问题。

直播当中每一个环节都要提前精心准备。制定一份清晰、详细、可执行的直播脚本,是一场直播流畅并取得效果的有力保障。

直播脚本也是我们控制直播节奏,规范直播流程,达到预期目标最关键的一步。

直播是动态的过程,涉及人员配合、场景切换、产品展示、主播表现、促单活动等综合因素。

有了直播脚本,就能更加方便筹备直播工作,直播间参与人员的配合也会更加默契、有条不紊。

(3) 如何撰写一份直播脚本

第一步:确定直播主题、直播时间、直播产品。

第二步:确定直播形式/内容,直播间、直播间风格、产品福利等。

第三步:是否选择付费流量,如巨量千川、小店随心推、巨量本地推、Dou＋,具体付费计划和成本。

第四步:确定人员分工及负责工作。

第五步:确定产品的价格和出场顺序。

第六步:设计直播玩法,如限时限量购、优惠券、福袋、赠品等。

第七步:准备产品的卖点话术和互动话术。

2. 直播脚本四大核心

(1) 明确直播主题:让粉丝明白,在这场直播里面能看到什么、获得什么,提前调动起粉丝兴趣。也就是搞清楚本场直播的目的是什么? 是回馈粉丝、新品上市还是大型促销活动?

(2) 把控直播节奏、梳理直播流程:标准化直播流程安排(表 5-1-1)具体到每一环节 60 分钟的直播流程设计,规划好直播流程和安排。

表 5-1-1 直播流程示范表

时间安排	直播内容	主播安排
20:00	预热	粉丝互动、预告直播内容
20:10	抽奖环节	截图抽奖,送优惠价
20:15	引流产品:×××	产品讲解,秒杀 10 分钟
20:25	超级福袋	实物福袋讲解,引导点击
20:30	爆款产品:×××	产品讲解,转化 10 分钟
20:45	利润款产品:×××	产品讲解,转化 10 分钟
21:00	抽奖互动	讲解规则,截图抽奖,送 10 名粉丝

(3) 调度直播分工:对主播、助播、运营人员的动作、行为、话术做出指导,包括直播参与人员的分工。

主播负责引导观众、介绍产品、解释活动规则。

助播负责配合主播工作,展示产品并准备直播样品。

场控负责灯光设备调试,整体直播间上下链接,修改价格、上福袋等。

后台客服负责与粉丝沟通、转化订单、控评等。

投流负责建立付费计划,根据直播情况和消耗转化情况实时调整。

(4) 控制成本:脚本中需要做好直播预算和成本控制,以便预计本场直播的实际投入产出比(ROI),确保直播间保本且有利润,如此才能长期运营直播间。

单场的直播预算,只需要计算本场直播所消耗的成本,如果长期运营则需要计算完整的直播成本,从而做出正确的单场直播预算。直播间搭建的所有成本,主要分为直播变动成本和固定成本,具体需要计算的成本如下。

直播变动成本:包括消耗样品、超级福袋成本、福袋充值、红包费用、优惠券、引流品、投流付费计划消耗金额、直播道具费用、直播间员工提成、电费等。

固定成本:包括直播间人员的固定工资、直播间设备费用、直播间租金等。

搭建直播间就如同创业项目,需要做好直播预算,才能保证直播长期进行下去。

3. 直播脚本模板

(1) 直播策划表:直播前需要提前进行策划,具体模板如下(表 5-1-2):

表 5-1-2 直播策划表

直播日期		具体时间		直播平台	
直播主题					
直播产品					
直播负责人					

（续表）

人员分工	主播：　　　　副播/助播：　　　　中控：　　　　场控： 场控设备：　　　氛围组：　　　选品：　　　客服/控评：
推品逻辑	根据产品的先后顺序，价格高低穿插，中间设置爆品秒杀，带动直播间气氛
开播准备	开播标题：　　　　直播间介绍： 开播封面：　　　　直播分类：　　　　显示位置：
福利规则	
商品排品	
直播整体流程	具体到每分钟做什么
场外预热	①短视频预热2条；②各种群预热3分钟（微信群、钉钉群、抖音粉丝群）
时间	①提前一天场外预告；②开播前2小时预热
直播预算	
主题	
直播预算	巨量千川预算/巨量本地推/短视频Dou＋预热：预算5000元
注意事项	（1）整理品牌产品的黑科技、检测报告、产品的测试，可以供直播间展示，增强信任感； （2）反复叮嘱主播不允许在直播间提"原价""秒杀"二字，提到会受处罚
物料	①短视频预热；②直播封面海报——形象图＋爆品展示＋折扣力度＋直播二维码；③直播样品；④氛围组物料：手卡牌、爆炸贴；⑤样品展示道具：玻璃碗、小盘子、玻璃杯、筷子、勺子等

（2）直播带货脚本：针对全体人员的脚本，适合主播、场控、助播等了解直播间具体流程和产品内容。脚本中需要详细撰写直播流程、主播话术、直播节奏、产品信息等内容。具体模板如下（表5-1-3）：

表5-1-3　直播带货脚本

直播日期				直播时长					
直播目标				直播总体 节奏					
直播产品									
序号	时间	直播 环节	直播话术 （产品介绍）	直播 时长	直播 产品	规格 型号	直播 单价	直播 底价	产品 份数	售后/ 快递

（3）福利款/单品话术模板：在直播中会设置引流款产品，在开头承接极速流，获取自然流量。这种产品主要通过引导观众互动，延长停留时长，从而吸引自然流量，因此这种产品会专门撰写福利品话术。该话术由主播或者内容运营人员撰写，以下为话术模板案例示范（表5-1-4）：

表5-1-4 单品话术模板

话术公式1＋1		好处＋指令		
好处：1.福利 2.服务 3.产品卖点 指令：需要用户帮忙（发评论、点赞、加"小黄车"、关注加粉丝团）				
好处分析	福利	9.9元10个库存，日常价29.9元		
	服务	包邮、包退，坏损包赔		
	卖点	自然成熟，无须等待		
产品品名				
话术框架1＋1	好处	指令	举 例	
开场话术	1	介绍	评论	"各位家人们，大家好，我是一名地地道道的果民，只想把自家种植的优质水果带给大家！我是源头种植基地，专注水果种植20年了！有没有喜欢吃猕猴桃的家人（有），有的话在公屏上扣'有'好不好？（好）家里有没有老人孩子的，建议可以多给孩子吃我们家的猕猴桃。"
憋单话术	2	卖点	评论	"我是一名新人主播，不会玩什么套路，也不想花钱投流。但咱是猕猴桃的种植基地，我手上的这款猕猴桃是我自家种的，口感纯甜无酸，一点也不涩。而且咱家是可以直接吃不用等的！不像很多猕猴桃得放好久，熟了才能吃！而且咱家水果是不打膨大剂、不打催熟剂、不打化肥农药的！家里老人孩子肠胃较弱的都可以放心地吃！（有没有想要我们家这款猕猴桃的，扣一波'666'好不好？扣了'666'的咱们今天给大家炸一波）"
	3	点对点	关注＋评论	"家人们，主播是新人主播，也是新号开播，所以前期咱们想要的是人气，主播对咱家的猕猴桃品质有信心，所以主播决定给咱自家人准备一波见面礼好不好？（好）日常咱家猕猴桃是6元1个，今天咱直播间我6元不要了，我直接3元给你，18元6个到家，给不给力？（给力）××感谢你的关注，点了'关注'的宝贝，卡了'粉丝牌'就是主播的家人了，主播给你准备一波王炸补贴福利好不好？"
	4	卖点＋活动原因	评论＋点赞	"觉得给力的给主播扣'1'，觉得主播不给力的给主播扣'2'好不好？（好）咱家这款猕猴桃不是普通的猕猴桃，咱家的是绿色食品，而且是自然成熟的果子，不是摘下来放熟才能吃的。所以咱们的猕猴桃你在市面上基本上是买不到的。（主播很多人扣'2'）还不给力，咱这个也就是个成本价啊！这样，我今天直播间这么多人关注主播了，话我也说下去了，我要宠粉对不对？"

话术框架1+1		好处	指令	举　　例
				今天这样,给主播点了'关注',卡了'粉丝团'的扣下'1'好不好?我们精准上'库存',直接给你们运费的价格9.9元6个包邮寄好不好?哇!咱'赞赞'已经到3000啦!家人们这么给力的吗?大家帮忙再动动发财的小手点点'赞'好不好?把'小赞赞'点到5000,好不好?主播给大家再多加10个'库存'!"
	5	商品点击	关注＋粉丝团＋评论	"运营小哥哥数一下多少人穿了'黄马甲',扣了'1'的有多少人,我们上'库存'!大家做好准备,等会1号链接给大家上!大家记住哈!点了'关注'的卡了'粉丝牌'的家人扣个'666',然后去拍哦!好!运营小哥哥上好'库存'了吗?(准备好了)好,那我们现在就给大家上'链接'!大家注意我们1号链接,注意刷新'小黄车'哈!(5、4、3、2、1、上链接)"
逼单环节	6	价格锚点	催单	"(1号链接以上秒拍秒付,咱们数量只有10单哈,大家刷新1号链接赶紧去拍)宝宝们,注意啦!咱家这款猕猴桃日常价都是6元1个的,咱们今天直播间只需要一个运费就给大家包邮送到家了!抓紧时间赶紧购买!"
	7	价值塑造	催单	"咱家的猕猴桃是不打农药、催熟剂的,所以没有那种酸涩的口感,是需要180天自然成熟的,1年只有这么1次!"
	8	催单	促付	"刚刚抢到名额的家人们不要错过,如果还没有付款的话,再过3分钟我们就会取消资格哦!所以千万别错过,抓紧时间赶紧买!先付款的家人们会优先发货哦!"
结束话术	9	预告	转款	"宝宝们,刚刚还有谁没抢到的?不要着急哈,可以在公屏上扣一下,等会3分钟提醒我看下,看看还有多少人想要的!刚刚拍完的宝贝千万别走哈!咱这款产品大家千万不要错过,是咱家的爆款产品。"

工作实施

1. **实施内容**　今天你作为电商助农大使来到了湖北秭归,要帮助当地售卖秭归脐橙(图5-1-1)。因为是源头产地,场景都是果树,团队觉得机会难得,想要直接在源头产地开播,帮助农户售卖脐橙。请为这个活动策划直播脚本,设置好直播策划表以及直播流程表。

2. **实施工具**　Word文档工具、Excel表格工具。

3. **实施步骤**

(1)确定直播时间、直播地点、直播平台以及参与直播的人员。

直播时间:结合本次农产品秭归脐橙,能够购买的粉丝群体以女性(30～50岁)为主。

图5-1-1 秭归脐橙图片

这个年龄段的女性,基本有家庭,大多数是晚上或者中午有时间。

直播地点:已经来到产品源头,那就要看到源头产地的标志,直播地点可以在果园里、发货仓库、数字分拣车厢等。

直播平台:抖音是主流媒体,微信视频号比较适合中老年流量,小红书是年轻女性人群,快手是下沉式市场,可以根据产品自行选择。

直播人员:是否需要控制库存和上下架决定了场控是否必需。如果互动环节较多,可以增加助播;如果是边走边播的形式,就要增加摄影师,具体人数要根据直播需求设计。

(2)根据直播地点和平台设置直播主题,例如本次工作实施前景下,"源头产地,现摘现发"就是非常契合的主题,再根据主题完善直播场景,在直播场景中做文字引导。

(3)结合本次直播的目的,做整场直播的直播流程图。

传统流程中要注意:直播在源头产地,和在直播间直播差异很大。在直播流程中也要把这个亮点突出放大,例如直播开场中增加对源头种植果园的展示,甚至可以开场的时候边说边将镜头移动给大家看果园。其他流程的设计中也需要突出这一点。

(4)总结归纳:基于知识准备和实施步骤,请同学们自行完成下方的直播流程表(表5-1-5)以及直播策划表(表5-1-6)。

表5-1-5 秭归脐橙直播流程表

时间安排	直播内容	主播安排

表5-1-6 秭归脐橙直播策划表

直播日期		具体时间		直播平台	
直播主题					
直播产品					
直播负责人					
人员分工					
推品逻辑					
开播准备					
福利规则					
商品排品					
直播整体流程					
场外预热					
时间					
主题					
直播预算					
注意事项					
物料					

工作评价

如表5-1-7所示。

表5-1-7 工作评价标准

评价项目	评分细则	分数	得分
直播主题选择	能够准确地根据这次实际情况,设计突出亮点并且能够吸引用户的直播主题	20	
直播场景选择	根据源头种植基地的特殊情况,准确地选择直播场地,并且能够对直播场地进行二次设计,更加能够留住用户	10	
直播人员分工	对于直播间的人员分工,可以做到完整并且全面	20	
直播流程设计	整场直播的流程设计是连贯的,并且根据直播主题的特性,在流程设计中突出了亮点	30	
整体完整性	对于整场直播的脚本策划设计完整	20	
总分		100	

工作 2　全流程话术撰写

工作情景

作为公司的直播运营,你已经为本次直播活动设计了非常完善的直播流程,并且针对直播主题搭建好了直播场景。但是流程和场景再好,如果出镜主播的话术不够好,整场直播依然不能成功,所以要对主播全流程的话术进行完善和修改。

课前引入

在如今的新媒体时代,直播带货已经成为一种强大的力量,它不仅能够推动经济发展,还能为乡村振兴助力。今天,我们就来认识一位在抖音平台上极具影响力的人物。请大家分析一下达人主播的话术,话术中都包含了哪些内容?

开场话术:"亲爱的朋友们,欢迎来到今天的助农直播间! 我是你们的老朋友。今天,我们再次相聚在这里,为的就是把最优质的乡村特产带给大家!"

包含了:_____

互动话术:"朋友们,你们猜猜这种水果的甜度有多少呢? 第一个猜对的朋友将获得我们精心准备的小礼品哦!"

包含了:_____

成交话术:"为了感谢大家对我们助农事业的支持,今天我们特别推出了限时优惠活动,只有今天直播,只有 100 单,阳光玫瑰外面卖您 100 多,200 多,今天我们不要 100 了,不要 90 了,只要 88,但是真的数量不多,大家准备好手速,我们要上链接啦!"

包含了:_____

知识准备

1. 直播间开场话术

1) 定义和意义　开场话术是指在直播开始时主播所使用的一系列开场白或问候语。开场话术的意义在于为直播内容的顺利进行营造良好氛围,吸引观众的注意力并激发他们的兴趣。通过合适的开场话术,主播可以展示自己的个人魅力、直播的主题和内容,让观众产生好奇心,持续观看直播并参与互动。此外,开场话术还可以用来简单介绍自己、说明直播的目的和规则,以及预告直播中将要展示的亮点内容,提前与观众建立起良好的沟通与互动关系。

2) 优秀开场话术必备要求

(1) 身份塑造:主播可以通过简单介绍自己的身份和背景来建立专业性和权威性,例如提及自己的行业经验、专业背景或取得的成就。

(2) 价值塑造:主播可以简要说明自己直播的目的和价值,让观众明白他们可以从直播中获得什么信息或受益。这有助于吸引观众的兴趣和留住他们。

（3）自我介绍：主播可以以简洁明了的方式介绍自己的名字，并分享一些与直播内容相关的个人信息或故事，也可以设计一句比较有特色的自我介绍。

（4）受众人群：主播可以提前了解自己的观众，确定他们的特点和需求。在开场话术中，主播可以简要描述观众的特点或期望，以建立与观众的共鸣和互动。

（5）直播内容预告：针对接下来要直播的产品内容进行预告。

3）开场话术案例及分析

案例　"各位家人们，大家好，我是 90 后新农人××，种植秭归脐橙已经 5 年了，但也是一名新人主播，咱家是湖北秭归源头种植基地，没有中间商，主播只想把自家种植的优质水果带给大家！我们自家种的秭归脐橙不打膨大剂、不打催熟剂、不打化肥农药！有没有喜欢吃秭归果冻橙的宝贝们？或者家里有老人、孩子、孕妇的？那么咱家今天这款 5 斤装秭归脐橙福利千万别错过哦！"

案例分析：

（1）自我介绍：我是 90 后新农人××，种植秭归脐橙已经 5 年了，但也是一名新人主播。

（2）身份价值：湖北秭归源头种植基地，没有中间商。

（3）价值塑造：不打膨大剂、不打催熟剂、不打化肥农药。

（4）受众人群：有没有喜欢吃秭归果冻橙的宝贝们？或者家里有老人、孩子、孕妇的？

（5）直播内容预告：那么咱家今天这款 5 斤装秭归脐橙福利千万别错过哦！

2. 直播间结束和换款话术

1）整场直播结束话术　整场直播预告结束话术的重点是注意向观众传达下次直播的时间并引导他们关注和参与。

（1）预告直播时间：通过整场直播预告结束话术，主播可以提醒观众下次直播的时间，让观众提前安排好时间以便继续关注下一场直播。

（2）关注引导话术：引导观众关注和参与十分重要。主播可以引导观众关注自己，以便观众及时获得直播通知并参与互动。这样，主播可以更好地与观众保持联系。

（3）整场结束话术案例：

"各位家人们，今天的直播就到这里了，喜欢主播的家人们还没有点'关注'的可以点个'关注'，明天同一时间准时开播，明天我们同一时间再见哦，感谢大家的支持！"

"非常感谢大家的观看和参与，这就是今天的直播内容！我们下次直播的时间将是（日期和具体时间），届时我们将带来更多给力的王炸福利。请大家记得关注我的直播间，防止下一次就找不到主播了，感谢大家的支持，我们下次直播再见！"

2）单款产品结束换款话术

（1）先塑造稀缺价值：限制上架产品的数量，紧接着再进行补货。通过这样的方式不仅可以控制直播间的销售节奏，也可以给观众营造紧张、刺激的抢购氛围。利用稀缺性，观众抢到了是惊喜，没抢到下次会更快出手。

头部主播会在一款产品限时限量限优惠价格结束之后，在直播间直呼"没了，秒完了，抢完了，还可以加库存吗"，其实这也是一种直播带货话术套路，可以用于承接下一款产品。

（2）预告下一款产品：当进行直播换款时，为了拉高用户对下一款产品的期待值，我们需要对下一款产品进行价值预告。

（3）换款话术案例：

"亲爱的观众们，我希望你们都喜欢今天为大家带来的这款产品（前一款产品）。我必须告诉大家，因为咱这款产品确实数量非常有限，而且这个价格给到地板价了，咱们目前现货已经没有了。对于那些还没买到的朋友们，我知道你们一定很失望，但是请别担心！因为我今天带来的下一款产品绝对会让你们大吃一惊！它不仅可以满足你们对（前一款产品）的期待，还将带来更多令人兴奋的功能和设计。相信我，你们一定不想错过这个机会。所以，请大家紧紧盯住屏幕，下一款产品即将登场！"

"没了，咱活动名额都被抢完了！宝宝们，刚刚还有谁没抢到的？不要着急哈，可以在公屏上扣一下，等3分钟提醒我看下，看看还有多少人想要的！宝宝们，刚刚没抢到的先别走，没抢到刚刚那款的不要紧，下面这款衣服咱真的千万不要错过，是咱家的爆款产品。"

通过这样的换款话术，主播把前一款产品塑造成为稀缺款，并强调了它的受欢迎程度和库存紧缺情况。这会让用户觉得他们错过了一件非常值得购买的产品，从而激发他们对下一款产品的期待和好奇心。这种引导观众期待的方式可以有效地提高用户的兴趣和参与度，增加他们对新款产品的抢购意愿。

3. 直播间互动话术

1）互动话术意义

（1）激发观众参与：互动话术可以引导观众积极参与，增加他们的参与感和归属感。

（2）增强用户黏性：通过互动话术，观众会更加留恋直播间，增加连续观看的时间和可能性。经过直播间的有效互动，会建立信任感，自然就会增加用户的黏性。

（3）提高直播效果：有效的互动话术能够促进互动和反馈，从而提高直播内容的质量和参与度，提升直播内容的吸引力。

（4）提升直播推荐流量：提高直播间的留存率，也有助于增加直播间的推荐流量。停留时长和互动指标是影响直播间自然流量的权重指标，做好互动话术能够拉长观众的停留时长，通过互动指令让观众进行关注、点赞、评论等能够提升直播间热度。

2）五大指令

（1）评论互动：可以通过提问引发观众的思考和回答，或者要求观众进行刷屏式互动，从而提升直播间热度。

① 提问评论：例如提出有趣的问题，要求观众分享经验或观点，答对后可以给予奖励。

如图5-1-2所示，该新号开播通过提问互动，在开播10分钟内，将人气从个位数拉至近千人。

② 选择题式评论：有时提问互动不一定有好的效果，那么也可以尝试选择题互动。例如：大家觉得吃全麦欧包有用的扣"1"，觉得没用的扣"2"。

③ 刷屏式互动：号召用户刷屏互动，给予刷屏评论的指令。例如：觉得直播给力的扣"666"，想要福利的宝宝扣"1"。

（2）点赞互动：鼓励观众在直播过程中点赞，提供反馈和互动的机会。

　　如果想要点赞达到目标,可以根据点赞数量设置福利活动。例如:点赞数到 10 000,给大家再上一波福利。

　　(3) 引导关注:引导观众关注主播,正常来说转粉率要求不低于 3%。可以在直播话术中设置粉丝专属福利,如设置粉丝专属券,只有关注以后才能领取,或者设置粉丝福袋。例如:"今天主播只宠粉丝不宠路人,咱家粉丝宝宝给大家发放 100 元粉丝专属券,咱家粉丝宝宝直接去领!"

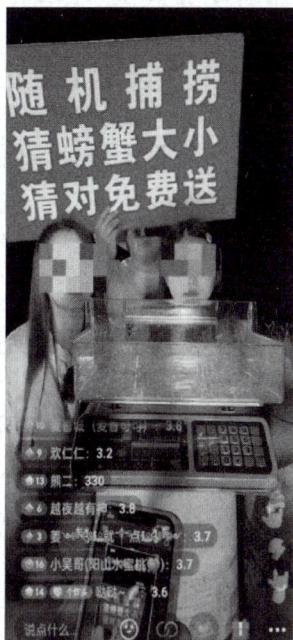

图 5-1-2　互动直播间案例

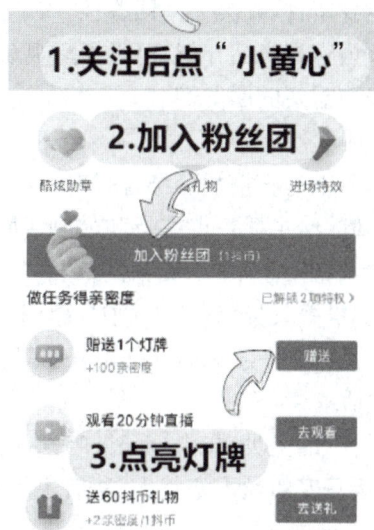

图 5-1-3　粉丝团操作

　　(4) 加粉丝团:通过直播手卡或者手机现场实操引导观众加入粉丝团(图 5-1-3),正常要求加粉丝团率不低于 1%。

　　可以设置粉丝团福袋,或者设置粉丝团等级兑换礼(图 5-1-4),达到等级将会赠送礼物,从而提升粉丝兴趣。

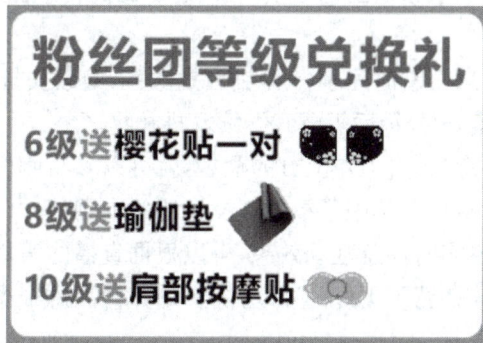

图 5-1-4　粉丝团礼物兑换

（5）引导停留：引导直播间观众在直播间多停留，拉长平均停留时长。

停留时长方法：

① 可设置福袋抽奖，设置 10 分钟，会要求用户在直播间等待 10 分钟。

② 可以通过适当"憋单"，引导观众在直播间多停留一段时间。

3）互动话术案例分析

（1）提问式话术案例

如果直播内容是美食推荐，可以问观众："你们最喜欢的美食是什么？来评论区分享一下，让大家一起交流和学习！"

如果直播内容是瘦身产品的讲解，可以鼓励观众："大家在瘦身时有遇到什么困惑或问题吗？快来给我留言，我会一一回答！"

如果直播内容是产品介绍，可以提醒观众："喜欢这款产品的话，别忘了点赞哦！同时也可以分享给身边需要的朋友们。"

（2）点赞话术

点赞话术可以与直播福利结合起来。

"喜欢主播的给主播一点支持和鼓励，动动发财的小手，免费的'小心心'戳一下，'小心心'到 1 000 个，咱们继续炸更给力的福利。"

"哇，咱们'赞赞'已经到 2 000 啦！感谢亲爱的家人们，咱们继续动动发财的小手，点赞点到 5 000，主播再送一波见面礼好不好？等会到了提醒我哦！"

（3）关注话术

"点了'关注'的宝贝，扣个'666'，咱家这款××宝贝直接王炸补贴给你们上架。"

"咱们今天只宠粉丝不宠路人，所有家人注意啦！咱们给自己左上角'关注'点一点，让主播来宠你们好不好？"

"点了'关注'的宝贝去拍哦！卡了'牌牌'的宝贝去拍哦！点了'赞'的宝贝去拍哦！"

（4）加入粉丝团话术

"喜欢主播的卡个'牌牌'，点亮了粉丝灯牌的就是我的人啦！那我的人，我肯定得宠着。给你们宠粉活动开一波。"

"宝宝们，可以穿个'黄马甲'，给主播亮个粉丝灯牌，成为主播的家人好不好？"

"家人们，点击左上角领取粉丝团福袋哦，我们有专属的粉丝团等级兑换礼福利。"

（5）拉停留时长话术

"新来的宝宝，你们注意看看时间哦，3 分钟后提醒我，继续安排福利。"

"新来的姐妹们不要走，3 分钟后提醒我继续安排礼物。"

"宝宝们，新来的不要走哈，看下左上方的福袋，就可以参与咱们的福袋抽奖活动啦！开奖前记得不要离开直播间哈！不然中了福袋也没办法领取哦！"

在使用互动话术时，要实时注意互动效果，可以根据直播的情境和目标来设计相应的互动话术，使观众更积极参与并留下更好的互动体验。同时，注意根据观众的反馈和效果进行改善和优化。

4）话术技巧及分析

（1）成交话术技巧：成交话术有三大核心，主要包括引导点击组件话术、打消顾虑话术和催付话术。

① 引导点击组件话术：引导提升"小黄车""小房子""小风车"等组件点击率，提升组件转化率。组件点击率是影响直播间自然推荐流量权重的重要数据因素之一，因此一定要在直播间注意引导观众点击"组件"。

销售前引导点击"购物"案例：

"宝宝们，点击'购物车'，本场直播所有产品都能看到，不要错过你心仪的宝贝哦！"

"宝宝们，进到直播间点'关注'，加到'购物车'看一看，有喜欢的大家可以扣数字，哪款数字扣得多，主播就给大家开炸哪款好不好？"

销售中引导点击"购物车"案例：

"宝宝们，×号链接，本场福利折扣××，5、4、3、2、1 开始。"

"宝宝们，目前介绍的是×号链接，大家可以下单了。"

"抢到优惠券的宝宝，点击×号链接，可以购买了！"

② 打消顾虑话术：通过自用经验分享、好评、销量、售后保障等内容讲解，打消客户的购买顾虑，塑造产品可靠性，提升信任感。

话术案例：

"宝宝们，这款真的太好用了，我自己已经用了这么多瓶了，看下我之前肤色是妥妥的黄黑皮，大家看下我现在的肤色状态。而且咱家这款已经热卖 20 万件了，看下大家的评价，口碑分 4.99 分，满分是 5 分哈，而且咱们给你准备了试用装，如果说收到了可以先试用下，如果用了过敏不舒服，放心，我们这边 7 天无理由退货，还给你赠送运险。"

塑造稀缺感和价格锚点：制造产品的限量感、稀缺感和紧张感，可以促使消费者快速下单，提升成交概率。通过塑造价格锚点，提高产品性价比，营造抢购的氛围，可以促使消费者快速下单，提升成交概率。

价格锚点：所谓的锚点，就是在用户的认知中打上一个印记作为参照物。例如：通过与过去价格做对比，与其他平台价格做对比，与线下商超价格做对比，不同套餐价格的对比，或者与同类产品对比价格。

限时限量：通过限时限量活动，激发消费者的冲动消费心理，营造抢购的氛围。例如：×号链接，今天限量特卖只有××份，家人们抓紧时间赶紧去拍！

话术案例：

"宝贝们，咱家日常价，看下吊牌价是 3 999 元，今天我们直接零头都不到的价格，反季大促只要 399 元，日常你在外面随便买件羽绒服是不是要个几千元？大家注意我们现在 1 号链接价格已开，活动只有 3 分钟就结束了，现在库存还有最后 100 件了。喜欢的家人们抓紧去拍，咱们现货库存只剩最后这 100 单！咱家这款衣服，售完是不补的，喜欢的赶紧去拍！"

③ 催付话术：许多人拍下产品，并没有第一时间付款，会因为一些担忧而停止付款，这时主播应及时催促顾客完成交易。

话术案例：

"拍下还没有支付的宝宝们,这里提醒您下,我们的活动是限时限量,如果拍下没有购买,我们将会把名额重新给别人,我们活动的数量只有×份,拍下的幸运宝宝抓紧付款哦!"

"这边是支持7天无理由退换的,而且还帮您购买了运费险,收到以后如果有问题可以直接退换,让您没有后顾之忧!您直接放心大胆地购买!"

"看中拍下的宝宝赶紧付款,千万不要犹豫,我们数量有限,3分钟没有付款自动踢单,到时候后悔睡不着,总想它何必呢!"

(2)点对点互动话术:点对点互动是指在直播间中主播与观众之间进行一对一的交流和互动。通常包括主播的主动互动,回答观众提问、与观众进行实时沟通、针对观众的评论和送礼等表示感谢。点对点互动提供了更直接、个性化和实时的互动体验,有助于增加观众参与度、提高直播间的互动效果。

① 点对点互动意义:许多新手主播一上来就效仿大主播直播讲口令,却发现无人回复。或者新号直播间刚开播,老主播就根据以前的经验去直播卖货,效果却大打折扣。作为新号直播间,几乎处于0分阶段,想要建立信任感,就需要进行点对点互动,先将人气留住,提升停留时长。

② 点对点互动话术技巧:许多人做点对点互动,往往只会简单地打招呼,又或者主动互动却收效甚微。正确的点对点互动,要把福利直接给用户。

第一步:迎新。看到直播间有新人进入直播间,要注意沟通,主动打招呼。

第二步:福利叙述。讲述具体福利内容,直接给用户安排福利。

第三步:价值塑造。塑造福利的价值,可以根据如何塑造产品卖点和成交话术技巧的内容去塑造价值。

第四步:要互动数据。点赞、评论、引导点击"小黄车""关注",加"粉丝灯牌",寻求提升数据时注意不能违规。

点对点互动和以前不一样,是把福利直接安排给某一个人,而巧用点对点互动的方式,可以减少违规的风险。例如:

错误话术:"家人们给主播亮个'粉丝灯牌',主播给你们额外赠送3袋试用装。"这样的话术会被判断互动违规。

正确话术:"感谢××关注主播,我真的太感动了,运营来做好记录,给咱家××姐妹,都备注再送1份体验装。"

通过运用这些点对点互动话术技巧,主播可以与观众建立更紧密的联系,增强直播互动效果,并促进观众的参与和留存。

③ 点对点话术案例

迎新:欢迎××进入我的直播间,后台再给我加一个见面礼名额!

福利:凡是新进来的姐妹,我都给她安排一瓶价值39.9元的××品牌洗衣液,我今天新号开播直播间没啥人,就想吸波粉和好评,所以进来的每一个人都是我的VIP!

福利价值塑造:咱家的这款洗衣液是××品牌的,是婴儿级别洗衣液,老人、孩子的衣服也能洗,不用担心伤手,没有漂白剂、荧光剂,这是我们洗衣液的成分检测证书,而且家里的被子、枕套都能洗,不仅清洁力非常强,还能够有效护理衣物、床品,不用担心掉色问题!

点赞:觉得给力的给主播戳戳屏幕,点点"小赞赞"好不好? 给主播上到 2 万,我们再给大家争取一波见面礼好不好?

引导点击:大家注意,准备好点击"小黄车"1 号链接,大家可以看下,咱家洗衣液在线下商场超市多少钱 1 瓶? 39.9 元 1 瓶 1.5 公斤,今天我们这瓶价值 39.9 元的洗衣液不要 39.9 元! 不要 29.9 元! 不要 19.9 元! 9.9 元直接炸了! 今天我们就是新号开播才有这样的福利!

评论:"今天直播间扣了的新的家人们,我全部一一安排上加'关注':听明白了吗,姐妹们? 拍了的姐妹回来给我加'关注'哈! 如果拍了后续收不到 9.9 元的洗衣液,或者收到了有任何问题,直接来我直播间找我好不好?"

塑造稀缺性和点击"小黄车":因为咱直播间现在也就不到 10 个人,这样我就给大家上 10 瓶,数量有限只有 10 瓶,大家赶紧点击"小黄车"! 抢到就是赚到!

评论:"拍了的姐妹们在公屏上扣一下'已拍',告诉大家咱们 9.9 元活动是不是真实有效,同时咱们扣了'已拍'的,也给咱们包裹加加急、加加速,好不好?"

粉丝灯牌:"哇,××姐妹给主播亮了粉丝灯牌,运营做好记录,给××姐妹再备注'送 3 袋旅行试用装',让我们外出的时候也能用。"

(3) 引流款直播话术分析

① 什么是引流直播话术:在直播刚开播,或者直播流量下降时,为了吸引流量会采用引流款来直播,通过引流直播话术进行憋单互动,提升直播间流量。

② 引流款直播注意事项。

可以用引流款开播接极速流:直播间在刚开播时,会迎来一波极速流量,这部分流量被称为泛流量,通常流量不是很精准。因此,我们可以在这一阶段用引流款承接流量,通过引流款适当憋单,流量到达顶峰时放单。

不要一直讲引流款:很多新手在刚开始直播时,会以引流款为主,这就错了。正常引流款只能占 10% 的直播时长,要学会用引流款带来的流量进行转款,撬动流量后转款爆款产品。

引流款一定多要数据,学会憋单:引流款的目的是增加直播间热度,在引流款话术中要更强调互动指令,通过互动指令提升直播间热度,为接下来的爆款承接流量。

③ 引流款话术模板(表 5-1-8):在引流公式中,话术公式是 1+1,指令与好处是 1:1 的比例。

表 5-1-8　引流福利款话术

话术公式 1+1		好处+指令
好处:福利;服务;产品卖点(痛点、人群、规格、材质等);拉新;转化;换款等;开场/结束		
指令:需要用户帮你提升哪些数据(评论、点赞、点击"小黄车"、关注加粉丝团、促付)		
好处分析	福利	限时限量价;是否有券;日常价
	服务	快递;无理由退货;售后质保
	卖点	纯棉亲肤;××设计;保护××;穿脱方便;××品牌

（续表）

产品名称：

话术框架1+1	好处	指令	举　例
憋单环境/放单环节	1		

好处：福利、服务、产品卖点。

服务：快递，无理由退货，售后质保。

④ 话术案例（表5-1-9）。

表5-1-9　引流福利款话术案例

话术公式：1+1			好处＋指令

好处：福利；服务；产品卖点（痛点、人群、规格、材质等）；拉新；转化；换款；开场/结束

指令：需要用户帮你提升哪些数据（评论、点赞、点击"小黄车"、关注加粉丝团、促付）

好处分析	福利	吊牌价88元，会员价68元，直播间19.9元，库存10单
	服务	厂家发货，24小时发货； 全国包邮，偏远地区除外，7天无理由退换货； 假一罚三
	产品卖点	纯棉亲肤；贴身设计保护肚脐；裤裆暗扣设计穿脱方便；20年童装品牌；适合6个月到2周岁宝宝使用

话术框架1+1	好处	指令	话　术
憋单环节	1	开场	关注	"大家好，我是××的主播××，咱家是20年童装连锁品牌店，家里有小宝贝的一定要关注一下主播。我们每天都会给大家带来巨划算的母婴产品，想薅羊毛的宝妈们，千万别错过哦！"
	2	拉新	评论	"咱们直播间今天有没有宝妈？有的话可以在公屏上扣一下宝宝的月龄，我们给大家来款福利款。哇，咱家会员小丽妈说她家宝宝9个月了。好嘞！那我就给您上一款福利品，谁让您是我家粉丝，关注了主播还卡了'牌牌'。"
	3	福利	评论	"主播手上这款爬爬衣，市场价88元，日常会员价68元，今天在我直播间里只要19.9元，有没有想要的家人们？（有！）想要的家人们在公屏上扣'111'。"
	4	卖点	评论	"咱们这款爬爬衣，适合6个月到18个月宝宝使用，纯棉材质，亲肤透气柔软，就像妈妈的爱一样温柔。今天不用88元，不用68元，只要19.9元，想要的宝宝公屏上扣'111'。"

（续表）

话术框架1+1		好处	指令	话 术
	5	卖点	评论	"咱们这款爬爬衣,穿脱方便,不用全部脱掉,只要打开纽扣就可以使用,尤其穿尿不湿的宝宝,换尿布实在太方便了。今天在咱们直播间不要40元,只要19.9元。19.9元啊! 宝宝这款是品牌童装啊,想要福利的咱家粉丝在公屏上给主播扣尺码,注意啦!"
	6	卖点	关注、粉丝灯牌、评论	"关注了主播并点了粉丝灯牌的家人们,咱家里有没有6个月到18个月的宝宝? 有的话给我扣下尺码,我给大家精准上一波库存。"
	7	卖点	关注、粉丝灯牌、点击"小黄车"	"小玲宝贝,不好意思哈,你没有关注主播,给主播卡牌哈,咱这个评论扣了尺码是无效的哈。小花花是主播粉丝,还亮了粉丝灯牌,你要一件12M码的,运营给这位小姐姐准备好精准上库存哈! 这款产品是专门为咱们直播间的家人们准备的,19.9元限量前10件哈,刚刚关注了主播的,并且扣了尺码的,等会点击'1号链接',大家注意刷新链接去拍哈!"
	8	无	点赞	"宝宝们,咱们现在点赞数是××,每人动动小手点10下,宝宝们,动动你们发财的小手,戳戳屏幕,咱们争取把点赞戳到××,好不好?"
放单环节	9	转化	评论	"待会抢到的宝宝记得回来扣3遍抢到了,我们会安排(优先发货),没有抢到的宝宝不要走开,你再多蹲蹲,总能薅到羊毛! 后台运营准备好了吗?(准备好了!)5、4、3、2、1,上车。"
	10	福利	引导点击	"宝宝们家人们,今天直播间这款爬爬衣只有10件,而且是精准上库存的,刚刚扣了评论的赶紧点击'1号链接',只花19.9元就能把这款日常价69.9元的爬爬衣带回家!"
	11	转化	促付	"刚刚抢到名额的家人们抓紧时间付款,秒拍秒付是真爱! 如果不付款就直接踢单留库存了哦! 不要抢占其他人的名额哈! 先付款的家人们会优先发货哦!"
	12	换款	留人	助播:"还有5个名额,还有3个名额,没了! 秒拍秒付感谢支持!" 主播:"感谢大家的支持,刚刚没有薅到羊毛的家人们不要走开,我们今天福利多多,除了爬爬衣,我们还准备了宝宝童装,很多款断码清仓,比方说主播手上这款。"

工作实施

1. 实施内容 如果你的公司是一家教玩具源头工厂,生产大型滑梯、儿童课桌椅、幼儿园上下床之类的教玩具,最近公司老板想要自己出镜直播(图5-1-5),但是他从来没有直播过,不知道应该怎么说。请你为他设计一个直播全流程的脚本话术。

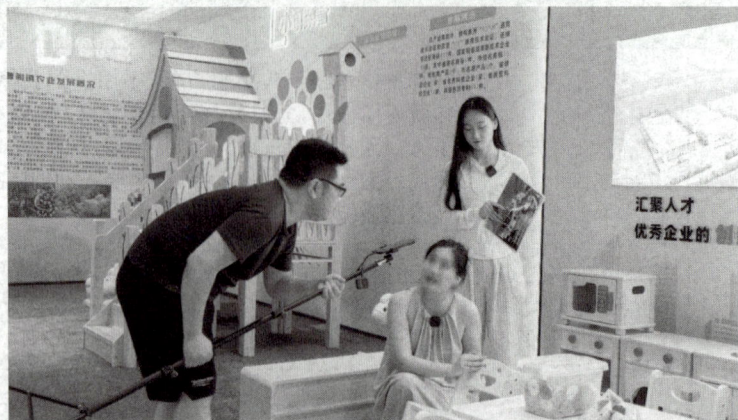

图 5-1-5　教玩具工厂直播

2. 实施工具　抖音、快手、微信、小红书等平台,WPS 软件用于话术整理。

3. 实施步骤

(1)确定直播主题和目标:本场直播的特殊性就是公司老板亲自直播,所以不管是主题还是话术中都要强调"老板来啦"这个主旨,这样才能让这场直播的效果最大化。教玩具因为客单价比较高,不会直接对 C 端,个人用户是针对老板人群,所以目标人群也要调整。

(2)设置开场话术:明确今天的直播亮点,把老板直播的身份表达出来,可以让老板自己出镜自我介绍,也可以由助播出镜。在开场时,明确老板直播很难得,突出其稀缺性。

(3)设置结束话术:准备好下次直播时间预告,并且强调针对老粉丝的福利来放松,把直播结束还陪伴的老粉丝引到下一场直播中。

(4)设置互动话术:"老板来啦"主题的直播,要区别于员工的直播,可以增加一些有奖互动,突出整场直播的特殊性。

(5)设置成交话术:因为卖的产品属于大金额,所以不用"小黄车"成交,而用"小风车"留资(留下电话的形式成交),所以话术都需要做调整。

4. 实施结果　如表 5-1-10 所示。

表 5-1-10　直播流程实施表

直播流程	出镜人	具体话术	目的
开场			
互动			
成交			
结尾			

工作评价

如表5-1-11所示。

表5-1-11 工作评价标准

评价项目	评 分 细 则	分数	得分
开场话术	开场能够提出直播亮点,介绍主播身份,埋下福利,留住直播间用户	20	
结尾话术	对下场直播做好预热,做好本场直播结尾的人气工作,在结尾的时候能够增强互动率,尤其是涨粉和粉丝团的话术	20	
互动话术	都是通过"利他话术"让用户能够积极主动地完成互动,在互动的同时能够突出整场直播的亮点,以及完成产品引入	20	
成交话术	能够用话术引导组件点击,提高点击率的同时,打消用户顾虑,善用限时限量的手段,增大成交率	20	
整体策划	整体直播话术完整,话术连贯,语言生动有趣不呆板	20	
总分		100	

任务小结

　　学习直播脚本意义重大,作为直播策划专员,相信你已经可以完整地设计直播脚本了。在信息时代,直播影响力凸显,能规划流程,从开场吸引观众,到产品介绍、互动及促销,确保直播高效、专业。话术设计也很关键,可增强感染力,提升观众参与度和购买欲。总之,能发挥直播潜力,实现更好的传播与营销效果。

任务检测

一、判断题(正确的打"√",错误的打"×")

1. 直播脚本只需要包括直播流程表和直播话术。(　　)

2. 直播预算只需要计算本场直播所消耗的成本。(　　)

3. 直播互动话术只有评论、点赞、引导关注、加粉丝团四种指令。(　　)

4. 引流款直播时长可以占整个直播的一半时间。(　　)

5. 新号直播间刚开播做点对点互动只需简单打招呼。(　　)

二、单项选择题

1. 直播脚本的内容不包括以下(　　)。

A. 直播流程表 　　　　　　　　　　　B. 直播策划

C. 产品手卡/脚本   D. 直播销售额预测

2. 直播脚本四大核心不包括以下（　　）。

A. 明确直播主题   B. 把控直播节奏

C. 确定直播收益目标   D. 调度直播分工

3. 以下（　　）不是互动话术的意义。

A. 激发观众参与   B. 降低直播成本

C. 增强用户黏性   D. 提高直播效果

4. 以下（　　）不是引导点击组件话术的案例。

A. 宝宝们，点击"购物车"，本场直播所有产品都能看到，不要错过你心仪的宝贝哦！

B. 宝宝们，进到直播间点"关注"，加到"购物车"看一看，有喜欢的大家可以扣数字，哪款数字扣得多，主播就给大家开炸哪款好不好？

C. 宝宝们，这款产品是我们的爆款，大家赶紧下单，数量有限哦！

D. 宝宝们，×号链接，本场福利折扣××，5、4、3、2、1 开始

5. 以下（　　）不是点对点互动话术技巧的步骤。

A. 迎新   B. 福利叙述

C. 价值塑造   D. 直接推销产品

任务二

产品讲解与展示

💡 任务背景

你入职了一家电商公司做产品经理，配合直播部门的直播，需要对产品的讲解与展示做详细设计。产品讲解与展示在直播中极为重要，是连接产品与消费者的桥梁，能让观众快速判断产品是否符合需求，感受产品品质和效果，同时提升产品吸引力、竞争力及销售量，增加品牌影响力。

📋 任务分解

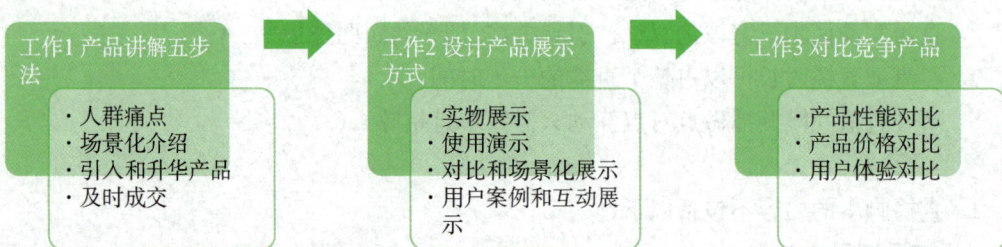

工作1 产品讲解五步法	工作2 设计产品展示方式	工作3 对比竞争产品
·人群痛点 ·场景化介绍 ·引入和升华产品 ·及时成交	·实物展示 ·使用演示 ·对比和场景化展示 ·用户案例和互动展示	·产品性能对比 ·产品价格对比 ·用户体验对比

工作1　产品讲解五步法

工作情景

公司现在拓展业务,准备引入新的产品,但是大家对于新的产品都不是很熟悉,不知道如何在直播间进行讲解,希望有个方法可以适用于所有产品。作为直播运营,你需要学习产品讲解的五步法,通过人群框定、场景化引入、产品引入、产品升华、成交转化来对产品做完整的讲解,能够让直播间的用户了解、熟悉、购买产品。

课前引入

1. 你平时有没有看到过让你印象深刻的产品讲解,并且你还下单购买了?

2. 请设定一下,你是一个智能运动手表的带货主播,应该如何讲解,产品的亮点才能够被展示?

3. 如果今天刷到了一个直播间在卖大米,产品讲解很详细,也非常吸引人,你会购买吗?

知识准备

1. 产品讲解五步法定义　很多人不知道怎么讲解产品,其实介绍产品是有方法的,目前大部分主播在介绍产品时都会采用产品讲解五步法。

它由五个步骤组成(图5-2-1),分别为:提出痛点—放大痛点—引入产品—升华高度—降低门槛。

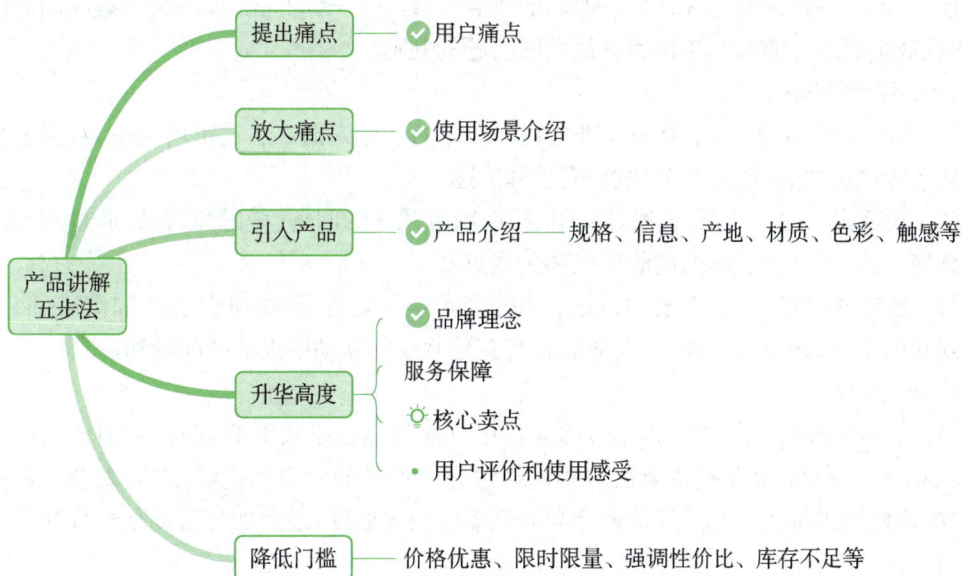

图5-2-1　产品讲解五步法

通过产品讲解五步法,主播可以与观众建立良好互动(图5-2-2),让他们对产品产生兴趣并做出购买决策。同时,主播需要关注观众的需求和意见,提供良好的购物体验,增加观众的满意度和忠诚度。

图5-2-2　直播中进行良好互动

2. 框定人群,抓住痛点

1)目的

(1)建立共鸣和信任感:通过抓住人群痛点,你可以与观众经过互动获得信任感,让他们更愿意听取你的建议和购买你推荐的产品。重要的是要真诚地关心观众的需求,提供切实解决方案,以赢得他们的支持并建立持久的客户关系。

(2)与观众建立情感连接:抓住人群的痛点也更容易建立起情感联接。与观众建立情感连接,让他们感到你能理解并关心他们的痛点。通过分享你的故事、经验和解决问题的方法,让观众感受到你的专业知识和对他们的问题的共鸣。

2)如何抓住痛点

(1)研究目标人群:你需要深入研究和了解你的目标人群。通过市场调研、数据分析和客户反馈等途径,掌握他们的关注点、需求和问题。

(2)倾听客户的声音:在直播过程中,积极倾听观众的问题、疑虑和需求,通过互动和回答问题的方式,进一步了解他们的痛点和关注点。

(3)敏锐的观察力:在直播中,观察观众的反应和互动,寻找他们表达的需求和痛点。注意观众的提问、评论和反馈,以及他们在与其他观众的互动中表达的问题和需求。

3)注意事项

(1)不是卖产品,而是提供解决方案:当在直播间抓住了人群痛点时,介绍产品需要注意,我们不是卖产品,而是提供解决方案。通过介绍产品的特点和优势,告知观众如何解决问题,向他们提供解决方案。强调产品与观众需求的契合度,以及如何帮助他们解决问题和达到目标。

(2)后续注意提供实际案例和证据:在直播中,分享一些实际案例和证据,证明你的产品或服务确实能够解决观众的痛点。这可以是真实客户的成功故事、好评或产品的实际效果等,让观众相信你能够解决他们的问题。

例句1:"所有爱美的小仙女们听好了,只要咱皮肤不是白到发光,皮肤天生不白、晒黑、肤色暗沉的姐妹们注意了,下面这款产品真的必须冲!"

例句2:"所有妈妈们,家里有爱吃甜食的宝宝,但是又担心吃甜食容易蛀牙的宝妈们,下面这款产品注意咯!"

3. 场景化引入,放大痛点

1) 目的　场景带入是为了放大用户痛点,通过产品的适用场景等来吸引观众的注意,放大用户心中的痛点,并突出产品的独特性和价值,引导用户做购物决策。

能够将产品购买后使用的场景具象化,让用户有代入感,解决他已有的或者潜在的问题,从而增强购买欲。

2) 案例分析

例句3:"夏天不做防晒,不光是晒黑的问题,光老化真的很可怕,紫外线会加速衰老,不做防晒的人和同龄人的差距很快就会凸显出来。"

例句4:"正常如果你化妆走在40℃的夏天,脸上全是汗水油光,没一会脸上就花了、脱妆了,直接不能看,姐妹们,有没有这样的体验?"

通过场景讲解放大痛点后,就可以以解决问题为出发点,顺带引入产品解决上述提出的问题。

例句5:"姐妹们,想要在烈日炎炎的户外不被晒伤,无惧紫外线,给大家推荐我一直在用的这款集防晒与抗老为一体的防晒霜。"

例句6:"下面我要带来的这款散粉,可以让你无惧夏日,解决你的夏日化妆烦恼,咱们化妆完在脸上轻轻地扑下这个散粉。当别人脸上脱妆脱成狗,但你依然是精致的小仙女一枚!"

4. 引出产品

1) 内容　在提出痛点,通过使用场景放大痛点后,引入解决方案,进行产品的介绍,包括但不限于讲解产品的规格、成分、材质、色彩、触感、产地信息等。

2) 案例分析

例句7:"咱这款散粉是14克的,粉质非常细腻,散粉的颜色是紫色的,可以均匀肤色,上脸也很轻薄,关键控油效果立竿见影,扑上这一层散粉,脸上妆容就好似和脸融为一体,持妆效果达12小时。"

例句8:"这款地毯尺寸是2米×3米。成分主要是优质的羊毛和化纤混纺,柔软舒适。地毯的色彩丰富,有简约的灰色、大气的蓝色等。触感温暖,踩上去非常舒服。产地是土耳其,工艺精湛,图案精美,能为家居环境增添温馨的氛围,而且易清洁打理。"

例句9:"这款巧克力是100克装。成分包含纯正的可可脂、牛奶和糖等。巧克力的颜色是浓郁的棕色,触感丝滑,入口即化。产地是比利时,以传统工艺制作,口感醇厚,甜度适中,有多种口味可以选择,如榛子味、草莓味等。"

5. 升华高度

1) 内容　在这一阶段里,话术内容主要包括品牌理念、核心卖点、服务保障、用户评价

（口碑、好评率），突出颜值和用户感受（图5-2-3）。

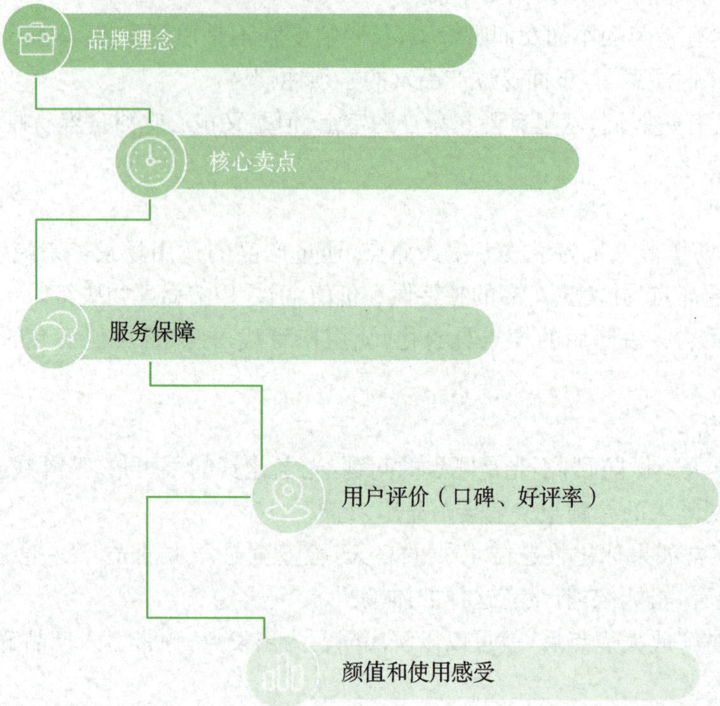

图5-2-3　升华高度介绍图

2）品牌理念　通过对品牌理念的讲解，让观众了解品牌的价值，通过讲解品牌理念获得观众对品牌的认同感，消除观众内心的顾虑。

例句10："咱们××已经有51年历史了，是羽绒服的知名品牌，一直专注做羽绒服，咱家不是那种小白牌，工厂随便加工的，咱家不管是制作工艺、选材用料都是没话说的。"

例句11："××大家都不陌生，成立十多年来一直秉持'让每个人都能享受科技的乐趣'的理念。从手机到各种智能家电，以高性价比和创新设计赢得用户认可。咱这款产品，无论是品质还是功能，都延续了一贯风格，放心买。"

3）核心卖点　许多产品有很多卖点，但是我们需要抓住其中与消费者关系最大、最能解决大多数人痛点的就是产品的核心卖点。

挖掘卖点的核心问题，就在于挖掘用户痛点，通过痛点激发购物需求，给消费者购买的理由。

通过挖掘产品卖点，我们需要解决客户的三大问题：客户为什么要买？客户为什么要跟你买？客户为什么要现在买？

（1）客户为什么要买：激发购物需求，以消费者痛点打动消费者，产品是可以帮助客户解决问题的。

案例

产品卖点：这条塑身腰带，可以带动肌肉自主运动，将懒人运动进行到底，帮你练出小蛮腰。

直播话术：咱直播间有没有宝妈？有没有发现生完孩子后，肚子上的肉肉就下不去的姐妹？有没有姐妹，明明四肢不胖但是就是肚子上的肉下不去，又没力气去做卷腹运动？今天咱直播间给大家带来这款产品就是解决咱宝妈肚子肉肉问题的，关键你戴上去后不需要运动，不管你是躺着坐着还是做家务戴着都行。戴上去1分钟等于你做27次卷腹，让你的脂肪自己运动起来。

（2）客户为什么要跟你买：为解决这一问题，需要进行品牌背书和身份塑造，以及你和其他直播间的区别。例如，是否是源头工厂，是品牌官方直播间，还是有更好的售后服务；是否获得什么荣誉、拥有较高的社会知名度，有无证书，这是为了消除客户顾虑，提高信任度，快速转化。

案例

某达人直播间为1件抖音上比较火爆的产品带货。该产品抖音上有很多人在带货，产品的厂家也有抖店。某达人主播在直播促单时说道：宝宝们，你可以放心大胆在我的直播间购买，如果有任何问题，店铺不给你解决，主播给你解决。这个链接是专属链接，商家答应我，给我直播间拍的家人安排优先发货。宝宝们可以放心在我这里拍，主播选品是认真的，如果不好我不会推荐给大家，大家可以放心去冲，有任何不满意、不喜欢的直接联系我，主播给你解决，主播就是你们的底气！

（3）客户为什么要现在买：限时福利，限量优惠，数量稀少，错过活动就结束了。

案例

参考话术：宝宝们，咱们为什么要在反季买羽绒服啊？因为，到天冷了降温了，大家都不得不买羽绒服了，对不对？到时候品牌控价，我们也没有办法给到这样的价格了。反季不买羽绒服，应季后悔拍大腿，是不是？你等天冷再去买羽绒服，这种长款羽绒服哪家不卖个千八百的！咱们现在吊牌价3399的零头399就能买回家，放3个月就能穿了，提前囤好买回家省一大笔钱不香吗？我们还有做服装店的家人直接在我们直播间买了回去囤，放几个月拿出去卖的都有。

从七大角度挖掘卖点：如何能够让用户感同身受，打动消费者，可以从七大角度激发用户需求，分别是：①能降低用户的风险吗？②能改善用户体验吗？③能让用户彰显身份吗？④能让用户更容易实现目标吗？⑤能让用户省钱吗？⑥能让用户省时吗？⑦能让用户变成理想的自己吗？

核心卖点案例分析：

例句7里面，产品的卖点很多，如细腻、颜色是紫色、均匀肤色、轻薄控油、持妆效果好。但是最大的卖点是持妆效果好，这也是开头所讲的夏天容易花妆的痛点，因此，需要围绕这一痛点再做一下诠释。

核心卖点提炼讲解，例句12：

"咱家这块散粉做到了防水防汗，不管你在夏天是运动，还是淋雨，又或者去玩水，都不用担心花妆的问题，它会给咱们牢牢锁住妆容。"

4）服务保障

（1）服务保障，指的是直播的售后服务保障，主要是商家的物流发货速度、实际买家的真实收货感受、产品的退换货条件。

（2）是否有 7 天无理由退货、运费险、破损赔付、假一罚十，支不支持拆开试用退货等。

例句 13："咱家是支持 7 天无理由退货的，而且还赠送运费险，如果收到后不满意、不喜欢，没关系直接退给我，您没有一分钱损失对不对？"

（3）用户评价，是指店铺的评价、口碑分等，好的用户评价可以打消客户的疑虑。所有商家在运营线上店铺时一定要做好评价管理。

例句 14："宝宝们，咱家这款产品口碑分 4.99 分，满分是 5 分哈，咱家好评率达到 99.9%，已经热卖了 12 000 多件了。用了咱家产品的宝宝就知道，好不好不是我说，而是你试过用过就知道了。"

（4）颜值和使用感受：可以针对产品的颜值外观和使用感受进行讲解。在讲解使用感受后，可以让自己以一个消费者的角度来讲解产品的使用感受。

例句 15："咱家这款散粉盒子非常精致小巧，就好像古代女子的胭脂盒一般，我觉得是女生都无法拒绝的美。关键上脸的感觉也特别高级，一点都不闷，味道也是那种大牌香水的高级感，清新好闻又不刺鼻。"

6. 降低门槛，成交转化

1）目的　在直播产品讲解的最后阶段，主播需要引导观众进行购买决策并明确购买行为。可以介绍购买的优惠、赠品或限时特惠等，以创造购买的紧迫感，并提供购买指引和订单链接，简化购买过程。

2）价格优惠，物超所值　突出产品性价比，价格为何优惠，为什么物超所值，对比竞品为什么更有价值。

例句 16："日常你在超市买包咱家这款抽纸，是不是要七八块钱？今天在我直播间，1、2、3、4……8，到手整整 10 包，29.9 元上车，等于 1 包不到 3 块钱，等于你平常一半的价格都不到。"

3）限时限量，库存有限　通过限时限量活动，设置少量库存，营造稀缺感。

例句 17："咱活动不是一直都有的，老板的钱也不是大风刮来的，咱今天就是为了冲一波人气，这款产品就是做宠粉福利给咱自家人的。运营给我准备好，1 分钟后上 20 个库存，29.9 元只有 20 单，拼手速！"

工作实施

1. **实施内容**　你的公司是一家专业做保温杯的实体工厂（图 5-2-4），因为时代的快速变化，公司领导也想通过直播平台宣传自家的保温杯（图 5-2-5），并且请你为保温杯写一个产品介绍话术，能够让大家从源头工厂的直播间，以优惠的价格购买保温杯。

2. **实施工具**　抖音、快手、微信、小红书等平台做内容参考，WPS 软件做产品话术整理。

3. **实施步骤**

（1）框定人群，找到痛点：先确定保温杯的优势，再反过来找痛点和人群。

例如：保温杯的好处就是能及时喝到热水，所以痛点就是天气这么冷了，还在喝矿泉水吗？针对的人群就是到了冬天一喝冷水牙就疼的宝贝。

图 5-2-4　保温杯工厂

图 5-2-5　保温杯

（2）场景化代入，扩大痛点：在不同的情景内，都可以突出这个产品使用上的优势。

例如：每次我带这个杯子出去，都有人问我要购买链接，因为真的太好看了！

或者：自从有了这个杯子，不管在办公室、家里、车里都能喝到一口暖暖的热水了。

（3）引入产品：从保温杯的外形、容量、材质、保温效果、重量方面进行详细介绍。

例如：别的保温杯大家不愿意用，可能是因为确实不太好看，但是咱们家这个是马卡龙的配色，拿在手上就像时尚单品一样。

（4）升华产品：从品牌、口碑、售后等方面对产品进一步升华。

例如：咱们家这个产品虽然是第一次在抖音上播，但其实，我们家这个品牌在线下已经做了 20 多年了，都是有口皆碑的，所以大家不用担心哈，已经是老品牌啦！

（5）成交转化：通过服务保障打消顾虑，通过限时限量加速下单。

例如：很多姐妹在咱们直播间待了好久啦，别再犹豫啦，我和大家说咱们的保障真的没话说，哪怕是您买了，收到货用了之后，觉得这个杯子不太好看，任何原因都可以，我们都可以用 7 天，无理由退货，不用担心。

4. **实施结果**　如表 5-2-1 所示。

表 5-2-1　保温杯产品介绍话术

环节	具 体 话 术
人群框定	
代入场景	
产品引出	
升华产品	
成交转化	

工作评价

如表 5-2-2 所示。

表 5-2-2 工作评价标准

评价项目	评 分 细 则	分数	得分
人群框定	能够框定正确的目标人群,并且将目标人群的痛点指出	20	
代入场景	代入不同的场景,将产品的特性和亮点表达出来,并且在场景使用中放大痛点	20	
产品引出	通过产品规格、产地、材质、重量、品牌等细节信息,将产品表述完整,能够让用户全面地了解它	20	
升华产品	能够将品牌的故事、产品的口碑、制作的不易在话术中表达出来,进而升华产品	20	
成交转化	能够打消用户疑虑,并且通过限时限量等话术加快产品成交	20	
总分		100	

工作 2　设计产品展示方式

工作情景

如果你是公司直播运营,负责一场多品类产品直播。需设计产品展示方式,让主播生动呈现产品,吸引观众,如电子产品展示性能,家居用品展示舒适度与搭配性,时尚服饰突出款式与质感。可采用实物展示、使用演示等多种方式,注重与观众互动,优化展示效果。

课前引入

大家看下面的两种产品展示方式(图 5-2-6),哪一种会让你更加想要购买呢?

图 5-2-6　两种橙子对比图

大家觉得什么样的产品展示方式会比较吸引人呢?

时尚类产品用什么展示方式好呢?

家居产品用什么展示方式好呢?

知识准备

1. 实物展示

(1)重要性:让观众直观看到产品的外观、材质、颜色等,增强对产品的真实感认知。有助于观众更好地判断产品是否符合自己的审美和需求。

(2)实施方法

多角度展示产品:主播可以将产品从不同角度进行展示,包括正面、侧面、背面等,让观众全面了解产品的外观设计。

特写镜头:对产品的关键部位或特色设计进行特写,如电子产品的接口、时尚服饰的细节装饰等,突出产品的独特之处。

2. 使用演示

(1)重要性:直观呈现产品的功能和使用方法,让观众了解产品在实际使用中的效果。增加观众对产品的信任度,因为他们可以看到产品确实能够解决某些问题或满足特定需求。

(2)实施方法

实际操作:对于电子产品,如智能手表,可以演示其各种功能,如接打电话、监测健康数据等;对于家居用品,如吸尘器,可以现场进行吸尘演示。

模拟场景:创建一些模拟使用场景,让观众更好地理解产品在不同情况下的使用效果。例如,对于户外装备,可以模拟户外环境进行展示。

3. 对比和场景化展示

(1)重要性

对比展示:突出产品的优势和特点,通过与其他产品的对比,让观众更清楚地了解产品的价值,帮助观众在众多同类产品中做出选择。

模特展示:对于时尚类产品能展示穿着效果和搭配性,增加产品的吸引力和时尚感。

场景化展示:将产品置于具体的使用场景中,让观众更容易想象产品在自己生活中的实际应用,增强观众的代入感,提高其购买欲望。

(2)实施方法

对比展示:将本产品与市场上的竞品进行对比,展示其在性能、质量、价格等方面的优势;对于有明显效果变化的产品,进行使用前后的对比展示。

模特展示:对于时尚服饰、饰品等产品,安排模特在直播中进行走秀,展示不同款式的服装或饰品,以及不同的搭配方式。

场景化展示:家居产品可在模拟的家居环境中展示,户外用品在户外环境中展示,办公用品在办公环境中展示。

4. 用户案例和互动展示

（1）重要性

用户案例展示：借助其他用户的使用经验和评价，增加产品的可信度和说服力，让观众看到产品在实际生活中的真实效果，激发他们的购买欲望。

互动展示：增加观众的参与度和互动性，让他们更积极地关注直播。通过互动，了解观众的需求和疑问，并及时解答，提高观众的购买信心。

（2）实施方法

用户案例展示：主播在直播中分享用户的好评截图、文字评价等，有条件的话可邀请用户分享使用体验。

互动展示：设置问答环节让观众提问并及时回答；对于有多种选择的产品进行投票互动，增加观众的参与感。

工作实施

图 5-2-7 便携式加热饮水机

1. 实施内容 作为直播运营人员，参与到公司最新项目中，研发出的新产品是一个高颜值便携式加热饮水机（图 5-2-7）。主播根据加热饮水机的详情介绍已经写好了产品介绍的话术，但是你看完感觉对于产品展示部分的设计还是少了一些，所以开始为这个新产品设定好产品展示方案。

2. 实施工具 参考淘宝、京东、抖音、小米之家等软件做好产品了解，用 WPS 软件整理归纳产品展示方案。

3. 实施步骤

（1）实物展示设计：针对产品的外观可以先做展示，找出外观上最具优势的亮点，然后进行展示。例如：将便携式饮水机拿在手上，旁边放置一部常规尺寸的手机。主播缓慢地将饮水机在手机旁边移动，从不同角度展示两者的大小对比，让观众直观地看到饮水机的小巧程度，突出其便携性。

（2）使用演示设计：本次产品为便携式恒温饮水机，主要的亮点就是"3 秒出热水"。主播的话术中提到了，但是在操作过程中也要体现。例如准备 1 个透明的杯子和 1 个计时器。主播按下饮水机的热水键，同时启动计时器，让观众可以清楚地看到热水流出的瞬间和计时器的时间变化。当热水流出后，主播暂停计时器，展示计时器上的时间，强调"3 秒出热水"的快速性。

（3）对比和场景化展示设计：将便携式饮水机和传统饮水机并排放置在直播台上。主播从体积、加热速度、便携性等方面进行对比，让观众可以清楚地看到两者的差异。搭建不同的场景，如办公室、卧室、出差旅行等。在每个场景中展示便携式饮水机的使用方法和便利性。

（4）用户案例和互动展示设计：准备一些用户的好评截图和视频，在直播中展示给观众。主播可以挑选一些有代表性的用户评价，用语言进行解读和分享。例如，主播可以说：

"大家看,这是一位用户的好评截图,他说这款饮水机非常好用,携带方便,加热速度快。还有这位用户在视频中表示,他在出差的时候带着我们的饮水机,随时随地都能喝上热水,非常满意。"

4. 实施结果 如表5-2-3所示。

表5-2-3 便携式高颜值饮水机产品展示设计

目标	设计动作	设计话术
实物展示		
使用演示		
对比和场景化展示		
用户案例和互动展示		

工作评价

如表5-2-4所示。

表5-2-4 工作评价标准

评价项目	评分细则	分数	得分
内容完整性	产品基本信息,准确介绍产品的品牌、型号、尺寸、重量、颜色等基本参数,功能特点清晰,附加价值	30	
实物展示	多角度展示产品外观,让观众清晰看到产品的设计细节	10	
使用演示	准确、流畅地进行连接水源、选择温度、出热水等操作演示,强调操作的简便性和快速性,让观众直观感受产品的优势	20	
场景化展示	构建多个真实的使用场景,如办公室、出差、居家等,增强观众的代入感,在场景中展示产品如何解决用户痛点,放大产品的价值	20	
用户案例和互动展示	设计用户案例展示,打消用户顾虑,加速成交转化,积极进行互动展示,将直播间用户吸引住	20	
总分		100	

工作3 对比竞争产品

工作情景

作为公司的直播运营人员,在本次直播活动中,已经精心完成了直播脚本设计以及产品展示设计。然而,我们面临着一个挑战,市面上存在相同类型的产品,并且这些产品也在网络上进行销售。为了在竞争中突出重围,我们就需要在直播中对比竞品,将我们的优势展示出来,从而实现成交。

课前引入

一个护肤品直播间正在卖防晒霜,一开始是单纯地展示防晒霜,发现购买力不强之后,他们将 3 种市面上热门的防晒霜放到一起做对比,不仅有价格、规格,更在现场直播的时候,涂在了紫外线卡上(图 5-2-8),直接就能够看到哪一款防晒力更强,这个时候购买量就增加了,为什么会产生这一现象呢?

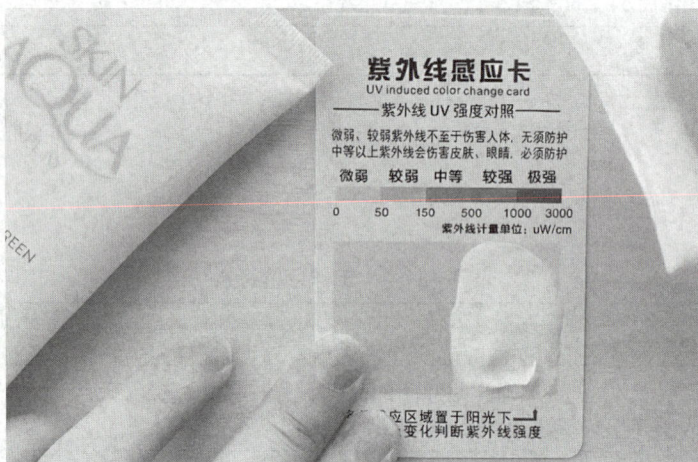

图 5-2-8 防晒霜涂在紫外线卡上

知识准备

1. 明确对比目的　在直播中对比竞争产品的首要目的是突出自家产品的优势,同时让观众更清晰地了解不同产品的特点,以便他们做出更明智的购买决策。通过对比,可以增强观众对自家产品的认知度和信任度,提高产品的竞争力。

2. 选择合适的竞争产品

(1) 相似性:挑选与自家产品在功能、用途、目标受众等方面具有较高相似性的竞争产品进行对比。这样的对比更有针对性,观众也能更好地理解自家产品与竞品的差异。例如,如果直播的产品是一款智能手表,那么可以选择其他品牌功能相近、价格区间相似的智能手表作为竞品。

(2) 知名度:选择具有一定知名度的竞争产品进行对比,可以提升直播的关注度。观众往往对知名品牌的产品有一定的了解,通过与这些产品对比,能更好地展示自家产品的优势。例如,在直播一款国产手机时,可以选择与国际知名品牌的同价位手机进行对比。

3. 对比的方面

（1）功能特点：详细介绍自家产品和竞争产品的主要功能。例如，对于一款耳机，可以对比音质、降噪效果、续航能力等功能。在介绍功能时，可以通过实际演示、数据对比等方式，让观众直观地感受自家产品的优势。例如，播放同一首音乐作品，让观众感受不同耳机的音质差异；展示续航时间测试数据，突出自家耳机的长续航优势。

（2）设计与材质：对比产品的外观设计、材质质量等。如果自家产品在设计上更加时尚、独特，或者采用了更高质量的材质，可以在直播中重点展示。例如，对于一款运动手表，可以对比其表带的材质、表盘的设计风格等。展示自家手表的舒适表带材质和时尚的外观设计，吸引观众的关注。

（3）价格与性价比：明确自家产品和竞争产品的价格，并分析各自的性价比，可以通过计算产品的性能与价格的比值，让观众了解哪个产品更具性价比。例如，虽然自家产品的价格可能略高于竞品，但如果在功能、质量等方面有明显优势，那么可以强调其更高的性价比。

（4）用户体验：分享用户对自家产品和竞争产品的评价和使用体验，可以展示用户的好评截图、视频等，增强产品的可信度。同时，也可以邀请一些用户在直播中分享他们的使用感受，让观众更直观地了解产品的实际使用效果。

4. 对比的方法

（1）客观公正：在对比过程中，要保持客观公正的态度，既不贬低竞争产品，也不夸大自家产品的优势。可以客观地分析每个产品的优缺点，让观众自己做出判断。例如，在介绍竞品的优点时，可以给予肯定，然后再突出自家产品在某些方面的独特优势。

（2）实际演示：通过实际演示产品的功能和使用方法，让观众更直观地感受产品的差异。可以在直播中进行现场测试、操作演示等，增强对比的可信度。例如，对于一款清洁工具，可以分别用自家产品和竞品进行清洁演示，让观众看到实际的清洁效果差异。

（3）数据对比：利用数据对比可以更直观地展示产品的性能差异。可以收集产品的相关数据，如续航时间、处理速度、分辨率等，进行对比分析。例如，在介绍两款手机的性能时，可以对比它们的处理器型号、运行内存大小、屏幕分辨率等数据，让观众一目了然。

（4）场景化对比：将产品置于具体的使用场景中进行对比，让观众更好地理解产品的实际应用效果。可以模拟不同的场景，如户外、办公、家庭等，展示产品在不同场景下的表现。例如，对于一款户外运动鞋，可以在户外场景中对比自家产品和竞品的防滑性、舒适性等性能。

工作实施

1. 实施内容　作为直播运营人员，需要在直播中对比无线蓝牙耳机的竞争产品，核心目的是凸显这款蓝牙耳机（图5-2-9）在众多竞品中的优势，帮助观众清晰分辨不同产品间的差异，进而引导他们选择购买本款产品，同时提升观众对我们产品的认可度和信任度。

2. 实施工具　利用抖音、小红书、微信视频号平台对蓝

图5-2-9　蓝牙耳机

牙耳机的竞品做调研,用 WPS 软件整理对比竞争产品。

3. 实施步骤

1)选择合适的竞争产品

(1)相似性:选择两款定位中高端的蓝牙耳机作为竞品,都具备主动降噪、高音质等功能,且在无线蓝牙耳机市场受众多消费者关注,与我们要推广的产品功能和目标受众契合度高,便于观众对比参照。

(2)知名度:竞品的品牌知名度高,消费者的熟悉度高。通过与之对比,可吸引更多观众的目光,更好地展现我们产品与之竞争的实力和独特优势。

2)对比的方面

(1)功能对比:对比竞品,音质上我们这款耳机的独特技术更出色,降噪效果更好,蓝牙连接更稳定,续航更长且充电更快,功能优势明显,能给用户更佳的体验。

(2)设计与材质对比:在设计与材质方面,竞品各有其外观风格与材质特点,而我们的耳机外观更时尚且贴合人体工程学,外壳及耳塞采用的是高品质、亲肤又耐用的材质也优于竞品,整体更具优势。

(3)价格与性价比:说明竞品的售价,亮出我们耳机价格更低但功能不逊色甚至更优,分析得出我们产品的性价比更高。

(4)用户体验对比:展示竞品的用户评价截图,解读其优缺点。再展示我们耳机的大量好评,突出用户认可的使用体验优势。

3)对比的方法　秉持客观公正的原则,例如介绍竞品的简约外观受部分人喜爱、降噪功能有一定优势后,再自然引出我们耳机与之对比的独特之处,让观众能理性判断。通过实际演示,像播放同一首歌,能直观呈现我们的耳机在音质上比竞品更细腻饱满;在模拟嘈杂的环境中,展示我们耳机的降噪效果远超它们。

4. 实施结果　如表 5-2-5 所示。

表 5-2-5　蓝牙耳机对比竞品表

对比要点	目标	具体设计

工作评价

如表 5-2-6 所示。

表 5-2-6　工作评价标准

评价项目	评分细则	分数	得分
对比目的明确性	明确突出优势 引导购买意图	15	
竞争产品选择合理性	相似性考量 知名度考量	15	
对比方面全面性与准确性	功能特点对比 设计与材质对比 价格与性价比对比 用户体验对比	30	
对比方法有效性	客观公正 实际演示 数据对比 场景化对比	30	
整体呈现效果	语言流畅性 节奏把控 观众反馈	10	
总分		100	

任务小结

作为直播运营人员,通过产品讲解五步法、设计产品展示方式、对比竞争产品已经能够将产品的亮点、人群的痛点迅速找到,并且有规则地设计直播环节,在话术、画面和情绪上都能够很好地调动直播间用户,从而提升产品的竞争力,增强购买欲望。

任务检测

一、判断题(正确的打"√",错误的打"×")

1. 在产品展示的实物展示环节,特写镜头只能用于展示产品的外观全貌,不能聚焦局部特色。(　　)

2. 产品讲解五步法中的"引入产品"环节,只需要介绍产品的功能特点就足够了。(　　)

3. 对比竞争产品时,只要展示出自家产品在价格方面比竞品低,就能吸引消费者购买。(　　)

4. 在产品展示的互动环节,设置问答环节时不用及时回复观众的提问,稍后回复也行。(　　)

5. 对于一个新品牌的产品讲解,"升华高度"步骤中强调品牌的发展历史和理念没有太

大作用,因为新品牌缺乏底蕴。(　　)

二、选择题

1. 在产品讲解的"降低门槛,成交转化"阶段,以下哪项活动最能营造购买紧迫感?
(　　)

A. 强调产品的优质售后服务

B. 介绍产品的详细使用方法

C. 开展限时限量的优惠活动

D. 再次回顾产品的核心卖点

2. 当展示一款智能扫地机器人产品时,以下哪种演示方式最能体现其清洁效果优势?
(　　)

A. 仅口头描述它的吸力大小参数

B. 在干净的地面上简单开启运行一下

C. 模拟地面有各种垃圾的场景进行清扫演示

D. 展示扫地机器人的外观设计与清洁配件

3. 在对比无线蓝牙耳机的竞争产品时,若想突出自家耳机的续航优势,以下哪种对比
方法最合适?(　　)

A. 只说自家耳机续航时间长,不提及竞品数据

B. 展示自家耳机外观小巧便于携带的特点

C. 对比各耳机官方标注的续航时长数据,并实际演示充电速度差异

D. 强调自家耳机品牌历史悠久

4. 在产品展示的用户案例展示中,以下哪种做法更能增加产品可信度?(　　)

A. 随便编造一些好评内容进行展示

B. 挑选真实且有代表性的用户好评截图、视频等进行展示,并加以解读

C. 只展示少量模糊不清的用户评价

D. 展示用户评价但不做任何解读说明

5. 在产品讲解五步法中,"放大痛点"这一行为主要是在哪个步骤重点体现的?(　　)

A. 框定人群,提出痛点　　　　　　　　B. 场景化引入,放大痛点

C. 引出产品　　　　　　　　　　　　　D. 升华高度

三、简答题

1. 请详细说明在产品讲解五步法的"升华高度"环节,介绍品牌理念对产品销售有什么
积极作用。

2. 在设计产品展示方式时,实物展示如何更好地突出产品的特色和亮点?请举例
说明。

3. 当对比竞争产品时,在对比功能特点方面,除了任务中提到的实际演示和数据对比
方法外,还有哪些可行的方法能让观众更清楚地了解自家产品的优势?请举例阐述。

任务三

规范直播行为

任务背景

公司开展直播带货业务后,出现诸多直播行为不规范的问题,如产品讲解混乱、夸大宣传,产品展示缺乏吸引力与统一流程,互动不佳及对比竞品不合理等,影响销售、品牌形象及消费者体验。作为直播运营专员,为提升直播质量、竞争力和品牌形象,需规范直播行为,制定相应准则与流程。

任务分解

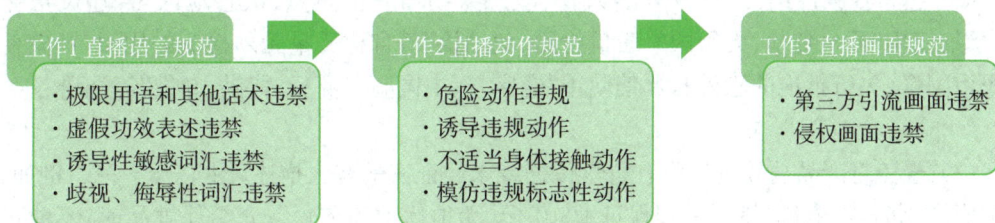

工作1 直播语言规范
- 极限用语和其他话术违禁
- 虚假功效表述违禁
- 诱导性敏感词汇违禁
- 歧视、侮辱性词汇违禁

工作2 直播动作规范
- 危险动作违规
- 诱导违规动作
- 不适当身体接触动作
- 模仿违规标志性动作

工作3 直播画面规范
- 第三方引流画面违禁
- 侵权画面违禁

工作1　直播语言规范

工作情景

在公司直播业务发展中,你发现因主播直播语言存在用词不准、夸大宣传、晦涩难懂、互动不佳等问题,收到诸多观众反馈(图5-3-1),影响销售与品牌形象。作为直播运营团队成员,需制定直播语言规范,让主播规范表达、有效传达产品信息,提升观众满意度与销量。

课前引入

请问下面的话术有没有问题?哪里有问题呢?

"家人们,这款面膜是全世界第一好用的面膜,用一次就能让你白成一道光,库存不多,赶紧抢啊!"

"宝子们,这款健身器材绝无仅有,用它锻炼一个月

请遵守法律法规及直播行为规范,调整直播内容

多次违反法律法规或直播行为规范将被断播

知道了

图5-3-1　直播违规提示

保准瘦 10 斤,别犹豫,错过没这价了,快下单!"

知识准备

1. 极限用语和其他话术违禁

(1) 严禁使用"国家级、世界级、最高级、第一(No1\Top1)、唯一、首个、首选、顶级、国家级产品、填补国内空白、独家、首家、最新、最先进、第一品牌、金牌、名牌、优秀、全网销量第一、全球首发、全国首家、全网首发、世界领先、顶级工艺、王牌、销量冠军、极致、永久、掌门人、领袖品牌、独一无二、绝无仅有、史无前例、万能"等用语。

(2) 严禁使用"最高、最低、最贵、最便宜、最新、最先进、最大程度、最先进科学、最佳、最大、最好、最新科学、最新技术、最先进加工工艺、最时尚、最受欢迎、最先"等含义相同或近似的绝对化用语。

(3) 严禁使用"100%、国际品质、高档、正品"等虚假或无法判断真伪的夸张性表述词语。

(4) 违禁权威性词语:涉及政治人物、敏感人物与政治热点、敏感地区名,违反法律法规,严禁使用"质量免检、无须国家质量检测、免抽检"等宣称质量无须检测的用语,严禁使用人民币图样(央行批准的除外),严禁使用"老字号、中国驰名商标、特供、专供"等词语。

2. 虚假功效表述违规

(1) 避免对产品功效进行没有科学依据或未经证实的夸大描述(图 5-3-2)。例如,宣传减肥产品时,不能说"使用一周保证瘦 10 斤,无须运动和节食";介绍保健品时,不能声称"能治愈各种疑难杂症"等。健康、功效类的宣传必须有权威认证或符合科学常识,否则会被认定为虚假宣传。

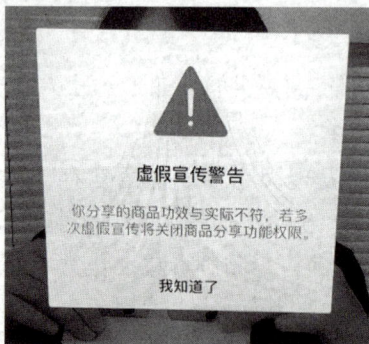

图 5-3-2 虚假宣传违规

(2) 医疗用语(普通商品,不含特殊用途化妆品、保健食品、医疗器械)。例如:改善内分泌;平衡荷尔蒙;防止卵巢及子宫功能紊乱;去除体内毒素;吸附铅汞;除湿;润燥;治疗腋臭;治疗体臭;治疗阴臭;美容治疗;消除斑点;斑立净;无斑;治疗斑秃;逐层减退;多种色斑;妊娠纹;毛发新生;毛发再生;生黑发;止脱;生发止脱;脂溢性脱发;病变性脱发;毛囊激活;药物;中草药;中枢神经;细胞再生;细胞增殖和分化;提高免疫力;患处;瘢痕;关节痛;冻疮;冻伤;皮肤细胞间的氧气交换;红肿;淋巴液;毛细血管;淋巴毒素等。

3. 诱导性敏感词违禁

（1）什么是"诱骗秒杀"（图 5-3-3）？诱骗秒杀指宣传"低价秒杀""免费送"等福利信息诱骗用户参与"秒杀"互动,实际未兑现或无法兑现,或秒杀信息发布不规范的推广行为。推广方式包括但不限于口播、贴纸、弹幕。

图 5-3-3　诱骗秒杀

诱骗秒杀的表现形式包括以下类型:

① 宣传低价购买,实际未上架或未兑现承诺,指创作者宣传以低价秒杀商品或开展低价秒杀活动,但实际未上架相关商品、未兑现承诺进行低价秒杀活动或秒杀价格虚假的推广行为。

违规示例:

a. 创作者宣传某时间点上架秒杀商品/改价,进行秒杀活动,但到约定时间未上架相关商品。

b. 创作者宣传 9.9 元进行秒杀活动,但实际秒杀价格为 19.9 元,高于约定价格。

c. 创作者直播间承诺 30 秒后 1.9 元秒杀零食礼包,但半小时后仍未上架商品,倒计时期间不断欺骗观众刷屏互动、停留在直播间。

d. 宣传 16.9 元购买"实体店标价 299 元的蓝牙耳机",实际未上架相关商品。

e. 宣传 19.9 元购买 8.5 公斤级的全自动洗衣机,实际未上架相关商品。

说明:未到约定的活动开展时间,不判违规,例如承诺晚上 20:00 开始秒杀,当时时间为 19:46,未到约定时间,不判违规。

② 宣传无法兑现的"不限量免费送",以任何形式宣传实际无法兑现的用户全部免费、不限量免费、人手一单 0 元买等推广行为。

违规示例:创作者承诺进入直播间的用户人手一份免费赠品,并诱导用户持续在直播间点赞、刷"新来的",最终未兑现赠品或仅截屏抽奖。

说明:商品发布的库存是一定的,此类推广行为在直播间用户达到一定规模后,并不具备完全兑现的基础。创作者发放赠品或抽奖的,鼓励说明相应的商品数量与参与条件(如关注账号),并真实兑现承诺。

③ 未与商家协商一致宣传赠送高价值赠品,指创作者在未与商家协商一致情况下(商品详情页查询不到赠品信息或相关说明),在推广过程中宣传购买所推广商品后赠送高价值赠品的推广行为。

违规示例:创作者直播过程中宣传购买其推广的 A 商品(如牙刷、毛巾、酒水、课程等),赠送高价值的 B 商品(如智能手机、Pad、电脑、黄金饰品、高端手表),赠品信息在 A 商品详情页未展示说明。

④ 秒杀信息发布不规范。

a. 指创作者未按规范要求发布秒杀信息,或发布的秒杀信息不完整、被遮挡的推广行为。

b. 创作者在直播期间开展秒杀活动的,每场秒杀活动开始前,须在直播间背景板、OBS自播组件等场景清晰明确展示秒杀活动具体信息。

c. 秒杀活动进行时,商品必须实物出镜。

d. 秒杀活动结束前,秒杀活动信息须保持展示,关键信息不可被人/物遮挡。

说明:使用闪购功能发布的商品,宣传"秒杀"时可豁免展示相关信息。《闪购功能说明(仅支持部分作者使用)》须展示的秒杀活动信息,包括但不限于:

a. 每次秒杀开始时间(必填)。包括日期及时间,开始时间须具体到分。

b. 秒杀活动开始日期若为当日的,可不写或写"今日"。

c. 若开始日期非当日的,须写明具体活动开始日期。

d. 秒杀商品信息及数量(必填)。商品品牌＋商品名称＋商品数量＋核心参数(如有),若商品有明确的核心参数须写明,例如手机等电子类商品须写明内存信息。

e. 秒杀活动限制条件(若有,必填)。例如,哪些地方快递无法送达,无法参与此活动等。

f. 是否为预售(若有,必填)。

规范的秒杀信息展示示例。

秒杀开始时间:19:00。

秒杀商品信息及数量:××手机　128G　10部,颜色随机。

秒杀活动限制条件:无。

是否为预售:无。

(2) 什么是"诱导互动"? 诱导互动指创作者以获得折扣、福利、低价特权、购买商品资格等为由诱导用户进行互动的推广行为。诱导方式包括口播、管理员弹幕、贴纸、字幕、背景板等推广方式。

包括但不限于:

① 要求消费者发表"拍了""想要""666""报名"等与介绍商品无关联的无意义评论。

② 要求消费者"点赞××下"。

③ 要求消费者浏览直播间××时长。

"获取优惠"包括但不限于获得折扣、低价特权(如按承诺价购买、秒杀)、购买商品资格、可报名(如折扣活动)、订单发货、订单生效、改价、包邮(不参与互动发到付)。

4. 歧视、侮辱性词汇违禁

(1) 在与观众互动或讲解产品过程中,绝不能使用任何带有歧视性、侮辱性、攻击性的词汇(图5-3-4),不管是针对特定群体(如性别、种族、地域等)还是个别观众。例如,不能说"这个产品只有聪明人才能用明白"之类带有贬低意味的话语,要始终保持尊重、平等、友好的交流态度,维护健康积极的直播环境。

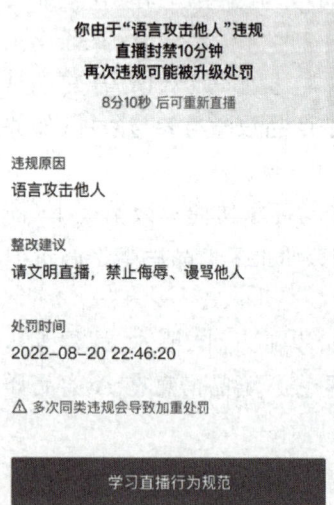

图5-3-4　语言侮辱违规

（2）避免使用低俗、恶俗、不文明的词汇，哪怕是玩笑性质的也不允许。这类词汇会严重损害品牌形象以及平台的良好氛围，属于违规行为。

工作实施

1. 实施内容　　随着美妆产品在直播带货领域的热度不断攀升，你所在的公司即将开展粉底液（图5-3-5）的直播销售活动。为了保障直播过程中对粉底液介绍的语言表达规范、准确且合规，帮助观众清晰了解粉底液的特点与优势，同时维护公司良好的品牌形象，避免因语言问题引发违规风险，请你制订本直播语言规范工作的实施计划。在直播介绍粉底液时，主播需着重注意语言规范方面的内容。

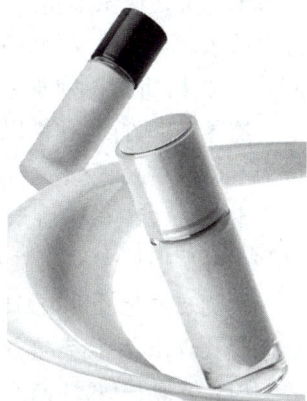

2. 实施工具

（1）文档编辑工具（如 WPS、Word 等）：用于编写粉底液直播语言规范手册，整合各类规范细则、案例及注意事项，方便主播查阅；同时记录培训、考核、问题反馈及整改等资料。

图5-3-5　粉底液

（2）直播监控软件（如抖音直播伴侣、淘宝直播中控台等自带的监控功能或第三方专业监控工具）：直播时实时监测主播介绍粉底液的语言情况，依据规范要求，及时发现并记录违规问题，以便提醒主播纠正，为复盘提供数据。

3. 实施步骤

（1）极限用语和其他话术违禁

要点：明确禁止在介绍粉底液时使用极限用语，如"国家级、世界级、最高级、第一（No1\Top1）、唯一、首个、首选、顶级、国家级产品、填补国内空白、独家、首家、最新、最先进、第一品牌、金牌、名牌、优秀、全网销量第一、全球首发、全国首家、全网首发、世界领先、顶级工艺、王牌、销量冠军、极致、永久、王牌、掌门人、领袖品牌、独一无二、绝无仅有、史无前例、万能"等，还有类似"最遮瑕、最持久、最轻薄"等绝对化功效描述也不可用。同时，像"质量免检、无须国家质量检测、免抽检、人民币图样（央行批准的除外）、老字号、中国驰名商标、特供、专供"等权威性违禁词同样不能出现，解释违规的后果，让主播牢记。

案例一："家人们，今天这款粉底液可是全球最好的，遮瑕效果独一无二，是咱们行业内的王牌产品，大家放心入！"分析其中的违禁话术及违反的规范要求。

案例二："这款粉底液用的工艺那可是顶级的，品质免检，老字号品牌都比不上呢！"指出违规词汇及原因。

（2）虚假功效表述违禁

要点：强调介绍粉底液功效要依据科学测试或常识，不能夸大，例如不能说"用一次就白一度，永久不脱妆""能治疗各种皮肤问题，让皮肤瞬间变好"等。告知主播须如实传达遮瑕、持妆、滋润等实际功效。

案例一："宝子们，这粉底液超神奇，涂了它，斑点、痘印全不见，一整天都不会暗沉，啥肤质用了都能变成完美肌肤，赶紧下单呀！"分析违规之处及不符合规范的原因。

案例二:"用这款粉底液,一周就能改善肤质,让你拥有婴儿般的肌肤,再也不用担心脱妆啦!"指出虚假功效表述的问题所在。

(3) 诱导性敏感词汇违禁

要点:诱骗秒杀方面:说明开展粉底液秒杀活动时,像宣传低价秒杀却不上架商品、承诺不限量免费送但做不到、未与商家商定赠品却宣传送高价值赠品以及秒杀信息展示不全等行为都违规,如"说5分钟后9.9元秒杀粉底液,结果没上架""喊着人人都能免费拿粉底液,最后只抽奖"等情况须避免。

诱导互动方面:列举以优惠为由让观众发无意义评论、点赞、长时间浏览直播间等诱导行为不可取,要通过正常途径分享、答疑互动。

案例一:"10分钟后19.9元秒杀粉底液哦,点赞数到10万就开始,人人有份,大家快刷'想要'呀!"但后来没上架商品,分析违规情况及正确做法。

案例二:"想低价买粉底液的,赶紧回复'我要',点赞数超5万给改价,速度哦!"判断是否违规及理由,给出合规互动示例。

(4) 歧视、侮辱性词汇违禁

要点:提醒主播介绍粉底液时,绝不能说带有歧视、侮辱性的话,像"这粉底液很简单,笨的人都会用"这类话语不能出现,要保持尊重友好的态度,维护直播间氛围和品牌形象。

案例一:"有些朋友问这么基础的问题,这粉底液的用法一目了然呀,难道你们还不懂,是不是太笨了?"指出问题及不良影响,给出合适的互动话术。

案例二:"觉得贵的别买呀,穷还挑三拣四的,这粉底液就值这个价!"分析违规及后果,给出礼貌回应价格疑问的话术示例。

4. 实施结果　如表5-3-1所示。

表5-3-1　粉底液直播语言规范表

规范类目	具体规范内容	备注

工作评价

如表5-3-2所示。

表5-3-2　工作评价标准

评价项目	评 分 细 则	分数	得分
语言准确性	用词精准恰当,产品名称、专业术语、描述性词汇等无错误;语法正确,语句通顺连贯,无错别字、语病;发音清晰标准,无歧义,确保观众能准确理解主播传达的信息	20	

（续表）

评价项目	评 分 细 则	分数	得分
极限词合规性	完全避免使用极限用语（如国家级、世界级、最高级等）	20	
虚假和诱导性敏感词	无虚假功效表述（无科学依据的夸大功效）、诱导性敏感词汇（诱骗秒杀、诱导互动相关词汇）	20	
法律法规以及歧视用词	无歧视、侮辱性词汇；严格遵守国家法律法规和直播平台的语言规范要求	20	
表达流畅性	语言连贯，逻辑连贯，过渡自然，能有条理地介绍产品信息、讲解活动规则、回答观众提问等	20	
总分		100	

工作 2　直播动作规范

工作情景

作为直播运营团队成员，你发现直播中主播的动作问题频发。有的展示产品动作随意，细节难以呈现；有的小动作不断，分散观众的注意力；有的操作演示生疏失误，致观众质疑产品，甚至有主播做危险动作，危及人员与产品安全，这严重影响直播质量、品牌形象、观众留存与销售业绩（图 5-3-6）。因此，需制定直播动作规范，助力主播以规范动作展示产品，提升观众体验与满意度，促进销售与品牌发展。

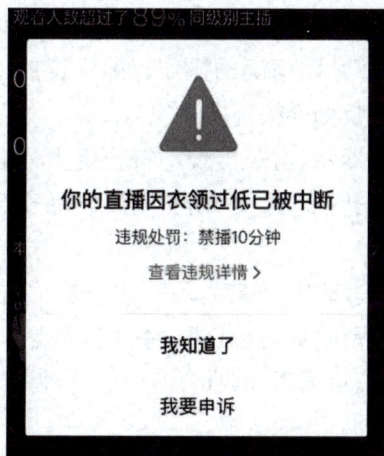

图 5-3-6　直播动作违规

课前引入

1. 请看下面这个极限运动直播间（图5-3-7），有没有问题？如果有，是什么问题？为什么呢？

2. 这个日常交流的直播间（5-3-8）你觉得有问题吗？为什么？

图5-3-7 极限直播间画面　　　图5-3-8 日常交流直播间画面

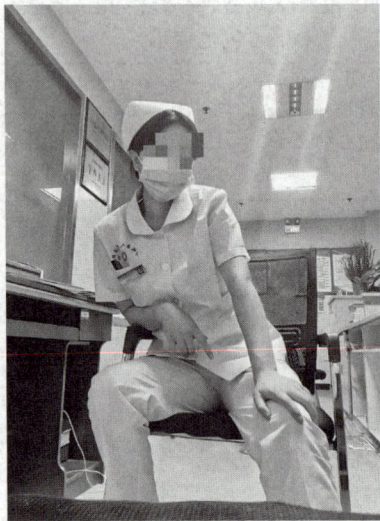

知识准备

1. **危险动作违规**　不能在直播中进行任何危险、具有安全隐患的动作演示。例如展示刀具等尖锐物品时，做出挥舞、抛接等容易造成伤害的动作；测试电器产品时，进行违规的拆解、短路等可能引发触电、火灾等危险情况的操作。确保直播过程中的动作安全，保障自身以及观众的安全是首要前提，违反则会被判定违规。

如果涉及食品、药品等产品展示，避免出现不符合卫生标准的动作，像直接用手抓取食物后又触摸产品、未按规范操作药品包装等，防止引发食品安全、药品安全方面的质疑与违规风险。

2. **诱导违规动作**　禁止通过动作示意观众进行违规行为，例如引导观众在未取得相关资质的情况下模仿专业的医疗操作（如自行打针、手术演示等），或者诱导观众进行破坏公共秩序、违反交通规则等不当行为，以博眼球或增加互动，这种诱导性质的违规动作一旦出现，会给直播带来严重后果。

不能以动作暗示观众进行刷量、虚假交易等破坏平台公平性的操作，如做出暗示点赞、刷礼物的特定手势或动作套路等，确保直播互动是在真实、合规的基础上进行的。

3. **不适当身体接触动作违规**　在与他人共同直播或邀请嘉宾、观众互动时，要避免出现不适当的身体接触动作,包括但不限于过分亲昵、侵犯他人隐私部位、违背公序良俗的肢体接触等情况,保持专业、得体的互动距离和动作尺度,否则容易引发道德争议以及违反平台的行为规范。

对于一些带有敏感性质的产品(如内衣等),在展示动作上要格外注意,不能出现带有暗示性、低俗的穿戴、展示动作,维护健康文明的直播画面。

4. 模仿违规标志性动作违规　避免模仿一些被明确禁止或具有不良社会影响的标志性动作,例如某些违法犯罪活动中标志性的手势、动作等,即使是出于玩笑或搞怪目的,也可能会因传播不良文化而被判定违规,要时刻注意动作传达的文化和价值导向。

对于一些涉及版权、专利保护的特定动作(如某些品牌的专属标志性动作等),未经授权也不能随意模仿使用,以防侵犯他人权益导致违规。

工作实施

1. 实施内容　陕西××酒作为非遗,也想通过直播推广出去,然而,在直播过程中,主播及团队的动作规范与否直接影响着产品的展示效果、品牌形象以及观众的购买意愿。近期,部分酒水类直播出现了一些因动作不规范引发的问题,如危险操作、诱导性动作和不适当的展示行为等。为了提升陕西××酒直播的质量和专业性,打造安全、合规、具有吸引力的直播环境,确保主播及直播团队在直播过程中严格遵守动作规范要求,进行如下具体操作。

2. 实施工具

(1) 直播监控软件(如抖音直播伴侣、淘宝直播中控台等自带的监控功能或第三方专业监控工具):对标其他的酒类直播间,借助图像识别技术和人工审核相结合的手段,及时察觉并记录可能存在的违规动作,为直播间作有力参考。

(2) 文档编辑工具(如 WPS、Word 等):编写陕西××酒直播间动作规范手册,详细记录各类动作规范细则、案例分析、培训资料以及考核标准等内容,供主播和直播团队成员随时查阅和学习。

3. 实施步骤

1) 危险动作违规

(1) 参考要点:展示酒具(如玻璃酒杯、酒壶等)时,禁止用力摔打、抛掷,以防物品破碎飞溅伤人。

开启酒瓶盖时,应避免使用暴力拧开或借助尖锐工具撬开,防止酒液喷溅或瓶盖弹出伤人。

演示酒的品鉴过程中,严禁过度饮酒或模仿醉酒后的危险行为(如站立不稳、摔倒等),确保自身及观众安全,避免引发安全事故和违反直播平台规定。

取用酒液进行展示或品尝时,必须使用干净的酒具,禁止用手直接接触酒液后再触碰其他物品,防止污染酒品,引发食品安全问题以及承担相关法律责任。

(2) 案例分析

画面描述:在一场酒水直播中,主播为了展示酒杯的坚固性,将一个玻璃酒杯用力向桌面摔去,酒杯瞬间破碎(图 5-3-9),碎片飞溅到周围。主播没有意识到这一行为的危险性,

图 5-3-9 酒杯破碎

继续进行直播,甚至还笑着调侃。此时,弹幕中有些观众开始表示担忧,担心碎片会伤到主播或其他人,也有观众指出这种行为不应该在直播中出现。

2)诱导违规动作

(1)参考要点:介绍陕西××酒的功效时,不得通过动作示意观众过量饮酒(如做出大口喝酒、频繁举杯等动作),或尝试与酒混合食用其他不明物品。

禁止以特定的手势、表情或动作套路暗示观众进行刷量(如快速点赞、连击屏幕、发送特定弹幕等)、虚假交易(如做出虚假购买、下单的手势或动作)等破坏平台公平性的操作。

(2)案例分析

画面描述:某主播在推荐一款陕西××酒时,一边说着"这酒口感好,度数也不高,大家可以多喝点",一边频繁地举杯大口喝酒(图5-3-10)。

图 5-3-10 直播喝酒画面

3)不适当身体接触动作违规

(1)参考要点:与嘉宾或观众进行互动品酒时,避免过于亲昵的拥抱、勾肩搭背等动作。展示酒的包装或品牌标识时,主播的衣着也需要注意,以维护健康文明的直播画面。

(2)案例分析

画面描述:在一次陕西××酒的直播中,主播邀请了一位嘉宾共同品酒。在互动过程中,主播为了营造气氛,突然给了嘉宾一个长时间的拥抱,而且动作比较亲昵。

4)模仿违规标志性动作违规

(1)参考要点:避免模仿一些被明确禁止或具有不良社会影响的标志性动作(如某些违法犯罪活动中标志性的手势、动作等)以及涉及版权、专利保护的特定动作(如某些品牌的专属标志性动作等)。

(2)案例分析

画面描述:有一位主播在直播过程中,为了吸引眼球,模仿了一个近期在网络上被广泛传播的不良社会行为的标志性手势,并且对着镜头做一些夸张的表情。

4. **实施结果**　如表 5-3-3 所示。

表 5-3-3　陕西××酒直播动作规范

动作规范	需要避免的	例如(具体动作举例)

工作评价

如表 5-3-4 所示。

表 5-3-4　工作评价标准

评价项目	评 分 细 则	分数	得分
动作安全性	直播过程中无任何危险动作,如展示尖锐物品(刀具、玻璃等)时无挥舞、抛接行为,在食品、药品展示时,严格遵循卫生标准操作	20	
诱导动作合规性	未通过动作示意观众进行任何违规行为,包括但不限于不以动作暗示观众进行刷量、虚假交易等破坏平台公平性的操作,保证直播互动的真实性和合规性	20	
身体接触适当性	与他人共同直播或互动时,无任何不适当的身体接触动作;展示敏感性质产品(如内衣等)时,动作得体,无暗示性和低俗的穿戴、展示动作	20	
标志性动作合规性	不模仿任何被明确禁止或具有不良社会影响的标志性动作;未经授权不模仿涉及版权、专利保护的特定动作	20	
动作专业性	动作熟练自然,产品展示动作规范流畅,能突出产品特点优势;肢体语言运用恰当,与讲解内容配合默契,互动动作积极友好	20	
总分		100	

工作 3　直播画面规范

工作情景

作为直播运营团队成员,近期查看公司直播复盘时,发现问题频出。部分主播为引流,公然在直播中展示第三方平台账号信息,严重违反平台规定,导致直播间被警告限流,观众大量流失,销售转化大受影响(图5-3-11)。还有主播在直播时,穿着仿冒大牌服装,使用未经授权的图片素材,引发品牌方投诉,遭到平台严惩,直播间被封,公司声誉受损,粉丝信任度骤降,业绩直线下滑。为扭转局面,急需制定严格的直播画面规范,加强主播管理,提升直播质量与品牌形象,赢回观众信任与市场份额。

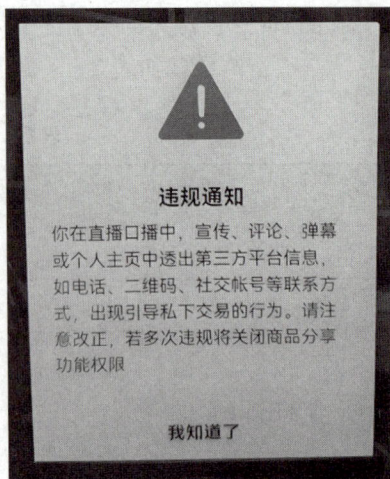

图5-3-11 直播画面违规

课前引入

先描述一些真实的直播画面片段,请回答一下是否存在问题,问题在哪里?

片段1:一位主播在介绍一款电子产品时,突然拿起旁边的一张卡片,对着镜头展示,卡片上隐约能看到一个二维码和一串字母数字组合,同时主播说道:"宝子们,如果你们想获取更多产品的隐藏优惠和独家福利,就扫这个码,我们在那里有更多惊喜等着大家哦。"

片段2:在一场生活用品的直播中,主播身后的背景墙上挂着一幅非常精美的艺术画。如果仔细看这幅画,右下角有一个小小的版权标记,但主播似乎并未在意,依然将这幅画完整地呈现在直播画面中,作为直播的背景装饰,并且在整个直播过程中多次以这幅画为背景展示产品。

片段3:某主播在直播一款服装时,穿着一件款式独特的外套,衣服上的商标乍一看很像某个国际知名奢侈品牌的标志,但仔细分辨又有些许差别。主播在展示服装的过程中,还特意模仿了该奢侈品牌走秀时模特的标志性动作和展示姿势,并且在介绍服装时使用了一些与该品牌风格极为相似的宣传话术。

知识准备

1. 第三方引流画面违禁

1)知识点 直播平台严禁主播展示引导观众前往非平台认可的第三方平台(如微信、微博、淘宝店、抖音小店以外的电商平台等)交易、关注、获取信息的画面元素,包括直接展示第三方平台二维码、账号、链接跳转按钮,以及用特定手势(如比心指向特定方向暗示其他平台)、符号(如"WX"代指微信)、谐音字(如"公粽号"代指公众号)等隐晦方式引流。

2)案例 某美食主播在直播时,拿出写有"加QQ:××××××,免费领独家食谱"并附QQ二维码的卡片展示,还说"宝子们,加群领福利",被平台监测到后,遭封禁3天并扣部分收益。

2. 侵权画面违禁

1)知识点 涵盖未经授权使用他人知识产权相关画面元素,如商标、专利、著作权等,包括盗用他人直播画面、视频片段、图片、音乐等素材,以及模仿其他知名主播独特的直播风格、标志性动作、场景布置等会造成观众混淆,侵犯他人商业与创作权益。

此类行为违反直播平台规定且可能触犯法律,会引发法律诉讼,给主播和平台带来经济赔偿、声誉损害及法律责任。直播平台对侵权画面零容忍,发现即制止,并依情节处罚违规主播。

2) 案例　一位音乐主播在直播时,播放未经授权的热门歌曲作为背景音乐。版权方投诉后,平台要求其停止使用,给予警告处分并扣除此次直播收益,再犯将封禁直播间并重点监管。

某家居装饰主播在布置直播间时,抄袭知名设计师的独特场景布置,包括同款独特灯具、摆件布局,且直播中展示的一款装饰画是使用他人未授权的画作。被投诉后,遭平台封禁 10 天、罚款及公开道歉处罚,账号信用评级下降,影响后续发展机会。

工作实施

1. 实施内容　如果你正经营一家青海牦牛肉店(图 5-3-12),产品以独特的品质和风味受到消费者的喜爱,直播带货成为推广和销售该产品的重要渠道。然而,你的直播间存在画面违规问题,严重影响了消费者对产品的信任度和购买意愿,也损害了品牌形象。为了提升青海牦牛肉直播间的专业性和规范性,确保直播画面符合法律法规和平台要求,特制订工作实施计划。

2. 实施工具

直播监控软件(如抖音直播伴侣、淘宝直播中控台等自带的监控功能或第三方专业监控工具):实时监测竞品直播间画面,利用图像识别技术快速捕捉可能存在的违规画面元素,如第三方平台二维码、侵权商标等,为直播间后续整改提供依据。

图 5-3-12　青海牦牛肉

文档编辑工具(如 WPS、Word 等):编写《青海牦牛肉直播间画面规范手册》,详细记录各类画面规范细则、案例分析、培训资料以及考核标准等内容,供主播和直播团队成员随时查阅和学习;整理直播过程中的画面问题记录、整改报告等文档资料,形成完整的工作档案,以便对直播画面规范工作进行持续的跟踪和改进。

3. 实施步骤

(1) 第三方引流画面违禁:主播有可能产生第三方引流画面违禁,例如考虑附近的人想要直接线下购买,主播就口播了自己家的地址,这就是违禁话术;或者是急切地想要把线上人群引流到私域,就拿出自己的二维码。需要把可能出现的情况都列出来。

(2) 侵权画面违禁:使用没有授权的人像或者音乐,例如包装上印明星照片,或者海报上有别人的报纸,宣传用图是别人拍摄的商用图片。

4. 实施结果　如表 5-3-5 所示。

表 5-3-5　青海牦牛肉直播画面规范表

直播画面规范	规 避 方 法

工作评价

如表 5-3-6 所示。

表 5-3-6　工作评价标准

评价项目	评 分 细 则	分数	得分
第三方引流画面合规性	严禁展示引导观众前往非平台认可的第三方平台信息,杜绝口播、展示相关引流元素	20	
侵权画面合规性	确保直播画面素材均有合法授权,不得盗用他人知识产权相关画面元素及模仿他人造成混淆	20	
直播画面专业性	画面清晰、稳定、美观,产品展示规范流畅,肢体语言与讲解配合默契	20	
直播画面安全性	处理和展示产品及使用工具时操作规范安全,遵循卫生标准	20	
观众互动与反馈处理	积极回应观众,态度友好耐心,及时处理反馈	20	
总分		100	

任务小结

　　作为直播运营人员,在直播过程中会发现很多的突发情况,也可能会出现违规警告,会严重影响账号健康度,所以我们需要从直播语言、直播动作、直播画面三个方向着手,从违禁词、夸张的动作表情、第三方引流画面等方面,提前做好规避方案。

任务检测

一、判断题(正确的打"√",错误的打"×")

　　1. 主播在直播中说"我们的产品是全球独一无二的,绝对没有竞品能比得上",这种表述符合直播语言规范。(　　)

　　2. 主播在展示青海牦牛肉时,用手直接抓取牛肉后又去触摸包装,这一动作不违反直播动作规范。(　　)

3. 直播平台允许主播在直播画面中短暂展示其他电商平台的店铺链接,只要不引导观众点击就不算违规。(　　)

4. 一位家居主播在直播时,使用了某知名设计师未公开的室内设计图作为背景,只要不被发现就不构成侵权画面违禁。(　　)

5. 在陕西××酒的直播中,主播为了增加趣味性,模仿了一个网络上流行的搞笑但无不良影响的标志性动作,这属于模仿违规标志性动作。(　　)

二、选择题

1. 以下哪句话在直播中属于极限用语违禁?(　　)

A. "这款产品的质量挺不错的,大家可以考虑。"

B. "我们的东西是本地最受欢迎的之一。"

C. "这绝对是宇宙第一好的商品,赶紧下单。"

D. "这个东西性价比还行,有需要的朋友可以看看。"

2. 主播在直播过程中,下面哪种行为属于危险动作违规?(　　)

A. 平稳地拿起玻璃酒杯展示

B. 用专业工具小心开启酒瓶盖

C. 在展示刀具时,将刀在手中快速旋转

D. 轻轻移动展示的产品

3. 直播平台对于第三方引流画面违禁的主播一般会怎样处罚?(　　)

A. 给予表扬和奖励

B. 扣除部分信用分并警告

C. 增加直播推荐机会

D. 帮助主播进行引流推广

4. 在直播中,主播以下哪种行为属于诱导性敏感词汇违禁中的诱导互动?(　　)

A. 正常回答观众关于产品的问题

B. 让观众发表与产品相关的真实使用感受

C. 要求观众点赞 50 次就给优惠

D. 向观众详细介绍产品的使用方法

5. 以下关于直播画面规范的说法,错误的是(　　)。

A. 直播画面应避免出现未经授权的商标

B. 可以使用没有版权的音乐作为直播背景音乐

C. 要防止通过隐蔽方式引导观众去第三方平台

D. 不能模仿有版权保护的特定动作

任务四

提升控场能力

任务背景

公司直播业务发展之际,主播在直播中存在诸多问题:直播节点把握不准,各环节混乱无序,时间分配失衡;语言节奏失控,语速不当、逻辑不清、重点模糊,极大地影响直播的流畅性与吸引力,降低观众留存率和购买转化率,损害品牌形象和销售业绩。因此,需要从精准分析直播节点和有效控制语言节奏两方面着手,提升主播控场能力,优化直播效果,增强直播带货的竞争力。

任务分解

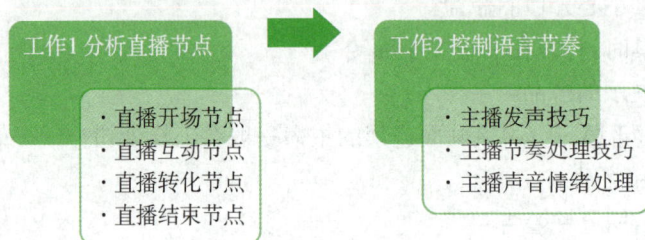

工作1 分析直播节点	工作2 控制语言节奏
·直播开场节点 ·直播互动节点 ·直播转化节点 ·直播结束节点	·主播发声技巧 ·主播节奏处理技巧 ·主播声音情绪处理

工作 1　分析直播节点

工作情景

作为公司直播运营人员,你发现最近直播销售额下降(图 5－4－1),通过后台查看直播

图 5－4－1　销售额截图

回放,发现主播、助播、中控对于直播间的节奏把控不够准确,在应该严肃表达的时候嬉皮笑脸,在应该快速上架的时候节奏点找不到,所以需要强调直播节点。现在请你帮助团队一起分析直播节点。

课前引入

先描述几个真实案例,一起来分析其中存在的问题。

1. 在一场电子产品的直播中,主播正在介绍一款手机的高性能处理器,其中有很多的数据讲解,但是主播在讲解过程中频繁地开玩笑,还时不时穿插一些与产品无关的搞笑段子。

2. 在一场美妆产品的直播中,到了限时优惠、抢购成交的环节时,中控手忙脚乱,延迟了商品的上架时间,助播也没有及时配合主播进行氛围的烘托,依然在按照常规节奏介绍产品。

知识准备

1. 直播开场节点

(1) 着重留人:直播开场前 5 分钟至关重要(图 5-4-2)。主播需要通过有冲击力的方式迅速吸引观众的注意力,如使用独特的开场白、福利吸引、提出互动性问题等。一个好的开场能够营造出热烈互动的氛围,激发观众的兴趣和好奇心,为后续的直播奠定良好的基础,也让主播从一开始就能掌控场面。

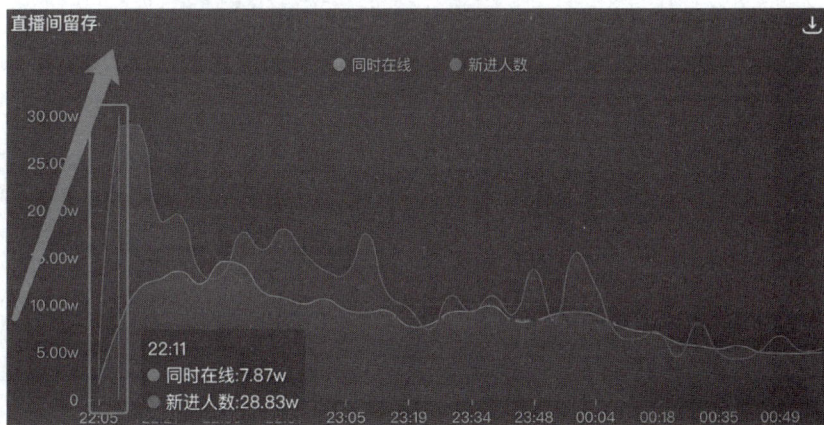

图 5-4-2　直播间前 5 分钟留存图

(2) 设定直播基调:在开场时,主播要通过自己的语言风格、情绪状态等设定好直播的基调,是轻松幽默、专业严谨还是热情洋溢,使观众能够快速适应并融入直播氛围中。同时,主播还要简要介绍直播的主题、流程和福利,使观众对直播内容有一个清晰的预期,能够更好地开展后续直播。

2. 直播互动节点

(1) 把握互动节奏:互动是直播的灵魂(图 5-4-3)。直播间的推流机制也是通过进入人数、停留人数、点赞量、评论量、转发量、关注量、粉丝团量判断是否需要继续推流,所以整场直播中都需要把握节奏。主播需要根据直播的节奏和观众的反馈,合理把握互动的频率和时机。例如,在产品介绍过程中,可以适时地提出一些问题,引导观众在评论区留言回答,然后及时给予回应和解答;在进行抽奖或问答环节时,要注意控制时间,避免过长或过短,确保互动效果的最大化。

图 5-4-3　直播间互动画面

（2）灵活处理观众反馈:直播过程中,观众会通过评论、私信等方式提出各种问题和建议。主播需要密切关注观众的反馈,并及时做出灵活处理。对于观众的积极反馈,要及时表示感谢和鼓励,增强观众的参与感和黏性;对于观众的负面反馈或质疑,要以平和的心态耐心解答,化解矛盾,维护直播的良好氛围。

3. 直播转化节点

（1）制造兴奋点:在直播过程中,主播要适时地制造一些兴奋点(图 5-4-4),如推出限

图 5-4-4　主播正在做限时限量活动

时优惠活动、展示独家产品或福利、进行精彩的表演或演示等，将直播气氛推向高潮。这些兴奋点能够激发观众的购买欲望和参与热情，让观众更加投入直播中，同时也有助于主播更好地掌控直播节奏，保持观众的关注度。

（2）引导观众行动：在直播高潮阶段，主播要抓住时机，明确而有力地引导观众采取行动，如点击购买链接、参与抽奖、分享直播间等。通过有效的引导，能够将观众的热情转化为实际的行动，提高直播的转化率和影响力，同时也让主播在控场过程中更加有成就感。

4. 直播结束节点

（1）拉动结尾数据：在直播接近尾声时，直播间的人流量和互动（图 5-4-5），决定了下次直播的推流初始数据，所以主播要对本次直播的主要内容进行简要总结，回顾重点产品或信息，并且再次放出惊喜福利，将直播间的观众做好留存。

（2）预告下次直播：为了保持观众的关注度和期待感，在结束时主播可以适当地预告下次直播的时间、主题和亮点，吸引观众继续关注和参与下一次直播。同时，主播要以热情友好的方式与观众告别，感谢观众的观看和支持，给观众留下良好的印象。

图 5-4-5　直播结束画面

![工作实施]

图 5-4-6　黄花菜直播画面

1. 实施内容　作为一家助农直播公司的直播运营人员，你受到宁夏农户的邀请，售卖当地特产黄花菜（图 5-4-6）。在准备开启直播之前，你考虑到之前在其他地区做直播的时候，主播、助播、中控配合的直播节点不准确，所以为了能够达到较好的效果，需要为直播间的直播节点制定分析表。

2. 实施工具

直播监控软件（如抖音直播伴侣、淘宝直播中控台等自带的监控功能或第三方专业监控工具）：实时监测复盘之前的直播间，查看后台的互动曲线图以及购买曲线，分析出直播的重要节点。

文档编辑工具（如 WPS、Word 等）：将整理出的直播节点做好文档整理，对相应的节点做好规划。

3. 实施步骤

1）开场节点分析

（1）找出本次直播的亮点，例如"源头产地直播""种植源头直销"，根据亮点，在直播开场的前 5 分钟，设计直播留人节点和介绍节点。

（2）案例示范：直播开始2分钟为介绍节点，需要主播手持手机，环绕一周，让直播间用户看到周围的种植基地，从而使本次源头产地的定位精准。

2）互动节点分析

（1）直播间的互动性是衡量是否持续推荐的重要指标，所以互动节点可以说是贯穿整场直播，例如开场留人阶段就需要互动。通过评论互动留人，在产品介绍阶段会比较枯燥，所以也需要插入互动节点进行气氛的调节。在转化阶段更需要通过互动加强关注量和粉丝团转化率。在结尾的时候，也需要通过互动提升人气。

（2）案例示范：在开始介绍产品时，插入互动节点，通过问答形式引发大家对于黄花菜的讨论。主播话术：大家听过"等到黄花菜都凉了"这句话吗？听过的，可以在评论区扣"1"，今天我们给大家带来的就是这个黄花菜啦！

3）转化节点分析

（1）助农直播间最终的目标是帮助农户售卖农产品，所以转化数据至关重要。什么时候把握转化节点尤为关键，把握好转化节点，可以事半功倍。

（2）案例示范：当直播间正好有朋友问到多少钱时，就是我们进行转化节点插入的时候。场控做好上架准备，主播引导转化：咱们这位朋友说到了价格，咱们今天真的很实惠哈，右下角后台小哥哥把链接弹出来，给咱们的朋友们看一下，黄花菜的源头产地，现采现发，这个价格真的很实惠！抓紧时间下单啦！

4）结尾节点分析

（1）直播结尾是带动下次直播的好时机，也是将这次直播充分调动的最终环节，所以这次黄花菜助农直播，抓住结尾时间，做好节点控制，也非常重要。

（2）案例示范：在即将结束的时候，中控举牌提示主播再拉一下人气在线值。主播通过话术引导：我们今天的直播很快就要结束，但是您千万别离开，咱们今天源头产地直销的黄花菜专场不是天天都有，所以我们也给各位准备了结尾惊喜，现在我们就准备给大家抽奖了哦！

4. 实施结果　如表5-4-1所示。

表5-4-1　黄花菜直播节点分析表

直播节点	需要达到的目标	具体操作

工作评价

如表5-4-2所示。

表5-4-2 工作评价标准

评价项目	评 分 细 则	分数	得分
开场节点把控	开场能有效吸引观众注意力,精准传达直播亮点和定位,如展示种植基地等,营造良好氛围;主播语言风格和情绪状态符合直播基调,简要清晰介绍直播主题、流程和福利	20	
互动节点节奏	在产品介绍、开场、转化、结尾等各个阶段合理插入互动环节,互动形式与直播内容契合,能有效调节气氛;主播能及时回应观众评论和提问,把握互动频率和时机,促进观众参与和留存	20	
转化节点效果	在合适时机,如观众询问价格等关键节点,主播与中控配合默契,能迅速推出优惠活动和购买链接,有力引导观众下单购买,展示独家产品或福利,制造兴奋点激发购买欲望	20	
结尾节点处理	直播结尾能有效拉动人气,通过总结直播内容、发放惊喜福利、预告下次直播等方式,增加观众留存和期待感;主播与观众告别热情友好,画面自然流畅	20	
团队协作设计	主播、助播、中控在各个直播节点配合紧密,分工明确,沟通顺畅;可以及时响应和处理各种情况,确保直播顺利进行,无明显失误和混乱	20	
总分		100	

工作 2　控制语言节奏

🗒️ 工作情景

　　作为直播运营团队的一员,你察觉到近期直播效果不佳,观众流失严重。经分析发现,主播在语言表达上存在诸多问题,如语速忽快忽慢,缺乏合理的节奏把控;重点内容讲解不清,且声音情绪单调或失当,无法契合直播氛围与产品特性,难以吸引和留住观众,更无法有效推动销售转化。为此,计划围绕主播发声技巧、节奏处理技巧以及声音情绪处理技巧展开优化,提升直播质量与吸引力,改善当前直播困境,促进直播业务的良好发展(图5-4-7)。

图 5-4-7　直播间主播讲解画面

课前引入

根据教玩具直播间的后台图（图 5-4-8），在同样的直播场景、同样的话术、同样的产品，不同的主播直播的数据留存中发现从红色到绿色急剧下降，这是为什么呢？

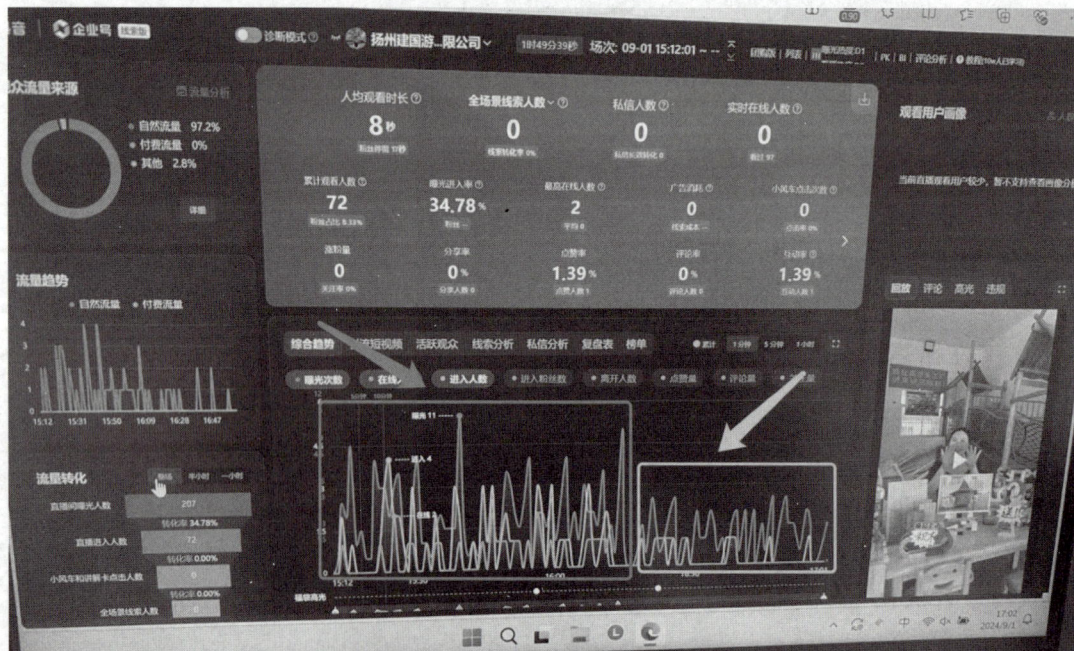

图 5-4-8　教玩具直播后台

知识准备

1. **主播发声技巧**　作为一名直播主播,良好的发声技巧既能够加强直播氛围,也能够保障直播的可持续性,所以非常重要。

1) 发声前训练　主播需要注意发声技巧,想要成为一名优秀的主播,就要进行针对性训练。

(1) 呼吸训练:深呼吸对于控制声音和提高发声质量非常重要。练习腹式呼吸(图5-4-9),即通过肚子的膨胀和收缩控制呼吸,而不是浅浅地呼吸。这种呼吸方式可以帮助你获得更多空气供给声音,并增加声音的稳定性和力量。

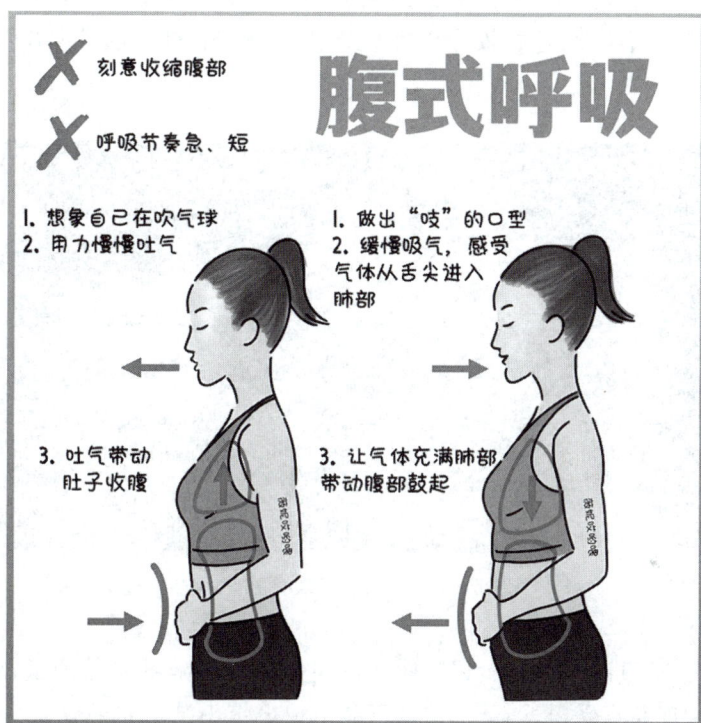

图5-4-9　腹部发声

(2) 声音放松:在直播前进行舌头操、嘴巴操等练习,帮助声带松弛。避免过度用力,尤其是喉咙和嘴唇有紧绷感觉。声音过度紧张会影响音质和表达的自然度。

(3) 语调控制:试着通过练习控制音调和音量。学会调整声音的高低,使其更有变化和吸引力。练习提高音调的范围,以便在表达中更具表现力。

(4) 清晰发音:清晰的发音是主播的核心技巧之一。练习发音,特别是一些容易混淆的单词和发音困难的音节,可以通过朗读书籍、绕口令以及特定的发音练习提高发音清晰度。

(5) 语速和节奏:找到适合直播内容和观众的语速和节奏。不要过快或过慢,通过练习和录音提高自己的语速和节奏感。

(6)情感表达:在直播中适当地运用情感表达,例如调整语音的情感色彩,增强表演的力度和感染力。

(7)语气和语言:学会使用正确的语气传达信息、表达观点和情感。选择合适的词汇和句式增强直播内容的吸引力。

(8)节奏感和效果:运用适当的节奏感和音效,例如增加停顿、使用音效等,可以为直播内容增加一些变化和活力。

2)主播发声小方法

(1)控制口腔发声:模仿啃苹果时的口腔状态(图5-4-10)。许多新手主播说话听起来有气无力,非常平淡,说话没有感染力、穿透力,是因为没有学会控制口腔发声。模仿啃苹果时的口腔状态指的不是去啃苹果,而是把嘴巴张开,控制口腔,这样声音听起来会更加圆润饱满,有穿透力。

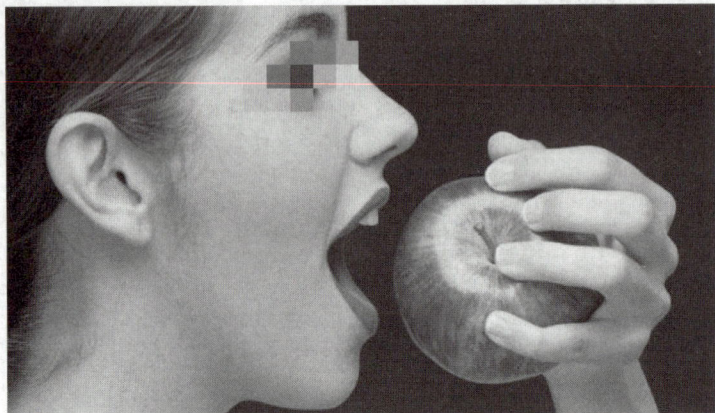

图5-4-10 啃苹果口腔状态

(2)用丹田去发声:科学用嗓,保护嗓子。主播作为职业嗓音使用者需要正确科学用嗓,否则很容易出现嗓音受损,严重者甚至可能出现声带小结。如果需要长时间用嗓,就不能用前胸式发声,需要学会丹田发声。

第一步:站立或坐下,把手放在腹部下方的丹田位置。这个位置大致在肚脐下方3厘米处。如果找不到,可以用一张纸巾放到嘴巴前,用力吹气,能够感受到下腹部有震动的地方即为丹田。

第二步:通过深呼吸,注意将空气吸入腹部,而不是胸部。当你吸气时,感觉腹部扩张。吸气时要慢慢地深吸气,然后缓慢地呼气。

第三步:在呼气的过程中,注意运用腹肌的收缩来推动空气,产生声音。尽量避免依靠喉咙发声,也不要让嘴唇用力过度。

第四步:尝试发出声音,例如发出"啊"或"哦"的音调,并在发声的同时保持腹肌的用力。声音来自腹部,而不是喉咙或者胸腔。

2. 主播节奏处理技巧　许多主播讲话要么特别快,全程不停歇,让人记不得到底说了什么;要么就是特别慢,没有激情也没有节奏感,让人感觉不耐烦。作为主播要注意培养直播节奏处理技巧。

(1)熟悉直播流程,把握整体节奏:主播需要详细了解整体的直播流程,明确每个环节的时间安排和内容,这样主播能够更好地掌握直播进展的节奏。

(2)控制语速和语调,牢记轻快慢重:主播在直播中要注意自己的语速和语调,尽量避免过快或过慢的说话速度以及单调的语调。应该根据直播内容的紧迫感和情感色彩调整自己的语速和语调,以吸引观众的注意力,例如,讲到重点时语速可以放慢,语调加重。

(3)断句和呼吸间隔:主播在直播中要善于使用适当的断句和呼吸间隔,避免一口气说太长的句子。停顿一下,不仅能够更好地吸引直播间观众的注意,也可以让观众更容易理解和吸收主播传递的信息。但是注意不要间隔停顿太久,尽量不超过 5 秒。

(4)尾音下抑:在进行直播时,最后阶段声音会适当放慢。如果想要声音听着更真诚一些,每句话首尾时声音往下抑,尽量发四声。

总之,主播节奏处理技巧的关键是要控制好语速和语调,善用断句和呼吸间隔,借助配乐或音效,注意与观众进行交互和互动。这些技巧能帮助主播提高直播的质量和吸引力,让观众更加享受直播体验。

3. 主播声音情绪处理

(1)互动时记住要微笑,声音保持甜美。与观众互动时,微笑会让观众感受到亲切感。平常主播在开场介绍自己的时候,都会很热情地打招呼,另外希望观众给自己评论、点赞、关注时,也要注意保持微笑。

发音要诀:舌尖抵下齿,舌前部尽量抬高。双唇扁平,牙床几乎半合。发音时嘴角向旁伸,做微笑状,并要有一定的延长。

练习案例:家人们,咱们动动发财的小手给主播点点"小赞赞"好不好? 感谢家人们给主播送出的"小心心"。

(2)语言有感染力,有起有伏。介绍材料、品质、售后服务等时要认真严肃,会让直播间观众产生信任感。介绍福利要坚定,每句尾音需要下抑,不要上扬。如果上扬,会令人有一种浮夸虚伪的感觉。尤其是在讲到限时限量活动时,让人感觉价格确实非常划算。在介绍的时候,也可以用其他平台或者线下同款产品的价格进行对比,用证据证明价格确实是划算的。介绍数字价格时可以咬字重一些,注意放慢语速,着重强调数字价格,包括关键词时,也要放慢、着重说。

案例　家人们,咱家这款包包是头层小牛皮的,品质有保障,咱家这款正常线下、某宝的价格都是 999 元,今天在我们直播间我们特地拿出这款包包做新粉活动,到手价只要 399 元,限量库存只有 10 个,拼手速! (下画线部分要放慢、重点讲)

工作实施

1. 实施内容　作为一家助农直播间的直播运营人员,最近正在策划一场助农活动

（图 5-4-11），但是因为自己在外地直播，需要在当地选择一名主播进行直播。对于主播的表达能力、控场能力，需要严格把控，所以制定了一个控制语言节奏的方案，帮助新主播尽快了解本次直播的节奏和语言环境。

图 5-4-11 助农直播现场

2. 实施工具

直播监控软件（如抖音直播伴侣、淘宝直播中控台等自带的监控功能或第三方专业监控工具）：查看其他优秀助农直播间的主播表达技巧，取其精华，去其糟粕，也对选择的主播之前的直播记录做了整理，挑选出表达更加合适的主播。

文档编辑工具（如 WPS、Word 等）：对主播的语言节奏配合的直播节点做整理。

3. 实施步骤

1）对主播发声进行训练

（1）呼吸与放松练习：指导主播进行腹式呼吸训练，通过模拟吹气球的方式，让主播感受腹部的膨胀与收缩，每次练习 5～10 分钟，每天进行 3～4 组，持续练习 3 天，确保主播能够熟练掌握腹式呼吸技巧，为稳定发声奠定基础。

带领主播进行简单的舌头操和嘴巴操，如舌头在口腔内顺时针、逆时针转动各 5 圈，嘴巴最大限度地张开、闭合 10 次等，帮助主播放松声带和口腔肌肉，避免发声紧张。

（2）语调与语速控制练习：选取一段助农产品的介绍文案，让主播用不同的语调（如欢快、沉稳、激昂等）和语速（快速、中速、慢速）进行朗读，并录制下来。主播和团队共同听录音，分析哪种语调、语速最适合该产品的特点和直播氛围，每种组合练习 3～5 遍，持续练习 2 天，使主播能够灵活调整语调、语速。

设定一个语速标准，例如每分钟 180～200 字为适中语速，让主播在日常交流和直播练习中逐渐适应并保持稳定的语速，通过手机秒表计时和自我监督，及时纠正过快或过慢的情况，持续训练 1 周。

2）主播节奏处理技巧训练

（1）熟悉直播流程与节奏把握：为新主播详细讲解本次助农直播的流程，包括开场介绍、产品展示、互动环节、优惠活动、结尾预告等每个环节的时间分配和内容重点，例如开场3～5分钟，产品介绍每个单品5～8分钟等，让主播对整体节奏有清晰的认识。

（2）语调、语速调整与断句呼吸训练：根据助农产品的特点，为不同类型的产品设定语调、语速标准。例如，对于新鲜采摘的蔬果类产品，语调轻快活泼，语速可稍快；每种产品练习5～8遍，持续3天，使主播能够根据产品灵活调整语调、语速。

在直播台词中标记合适的断句位置和呼吸点，如在长句的主语、谓语、宾语之间，让主播在练习中注意停顿和呼吸，每次直播练习后，复盘断句和呼吸的合理性，不断优化，持续训练1周。

3）主播声音情绪处理训练

（1）互动环节情绪培养：组织主播进行互动环节的专项练习，设定不同的互动场景，如开场欢迎、提问解答、福利发放等，要求主播在每个场景保持微笑，用亲切甜美的声音与"观众"互动，如"亲爱的家人们，欢迎来到今天的助农直播间，我是你们的主播，大家有什么问题都可以随时问我哦"（图5-4-12）。

图5-4-12　主播对镜头打招呼

观看优秀主播的互动视频片段，学习他们在互动时的表情、语气和肢体语言，让主播进行模仿练习，然后对比自己与优秀主播的差异，不断改进练习。

（2）产品介绍情绪把控：针对助农产品的不同特点，为主播制定相应的情绪表达指南。例如，介绍农产品的绿色生态种植方式时，要表现出自信和自豪；介绍产品的优惠价格和限时活动时，要表现出兴奋和急切。

4. **实施结果**　如表5-4-3所示。

表 5-4-3 助农直播间提升语言节奏方案表

提升目标	提升方式

工作评价

如表 5-4-4 所示。

表 5-4-4 工作评价标准

评价项目	评分细则	分数	得分
发声训练	为新主播制订发声训练计划,监督其完成呼吸、放松、语调语速练习,主播能掌握发声技巧	20	
节奏培训	讲解直播流程节奏,依产品指导主播语速语调与断句,通过彩排复盘使其熟悉	20	
情绪引导	针对直播环节设计情绪指南,组织练习提升主播情绪表达	20	
工具资源	运用软件筛选技巧和主播,用文档规划语言节奏与直播节点配合	20	
团队协作	与团队成员沟通良好,解决训练问题,协调资源支持主播培训	20	
总分		100	

任务小结

    作为直播运营人员,不管运营哪个直播间,不管产品是否合适,场景是否吸引人,团队的控场能力都是非常重要的,所以对于直播的节点、语言的节奏都需要严格把控,才能够在众多的同品类直播间中脱颖而出。

任务检测

一、判断题(正确的打"√",错误的打"×")

    1. 在直播开场节点,主播只需要使用独特的开场白就能吸引观众,无须介绍直播主题和流程。( )

    2. 直播过程中,互动环节仅在产品介绍完毕后进行即可,无须贯穿整场直播。( )

    3. 主播在直播中语速越快,传递的信息就越多,越能吸引观众购买产品。( )

4. 助农直播间的主播在介绍农产品时,只需要保持严肃的情绪,不需要有其他情绪变化。(　　)

5. 直播运营人员在选择主播时,无须查看其之前的直播记录,只通过现场面试就能确定其是否合适。(　　)

二、选择题

1. 以下哪个不属于直播开场节点的重要作用?(　　)

A. 迅速吸引观众注意力　　　　　　　B. 营造热烈互动氛围

C. 设定直播基调　　　　　　　　　　D. 直接促成产品销售

2. 在直播互动节点,主播应该(　　)。

A. 尽量少与观众互动,以免影响直播进度

B. 根据直播节奏和观众反馈合理把握互动频率和时机

C. 只在观众提问时才进行互动

D. 互动环节时间越长越好

3. 主播在直播中进行发声训练时,以下哪种训练有助于增加声音的稳定性和力量?(　　)

A. 腹式呼吸训练　　　　　　　　　　B. 舌头操

C. 嘴巴操　　　　　　　　　　　　　D. 模仿啃苹果时的口腔状态

4. 助农直播间的主播在介绍农产品的优惠价格时,应该(　　)。

A. 语气平淡地快速说出价格

B. 声音上扬,表现出很兴奋的样子

C. 语气坚定,尾音下抑,适当放慢语速强调价格

D. 用不确定的语气说出价格

5. 直播运营人员在策划助农直播时,使用直播监控软件的主要目的不包括(　　)。

A. 查看其他优秀助农直播间的主播表达技巧

B. 分析之前直播间的互动曲线图

C. 分析之前直播间的购买曲线

D. 直接提高直播间的销售额

项目拓展　能力提升

学习了本项目,相信你对实施直播活动需要的技能已经非常熟悉,下面请你举一反三,为湖北秭归脐橙做好直播实施(图 5 - 4 - 13),从确定直播脚本、产品讲解与展示、规范直播行为、提升控场能力四个方面进行设计。

职业道德
小课堂

图 5 - 4 - 13　秭归脐橙

确定直播脚本：

产品讲解与展示：

规范直播行为：

提升控场能力：

项目六　直播复盘和数据分析

项目介绍

　　一场直播的结束并不是一个直播项目的终点。在直播后对该场直播进行复盘和数据分析,对于提升后续直播效果和持续优化品牌内容策略至关重要。首先,直播复盘有助于识别成功与失败的关键因素,通过对观众行为、互动模式和内容表现的深入分析,可以制定更有效的直播策略。其次,数据分析使我们能够量化直播的各项指标,如观看人数、互动频率和转化率,从而为决策提供科学依据。此外,掌握这些技能有助于构建数据驱动的文化,促进团队协作与创新,最终提升整体业务绩效。因此,直播复盘与数据分析不仅能有效提升直播人员的专业能力和信息素养,也为企业和品牌的可持续发展奠定了基础。

学习目标

　　(1) **知识目标:**深入了解直播复盘和数据分析的概念与内容,清晰地把握直播复盘的基本思路。

　　(2) **技能目标:**深度理解直播复盘的常用数据指标及数据分析方法,熟练利用直播平台工具进行数据分析。

　　(3) **素养目标:**通过项目复盘提升团队合作意识,培养客观求实的学习态度和精益求精的敬业精神。

项目导航

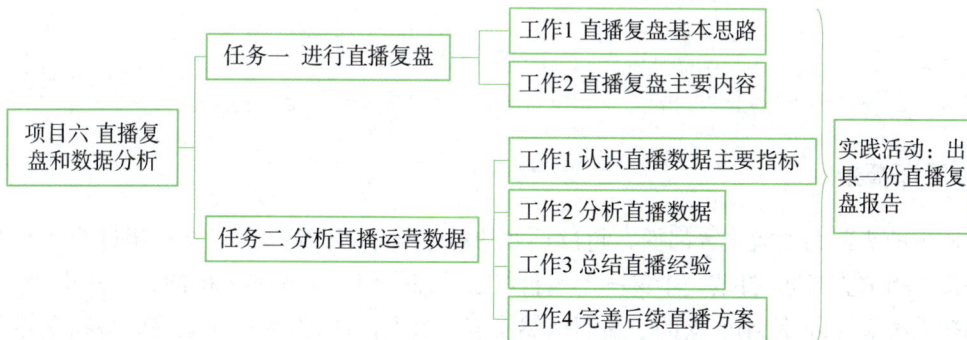

任务一

进行直播复盘

任务背景

现场直播活动的结束并不意味着直播项目的结束。一个完整的直播项目流程通常包括直播后的复盘环节。假设团队刚刚结束了一场直播活动,你需要清楚地知道如何快速地带领疲惫的团队成员完成一场高效的直播复盘。为此需要理解直播复盘的基本思路和复盘的方法,养成在每一场直播后开展直播复盘工作的职业习惯,并通过这一过程促进知识积累与团队协作,有助于制定更为科学的数据驱动决策。

任务分解

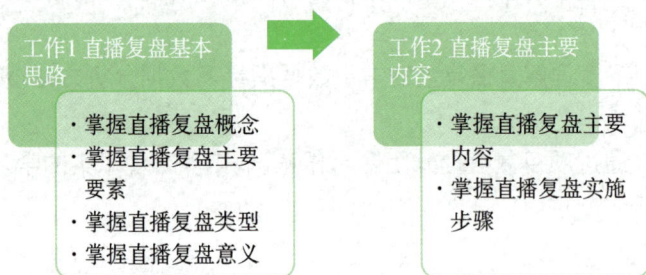

工作1 直播复盘基本思路	工作2 直播复盘主要内容
·掌握直播复盘概念 ·掌握直播复盘主要要素 ·掌握直播复盘类型 ·掌握直播复盘意义	·掌握直播复盘主要内容 ·掌握直播复盘实施步骤

工作 1 直播复盘基本思路

工作情景

淘宝的头部大主播通常都拥有超过千万的粉丝数量,每晚都会有累计超过 500 万人进入头部主播的直播间,打破一个又一个销售纪录。在一部关于头部主播的纪录片中,我们能看到接近凌晨时分,刚刚下播的主播们依然没有结束工作,因为有一项重要的事项在等着他们。会议室里,直播团队成员一一就位,一场复盘会正拉开帷幕。一次简单的复盘会议,有回顾、总结、分析、未来的操作,这些头部主播就是在一次次的复盘中,不断完善直播细节,形成自己的风格,成为无数人屏幕前的带货一哥一姐。

课前引入

尽管已经是炙手可热的头部主播,但这些大主播们仍然坚持在每场直播后进行直播复盘。请思考他们坚持这么做的原因是什么? 召开直播复盘会议有什么作用?

知识准备

1. 直播复盘的基本概念

(1) 什么是复盘:复盘是围棋术语,也称"复局",指对局完毕后,复演该盘棋的记录,以检查对局中招法的优劣与得失关键。复盘在贸易术语中,是指项目结束后,对其进行回顾和总结。为了持续提升营销效果,企业在营销活动结束后通常也要进行复盘,总结经验教训并作为下一次营销活动的参考。

(2) 什么是直播复盘:直播复盘是指在直播活动结束后,主播及其团队对此次直播活动的各项数据进行回顾、分析、总结,查找差距,弥补不足,积累经验,确定后续整体直播的节奏,优化直播效果的过程。

(3) 直播复盘的思路:一般来说,直播复盘主要包含两方面。一方面是人、货、场的复盘,另一方面是直播数据复盘。人、货、场的复盘主要关注直播过程中参与的各方要素,具体如下。

① 人:分析主播的表现、与观众的互动质量以及观众的反馈。主播的表达能力、个性魅力和现场应变能力直接影响观众的观看体验和购买决策。

② 货:评估所推广产品的选择、展示方式及其吸引力。需要考虑产品的定价、促销策略以及在直播中的展示效果,确保产品能够引起观众的兴趣。

③ 场:研究直播的整体环境,包括直播平台的选择、直播时间的安排以及场景布置等。这些因素都会影响观众的观看体验和参与度。

通过对人、货、场的综合分析,可以找到影响直播效果的关键因素,为今后的直播活动提供改进方向。

直播数据复盘也是直播复盘中极为重要的方面,我们将在任务二中更详细地介绍直播数据复盘的关键指标和方法。

综合来看,直播复盘不仅是对过去直播活动的总结,更是对未来直播策略的指导。此外还可以将人、货、场的复盘与数据复盘结合,从而帮助团队更全面地了解直播的成效,进而提升观众体验和商业转化率。

2. 直播复盘的意义

直播是一个系统工程,在直播过程中的每一个环节与细节都决定着一场直播的成败,所以在每场直播后必须进行复盘,其意义如下。

(1) 强化目标:可以加快后期工作的进度,以及方便对工作进行量化。

(2) 发现规律:通过总结规律可以使整个直播工作流程化,减少不必要的精力和时间消耗。

(3) 复制技巧:汲取成功经验并复制经验,不断提高直播能力和技巧。

(4) 避免失误:发现失败原因,避免下次再犯,让下次直播更成功。

3. 直播复盘的类型　直播复盘的类型有以下两种。

(1) 单场复盘：指对一场直播进行复盘，一般在下播后进行。

(2) 主题复盘：指对某个主题的直播进行复盘，一般是在直播一段时间后，对同一主题的直播进行复盘。

工作实施

1. 实施内容　在一次直播活动结束后，作为本场直播的项目负责人将大家召集起来召开了一场简单的直播复盘会，但疲劳的团队成员纷纷表示不想再额外花时间就这一场直播进行复盘。就此，你应该如何向团队成员解释召开复盘会的好处和复盘会的简单思路？

2. 实施工具　略。

3. 实施步骤

(1) 知道直播复盘的类型：直播复盘分为单场复盘和主题复盘。单场复盘通常是在下播后立刻进行的，能提供及时的观点和见解。

(2) 理解直播复盘的好处：直播是一个系统工程，每个环节和细节都影响直播的成败。因此，直播后复盘至关重要。它可以强化目标，加快后期工作进度并便于量化；通过总结规律，优化工作流程，减少不必要的时间和精力消耗；汲取成功经验以复制技巧，提升直播能力；同时，发现失败原因以避免在未来直播中重犯，从而提高整体成功率。

(3) 掌握直播复盘的简单思路：一方面是人、货、场的复盘，另一方面是直播数据的复盘。人、货、场的复盘主要关注直播过程中参与的各方要素。人主要是主播相关的表现，货主要是产品相关的因素，场主要是直播的环境与场地情况。直播数据的复盘我们将在任务二中学习掌握。

工作评价

如表 6-1-1 所示。

表 6-1-1　工作评价标准

评价项目	评 分 细 则	分数	得分
理解定义	准确理解直播复盘的定义	25	
形成思路	基本清楚直播复盘的思路，知道从哪些维度或者要素展开复盘	25	
明确意义	明确直播复盘的意义，能够基于直播复盘的重要意义形成开展复盘会的工作习惯	25	
了解类型	了解直播复盘的类型，知道在不同的情境下开展不同的直播复盘工作	25	
	总分	100	

工作 2　直播复盘主要内容

工作情景

在工作 1 的工作情境中提到的头部主播复盘会中,团队成员首先针对总体的直播观看数据进行了通报:"3 小时 20 分钟的直播时间,观看人次 1300 万,引导进店 320 万,平均用户在线时长 20 分钟。"

与可喜的数据相比,下面的环节则略显沉重,几位直播负责人分别汇报了该场直播的几点失误。

失误1:优惠券上错。导致结果:用户体验不佳,影响销量,直接责任人接受处罚。原因:带货品类众多,没有进行核查。解决措施:时间前置,提前检查。

失误2:直播现场,主播找不到相关工作人员。导致结果:带货时间延误,现场出现"尬点"。原因:工作人员离开现场,去处理其他事务。解决措施:直播时,相关人员必须在现场等候。

失误3:口播用词出现失误,直播中出现的词汇"24K 金",国内并无相关的定义。导致结果:粉丝产生"不专业"感,容易翻车,而且会导致"违规"。解决措施:国外商品的介绍要对照国内的相关标准、规定。

在直播失误的通报与改进措施讨论后,团队还就该场直播的一些关键品类数据进行了总结:"在带货的 7 种食品中,螺蛳粉最受欢迎,点击人次达 100 多万,蝉联销量第一;在生活品类的带货商品中,刚需女性用品销量排位第一,漱口水及补水膏点击较弱,但销售转化达标。美妆品类产品中,国货美妆产品超过 100 万次点击,排位第一,销售情况极佳。"

课前引入

从上述材料中,可以总结出直播复盘的主要内容有哪些?

知识准备

1. 直播复盘的内容　直播复盘是现代营销和品牌推广中至关重要的一环,不仅可以帮助直播团队了解直播效果,还能为未来的活动提供宝贵的参考。直播复盘的主要内容可以归纳为两个方面:数据分析与经验总结。

在进行直播复盘时,首先需要关注核心数据的分析,主要依赖客观的数据指标,以便全面评估直播的效果。通过对数据的综合分析,团队能够识别直播过程中的亮点与不足,从而为未来的直播活动制定更为有效的策略。

除了数据分析,经验教训的总结同样不可忽视。这一部分更偏向于主观层面的反思。

直播复盘的核心在于通过数据分析与经验总结的双重视角,全面提升直播的质量与效果。通过不断地复盘与优化,团队能够在激烈的市场竞争中立于不败之地。

2. 直播复盘步骤　直播复盘是提升直播效果和优化策略的重要过程。为了帮助团队更系统地进行复盘,以下是一个简单有效的直播复盘步骤示意图(图 6-1-1)。其中的每一步都将提供具体的操作建议和注意事项。

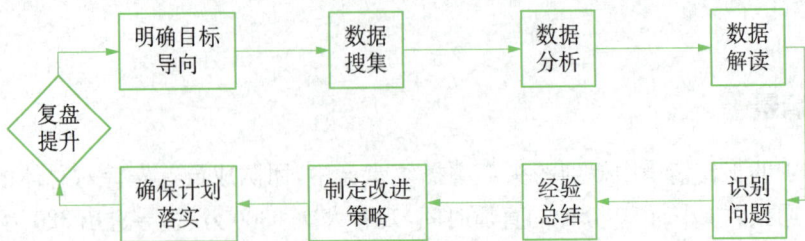

```
                ┌──────┐    ┌──────┐    ┌──────┐    ┌──────┐
          ┌────▶│明确目标│───▶│数据  │───▶│数据  │───▶│数据  │──┐
          │     │导向  │    │搜集  │    │分析  │    │解读  │  │
          │     └──────┘    └──────┘    └──────┘    └──────┘  │
       ┌──┴──┐                                                │
       │复盘 │                                                │
       │提升 │                                                │
       └──┬──┘                                                │
          │     ┌──────┐    ┌──────┐    ┌──────┐    ┌──────┐  │
          └─────│确保计划│◀───│制定改进│◀───│经验  │◀───│识别  │◀─┘
                │落实  │    │策略  │    │总结  │    │问题  │
                └──────┘    └──────┘    └──────┘    └──────┘
```

图 6-1-1 直播分析步骤

1) 步骤一:明确目标导向 在直播复盘前,应当首先回顾本场直播的目标和定位。只有在明确直播目标的前提下,直播的复盘才会有针对性,才能避免复盘时抓不住重点。

扩展阅读:直播的目标

直播的目标可以根据不同的业务需求和市场策略进行调整,但通常可以归纳为以下几个主要方面。

1. **提升品牌知名度** 通过直播活动,企业可以有效地扩大品牌的曝光率,使更多潜在客户了解品牌及其产品或服务。

2. **促进销售转化** 直播可以直接引导观众进行购买,通过实时展示产品、提供限时优惠等方式,提升销售额。

3. **增强用户互动** 直播提供了与观众实时互动的机会,企业可以通过问答、投票等形式增强观众的参与感,提升用户黏性。

4. **教育与培训** 通过直播,企业可以向观众传递知识和技能,例如产品使用指南、行业趋势分析等,提升观众的专业素养。

5. **收集用户反馈** 直播过程中,企业可以实时收集观众的意见和建议,帮助改进产品和服务,更好地满足用户需求。

6. **建立社区与忠诚度** 通过持续的直播活动,企业能够建立一个忠实的观众社区,增强用户的品牌忠诚度,促进客户的重复购买。

7. **展示产品与服务** 直播可以直观地展示产品特性和使用效果,帮助观众更好地理解产品价值,从而推动购买决策。

8. **增加网站流量** 通过直播吸引观众,可以有效增加网站的访问量,从而提升 SEO 效果。

9. **营销活动的补充** 直播可以作为整体营销活动的一部分,与其他渠道(如社交媒体、电子邮件营销等)相结合,形成合力,提升活动效果。

10. **传达品牌故事** 通过生动的直播内容,企业可以更好地传达品牌理念和故事,增强品牌的情感连接。

这些目标可以根据企业的具体情况和市场环境进行调整和细化,以实现最佳的直播效果。

2) 步骤二:数据收集、分析与解读

(1) 收集数据:在直播结束后,第一步是收集相关的数据,包括但不限于:

① 观看人数:实时观看和回放观看次数。

② 留存率:不同时间段的留存情况。

③ 转化率:报名、注册或购买的比例。

④ 销售额:直播期间和直播后的销售数据。

(2) 整理数据:将收集的数据进行整理,使用电子表格或数据分析工具,分类汇总各项指标,形成清晰的报告。确保数据的准确性和完整性,以便后续分析。

(3) 分析核心指标:通过对整理好的数据进行分析,找出关键指标的表现情况。例如:

① 分析留存率的变化,识别观众流失的节点。

② 评估转化率,确定哪些环节最有效。

(4) 深入解读数据:结合行业标准和历史数据,深入解读当前直播的表现。可以通过比较不同直播的表现,识别出趋势与模式,帮助团队总结成功与失败的原因。

(5) 注意事项

① 确保数据来源的可靠性。

② 尽量在直播结束后 48 小时内完成数据收集,以保持信息的新鲜度。

③ 使用可视化工具(如图表、仪表盘)来展示数据分析结果,便于理解。

④ 不仅关注数字,还要考虑背景因素,如市场变化、活动时间等。

3) 步骤三:经验总结与反思

(1) 识别问题:根据数据分析的结果,识别直播过程中的问题。例如:

① 直播内容是否吸引观众?

② 互动环节是否有效?

(2) 总结成功经验:对成功的环节进行总结,分析哪些做法促进了观众的参与和转化。例如:

① 哪些营销策略最有效?

② 观众对哪些产品反响热烈?

(3) 注意事项:

① 组织团队讨论,集思广益,确保每个团队成员的观点都被听取。

② 记录和归纳总结的内容,以便后续参考和应用。

4) 步骤四:制订优化计划

(1) 制定改进策略:根据总结的经验和教训,制订详细的优化计划,包括:

① 改善直播内容,增加观众感兴趣的主题。

② 优化直播的互动方式,提高观众的参与度。

(2) 确定责任人和时间节点:为每项策略设定明确的责任人和时间节点,确保计划的落实。定期检查进展,并根据实际情况进行调整。

(3)注意事项

① 制订计划时考虑可行性,避免过于理想化的目标。

② 在下次直播中实施优化策略,并继续进行复盘,形成良性循环。

直播复盘四步法是一种系统化的复盘流程,通过数据收集与整理、数据分析与解读、经验总结与反思、制订优化计划四个步骤,不仅能够帮助团队找出问题和总结经验,还能为未来的直播活动提供指导。通过不断地复盘与调整,团队将能够提升直播的整体效果,实现更高的观众满意度与转化率。

工作实施

1. 实施内容 请仔细阅读工作情景中引入的复盘案例,详细地梳理本次直播复盘的主要内容。

2. 实施工具 使用表格工具(表6-1-2)协助进行直播复盘内容的梳理。

表6-1-2 直播复盘内容梳理表

明确目标导向	目标序号／目标内容	直播目标1	直播目标2	直播目标3
数据收集、分析与解读	目标核心数据			
	数据收集方法			
	数据分析方法			
	数据解读结果			
经验总结与反思	问题识别			
	经验总结			
制订优化计划	优化策略			
	责任人与节点			

3. 实施步骤 按照直播复盘四步法完成直播复盘内容梳理表格的填写。

工作评价

如表6-1-3所示。

表6-1-3 工作评价标准

评价项目	评分细则	分数	得分
明确目标	明确直播的不同目标	25	
数据意识	基本清楚直播复盘的思路,知道从哪些维度或者要素开展复盘	25	

（续表）

评价项目	评 分 细 则	分数	得分
定性经验	明确直播复盘的意义,能够基于直播复盘的重要意义形成开展复盘会的工作习惯	25	
优化策略	了解直播复盘的类型,知道在不同的情境下开展不同的直播复盘工作	25	
	总分	100	

任务小结

　　在当前的市场环境下,直播复盘活动十分重要。直播复盘是对直播活动进行回顾和总结的过程,旨在分析主播表现、产品展示和直播环境等因素,以优化未来的直播效果。直播复盘不仅帮助团队识别成功与不足,还能强化目标、发现规律和复制成功经验。内容包括数据分析与经验总结两个方面,强调系统化的复盘流程,具体分为明确目标、数据收集分析、经验总结反思和制订优化计划四个步骤。通过这些方法,团队能够不断提升直播质量和商业转化率。

任务检测

一、判断题(正确的打"√",错误的打"×")

1. 直播复盘的最终目的是提高未来直播的效果。(　　)
2. 复盘过程只关注直播数据,通常不考虑主播的表现。(　　)
3. 直播复盘可以帮助团队识别成功和不足之处。(　　)
4. 主题复盘是对一场直播的复盘。(　　)
5. 在复盘过程中,经验总结不如数据分析重要。(　　)

二、选择题

1. 直播复盘主要包含哪些方面?(　　)

A. 观众反馈与产品展示　　　　　　　B. 人、货、场的分析

C. 直播平台选择　　　　　　　　　　D. 内容创作

2. 以下哪项不是直播复盘的意义?(　　)

A. 强化目标　　　　B. 发现规律　　　　C. 增加成本　　　　D. 复制技巧

3. 直播复盘的第一步是(　　)。

A. 数据分析　　　　　　　　　　　　B. 明确目标导向

C. 整理数据　　　　　　　　　　　　D. 制订优化计划

4. 直播复盘中需要分析的核心数据不包括(　　)。

A. 观看人数　　　　B. 转化率　　　　C. 主播的个人生活　　　　D. 销售额

5. 制订优化计划时,以下哪项是必要的?(　　　)

A. 确定责任人和时间节点　　　　　B. 忽视成功经验

C. 避免团队争论　　　　　　　　　D. 随意调整计划

三、简答题

1. 请简述直播复盘的步骤和每一步的主要内容。

2. 直播复盘对团队的未来活动有哪些具体的指导意义?

任务二

分析直播运营数据

任务背景

经过任务一的学习和练习,你已经掌握了直播复盘的基本思路,也知道了数据分析在直播复盘中的重要地位。此时你一定好奇,需要分析哪些核心的直播数据? 使用何种量化的方法来分析这些丰富的数据? 有没有什么工具可以协助我们进行分析? 如何基于分析的结果总结经验并形成后续的改进方案呢?

任务分解

工作1 认识直播数据主要指标	工作2 分析直播数据	工作3 总结直播经验	工作4 完善后续直播方案
· 认识直播相关的主要数据	· 认识常用的直播数据分析平台 · 知道如何根据直播数据分析平台上的仪表数据展开分析	· 掌握直播经验总结的实施策略 · 掌握直播经验总结的主要要素 · 掌握直播经验总结的过程与方法	· 掌握直播优化的4个角度

工作1　认识直播数据主要指标

工作情景

公司领导要求团队成员对最近一次直播活动的数据进行分析。不擅长数学的成员在接到任务后一筹莫展,于是向你请教。你会建议先了解哪些关键的数据指标以便用于直播数据分析?

课前引入

请通过网络自主学习回答解释下面这些名词的定义。

独立访客数(UV):

访问回访率:

UV 值:

客单价:

知识准备

在直播复盘过程中,分析各项指标是评估直播效果的重要环节。以下是主要的指标及其详细解释。

1. 浏览次数(PV)

定义　浏览次数是指用户在直播页面上观看内容的总次数。每当用户刷新页面或重新观看直播时,都会计入 1 次浏览。这个指标能够帮助我们了解直播的总体曝光率以及观众的兴趣程度。

意义　通过分析浏览次数,团队可以判断直播内容的吸引力和传播效果,也可以识别出哪些时间段最受欢迎,从而为未来的直播活动提供指导。

2. 独立访客数

定义　独立访客数是指在特定时间内访问直播页面的独立用户数量。一个用户在同一时间内多次访问只会计入 1 次独立访客。

意义　独立访客数指标能够有效反映直播的受众规模,帮助团队了解有多少不同的观众参与了直播。高独立访客数通常意味着更广泛的影响力和潜在的市场机会。

3. 平均观看时长

定义　平均观看时长是指观众在直播中停留的平均时间。这个指标能够反映观众对内容的兴趣和参与度。

意义　较长的观看时长通常表明观众对直播内容的关注度高,能够为团队提供改进内容的方向,例如哪些环节更能够吸引观众。

4. 粉丝增长率

定义　粉丝增长率是指在直播活动期间,新增粉丝数量与之前粉丝数量的比率。这一指标可以帮助团队评估直播的吸引力和品牌影响力。

意义　通过分析粉丝增长率,团队可以了解直播对品牌认知度的影响,并判断哪些内容或互动方式能够有效吸引新粉丝。

5. 转化率

定义　转化率是指观看直播的观众中,有多少比例的用户采取了预定的行动,如注册、购买或关注等。这个指标是评估直播商业效果的重要标志。

意义 高转化率表明观众对直播内容的认可和购买意愿,团队可以通过分析转化率来优化直播策略和营销活动,提高商业回报。

6. 成本有效性

定义 成本有效性是指在直播活动中投入的成本与创造的收益之间的比率。这个指标可以帮助团队评估直播的经济效益。

意义 通过评估成本有效性,团队能够判断直播活动是否值得投资,并为后续的预算分配提供依据。

7. UV 值

定义 UV 值是指独立访客数与浏览次数的比率,能够反映出每位访客的平均浏览行为。这个指标有助于了解用户参与度。

意义 较高的 UV 值通常表示观众的参与度高。团队可以通过这个指标评估内容的吸引力以及互动效果。

除了上述关键指标外,下面还有一些对直播复盘数据分析可能有帮助的指标。

1. 弹幕数

定义 直播过程中观众发送的弹幕总数量。

意义 反映观众的互动活跃度和参与感。弹幕数量越多,说明观众的参与感越强,直播氛围越好。

2. 评论数

定义 观众在直播间中发表评论的总次数。

意义 直接体现观众与主播之间的互动深度,评论数较高说明直播内容引发了观众兴趣或讨论。

3. 分享次数

定义 观众将直播间链接分享到其他平台的总次数。

意义 衡量直播间的传播能力和吸引新观众的潜力,分享次数多意味着直播间内容更具吸引力和扩散性。

4. 点赞数

定义 观众为直播内容点赞的总次数。

意义 反映观众的认可度和直播内容的受欢迎程度。

5. 停留时长分布

定义 不同时长段内观众的停留人数分布(如 0～1 分钟、1～5 分钟、5～15 分钟等)。

意义 分析观众的留存情况,识别直播内容在不同时间段的吸引力,帮助优化内容节奏。

6. 观看人数峰值

定义 直播过程中同时在线人数的最高值。

意义 反映直播间的瞬时吸引力,通常与特定时间段的内容表现(如促销环节、高潮部分)密切相关。

7. 复播率

定义 观看过直播的观众中,重复观看直播视频回放的比例。

意义　衡量直播内容的价值和吸引力,复播率高说明观众愿意再次查看直播内容。

8. 商品点击率

定义　观众点击直播间商品链接的次数与总观看人数的比值。

意义　反映观众对商品的兴趣程度,是直播电商中非常关键的指标。

9. 商品成交额(GMV)

定义　直播间产生的总销售额。

意义　直接反映直播带货的商业效果,是衡量直播电商成功与否的核心指标。

10. 退货率

定义　直播间销售商品产生的退货数量与总成交量的比值。

意义　反映商品质量与观众购买的满意度,退货率高可能影响主播口碑。

11. 新用户占比

定义　直播间中首次观看直播的新用户数量占总观看人数的比例。

意义　衡量直播对新用户的吸引能力,帮助评估推广效果。

12. 留存率

定义　在直播过程中,观众观看一定时间后仍然停留在直播间的比例。

意义　分析直播内容的吸引力和观众黏性,留存率高说明直播内容有吸引力。

13. 投放转化率

定义　通过广告或推广方式引流进入直播间的用户中,实际产生购买行为的用户占比。

意义　衡量直播对付费流量的转化效果,帮助评估广告投放的 ROI。

14. 引流来源分析

定义　观众进入直播间的来源渠道占比,如通过搜索、推荐、外部链接等。

意义　帮助了解不同引流渠道的效果,优化直播推广策略。

15. 观众地域分布

定义　观看直播的观众所在地区的分布情况。

意义　帮助主播了解目标受众的地理位置,为后续内容和推广策略提供参考。

16. 互动率

定义　直播间的互动行为(如点赞、评论、弹幕等)总次数与总观看人数的比值。

意义　衡量直播间的互动热度,互动率高说明观众参与积极性强。

17. 主播开播时长

定义　主播在本次直播中的实际开播时间。

意义　合理的开播时长有助于提高转化率和直播效率,过长或过短的直播时间可能会影响效果。

18. 平均客单价

定义　直播间商品成交总金额与成交订单总数的比值。

意义　分析购买力和商品定价水平,帮助制定合适的营销策略。

这些指标在直播复盘中也扮演着重要角色,可以帮助直播团队全面评估直播效果。通过深入分析这些数据,直播团队能够识别成功的因素和需要改进的地方,从而不断优化未来的直播活动,实现更好的观众体验和商业回报。

👥 工作实施

1. 实施内容　某品牌服装店邀请了一位知名主播进行直播带货,目标是推广冬季新品系列并提升品牌知名度。以下是本次直播的相关数据。

直播时长:120 分钟

总浏览次数(PV):45 000

独立访客数(UV):15 000

平均观看时长:6 分钟

点赞数:30 000

弹幕数:12 000

分享次数:5 000

新增粉丝数:3 000

直播间成交订单数:2 400

直播总成交额(GMV):480 000 元

投放广告费用:30 000 元

退货订单数:120

通过广告引流进入直播间的 UV:5 000

点击商品链接的次数:9 000

请基于上述数据完成下面的问题。

(1) 基本数据分析:

① 计算本次直播的转化率。

② 计算直播商品点击率。

(2) 互动与传播分析:

① 计算直播的互动率。

② 计算直播的平均每分钟点赞数。

(3) 商业效果分析:

① 计算直播的 UV 值。

② 计算直播的平均客单价。

③ 计算直播的退货率。

④ 计算广告引流的投放转化率。

(4) ROI 分析:计算直播的广告投放 ROI。

(5) 拓展讨论:

① 根据分析结果,你认为本次直播在哪些方面表现较好?

② 哪些指标反映了需要改进的地方,例如,是否存在提升互动率或转化率的空间?

③ 如果你是品牌方,下一次直播你会在哪些方面投入更多资源(如广告引流、主播互动、内容优化等)? 为什么?

2. 实施工具

（1）转化率（成交订单数÷独立访客数）。

（2）商品点击率（点击商品链接次数÷独立访客数）。

（3）互动率（互动行为总次数÷独立访客数，其中互动行为＝点赞数＋弹幕数＋分享次数）。

（4）UV 值（总成交额÷独立访客数）。

（5）平均客单价（总成交额÷成交订单数）。

（6）退货率（退货订单数÷成交订单数）。

（7）投放转化率（通过广告引流带来的成交订单数占总广告引流 UV 的比例，假设广告引流的转化率与整体转化率一致）。

（8）广告投放 ROI［（直播总成交额－广告费用）÷广告费用］。

3. 实施步骤

（1）基于直播指标的定义和计算方法计算要求的各项数据指标。

（2）将本场直播的关键数据指标与其他同类型产品直播的数据结果进行对比。

（3）针对拓展讨论的问题与其他成员进行讨论，共同总结本次直播的经验。

4. 实施结果　计算获得下列各项数据指标并总结分析直播经验。

转化率_____

商品点击率_____

互动率_____

UV 值_____

平均客单价_____

退货率_____

投放转化率_____

广告投放 ROI_____

你认为本次直播在哪些方面表现较好？

哪些指标反映了需要改进的地方？ 例如，是否存在提升互动率或转化率的空间？

如果你是品牌方，下一次直播你会在哪些方面投入更多资源（如广告引流、主播互动、内容优化等）？ 为什么？

工作评价

如表 6-2-1 所示。

表 6-2-1　工作评价标准

评价项目	评 分 细 则	分数	得分
数据指标定义掌握程度	能清楚解释各个指标的含义	25	
数据指标计算方法	能准确运用各个数据指标的计算方法	25	

（续表）

评价项目	评 分 细 则	分数	得分
数据指标运用思路	能基于一场直播给出的多方面数据找出关键数据指标，并计算相关数据指标结果	25	
数据复盘与问题总结	能基于数据指标结果总结直播问题或经验	25	
总分		100	

工作 2　分析直播数据

工作情景

现在已经知道了直播数据的主要指标，接下来你便要开始着手对直播数据进行分析，但摆在面前的难题是去哪里获取这些数据。你开始思考在当前这样一个数字化的时代，有没有什么智能的平台或者工具可以帮助你自动记录和计算这些数据呢？

课前引入

你是否知道下面的直播数据分析平台？请登录这些平台注册账号，并体验其功能。

知识准备

1. 常用的直播数据分析平台

（1）飞瓜数据（图 6-2-1）

功能特点：依托大数据与 AI 智能系统，提供分钟级实时数据查看，涵盖直播、达人、商

图 6-2-1　飞瓜数据

品、品牌等多维度数据及走势。"商品雷达"可实时发现起量新爆款并分析其投流逻辑;"达人洞悉"能协助分析达人投放价值及潜力,还提供内容挖掘与运营、深度定制报告等服务,助力用户在直播电商、新品研发、广告投放、营销策略等多场景进行决策。

适用对象:品牌方、商家、广告公司、MCN 机构等,可用于监控竞争对手动态、寻找优质达人合作、优化直播运营策略等。

平台覆盖:主要覆盖抖音、快手、B 站等主流短视频及直播平台。

(2) 抖小店(图 6-2-2)

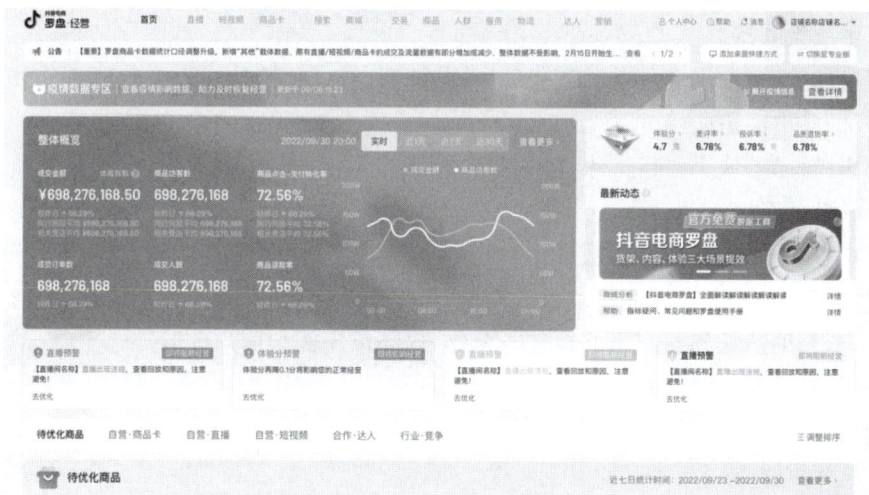

图 6-2-2　抖小店

功能特点：支持对短视频直播进行数据分析，可详细查看带货数据，如订单量、浏览量、推广达人数等，实现商品多维度分析。提供选品监控功能，能实时发现爆品潜力，掌握选品趋势。此外，还有店铺管理、供应商管理、爆款推荐、推荐小店、热销新品等功能。

适用对象：抖音小店商家、供应商、达人等，帮助其进行商品选品、店铺运营管理及爆款挖掘。

平台覆盖：主要针对抖音平台。

（3）壁虎看看（图6-2-3）

图6-2-3　壁虎看看

功能特点：提供短视频和直播电商数据查询、趋势分析、舆情分析、用户画像、视频监测和数据研究等一系列服务。数据大屏可实时监控直播活动各项指标；复盘分析能帮助用户分析直播效果和优化策略；品牌追踪协助洞察竞品声量趋势与营销动态；达人分析为品牌和广告主提供决策支持。

适用对象：淘宝卖家、生产厂家、代理商、品牌商、广告营销公司以及内容创作团队、用户运营团队、商品供应团队等。

平台覆盖：涵盖快手、抖音、小红书等多个平台。

（4）蝉妈妈（图6-2-4）

功能特点：一站式数据分析服务平台，具有毫秒级实时直播监控功能，可监控首发直播转化率、直播间UV值、直播间平均停留时长等关键指标，还支持抖音小店数据分析和App端数据查询，帮助达人和商家更好地进行合作，提高销售额和用户体验。

适用对象：抖音、小红书等平台的达人和商家。

平台覆盖：主要针对抖音、小红书平台。

（5）灰豚数据（图6-2-5）

功能特点：实时直播数据监控，涵盖直播流量、转化情况，以及直播间涨粉分时统计、商品动销等情况。直播间营销管理功能丰富，如商品批量添加、管理，关注卡片、分享裂变、优

图 6-2-4　蝉妈妈

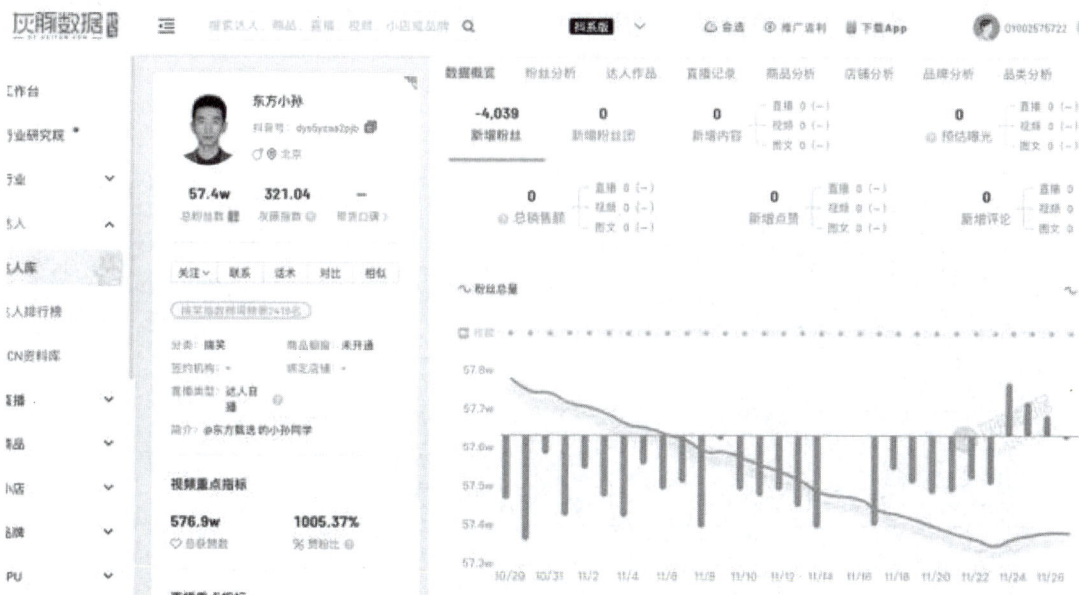

图 6-2-5　灰豚数据

惠券设置等智能工具一应俱全。

　　适用对象：淘宝直播间商家，为其提供直播日常运营支持。

　　平台覆盖：主要针对淘宝平台，支持多浏览器插件使用。

工作实施

实施内容 请基于下面 3 张直播数据盘呈现的内容,对关键的数据指标进行分析,并结合相关数据的结果讨论此次直播的相关经验(图 6−2−6～图 6−2−8)。

图 6−2−6 直播数据盘一

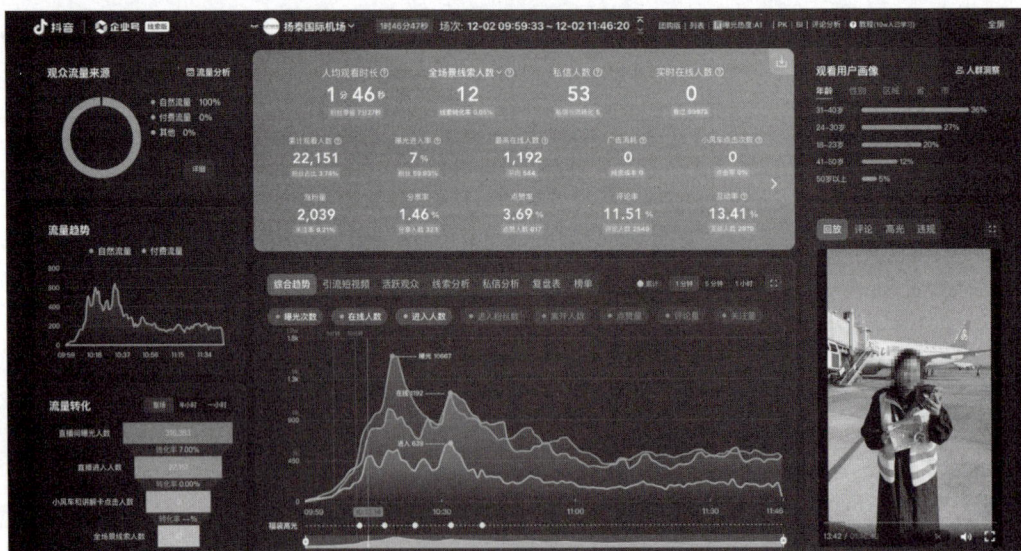

图 6−2−7 直播数据盘二

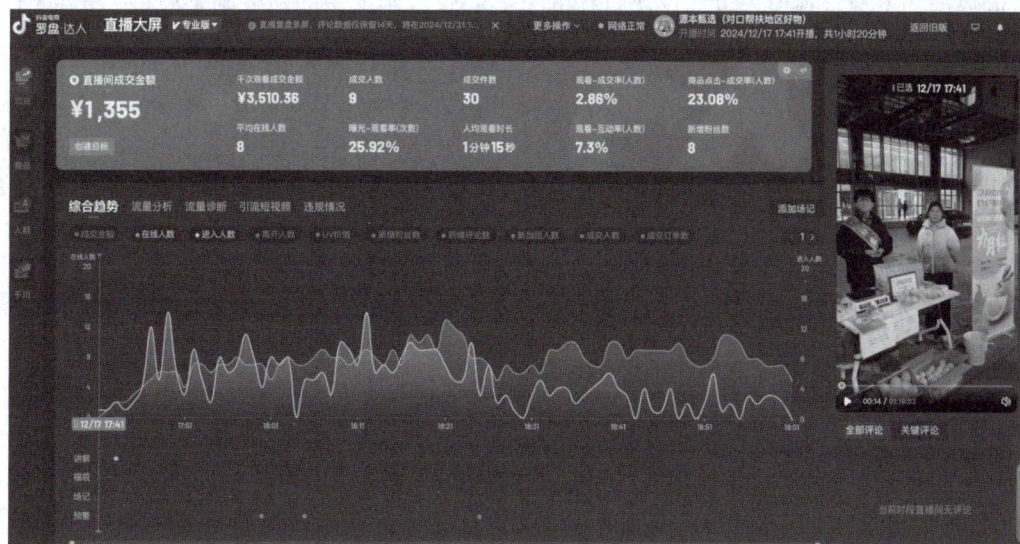

图 6-2-8 直播数据盘三

工作评价

如表 6-2-2 所示。

表 6-2-2 工作评价标准

评价项目	评 分 细 则	分数	得分
数据分析平台使用情况	熟悉几大数据分析平台的操作方法,能登录类似平台并熟悉各个功能	40	
平台数据掌握度	熟悉各大直播数据分析平台的各项数据的含义,能够基于数据指标的含义进行计算	40	
平台技能迁移度	能够将一个数据平台的使用方法迁移到其他平台中,从而具备快速掌握一个新平台使用方法的能力	20	
总分		100	

工作 3 总结直播经验

工作情景

现在你已经掌握了数据分析的全部方法,并利用数据分析平台计算出了丰富的指标结果,但数据并不会直观地告诉你这次直播的重要经验。接下来的任务则是要进一步总结此次直播的经验。

课前引入

直播成功与否,往往取决于多方因素的综合作用。在这次课程开始之前,请思考以下问题:

(1) 你认为直播过程中,哪些因素对观众的观看体验影响最大?

(2) 在你参与的直播活动中,是否有过让你印象深刻的成功经验或失败教训?可以分享一下吗?

(3) 在团队协作中,你认为哪些沟通方式或策略最有效?

知识准备

直播经验总结的实施策略:直播活动的成功与否,数据分析固然重要,但它仅仅能从表面上反映直播结果。一个完整的直播体验不仅仅依赖数据,还包括直播的流程设计、团队配合、主播的演绎以及产品的展示效果等多方面的因素。这些非量化的因素常常需要通过团队的自我反思与集体讨论提炼出经验教训,以便形成未来工作的改进建议和可行方案。这一过程我们称为直播经验总结。可以从以下几个方面入手进行直播经验总结。

1. **直播流程的管理与优化**　直播的计划通常包括详细的时间节点和环节安排,但在实际执行中,情况可能会发生变化。在每场直播结束后,团队应当对比实际执行情况与预设计划的差异,包括时间控制、内容安排等。分析这些差异的原因,如主播对产品介绍的掌控、用户反馈的应对以及意外情况的处理,能够帮助团队在未来的直播中制定更加合理的脚本。例如,如果发现某个环节总是超时,团队可以考虑简化该部分内容或增强其节奏感,以提升整体流畅度。

2. **产品展示效果及转化率评估**　在直播中,产品的介绍方式和主播的表达策略可能会有所不同。通过对每款产品介绍后的转化率进行分析,团队可以识别哪些话术和展示技巧更能打动观众。例如,某种幽默的表达风格可能在某一场直播中引发了较高的购买率,而在另一场直播中则效果平平。通过这种深入的分析,团队可以制定出更加精准的产品展示策略,并为未来直播的产品介绍提供参考。

3. **互动效果与观众参与度分析**　直播脚本中设计的互动环节,如投票、问答等,旨在增强观众的参与感。然而,在直播过程中,这些环节是否能够有效激活观众的参与意愿,需要进行细致的评估。团队应当回顾直播中与观众的互动情况,分析互动环节的设计是否吸引了足够的观众参与,是否存在技术问题或时间安排不当等情况。通过这些反馈,团队可以对互动设计进行调整,使其更具吸引力和有效性。

4. **团队协作的深度与广度**　在直播活动中,成功的背后是一个协调高效的团队。每个成员都在各自的岗位上发挥着重要作用,角色分工包括策划、主播、技术支持、客服等。团队协作效果直接影响直播的质量和效率。因此,在直播复盘时,每个成员都应从自己的职责出发,分享在直播过程中的观察与体验。通过团队的广泛讨论,成员能够识别潜在的协作问题,改进沟通方式,提升团队的整体表现。

5. 直播过程总结的具体步骤 为了高效地进行直播过程总结,团队可以采用以下步骤。

（1）个人反思:每位参与直播的成员需要对自己的工作进行反思,涵盖工作内容、完成情况、面临的挑战以及改进建议。这一环节有助于每个人认识到自身工作中的优缺点。

（2）问题深入挖掘:在个人总结后,团队应针对每位成员的反馈进行深入讨论,挖掘问题的根源。哪些因素导致了某些任务未完成?哪些环节出现了意外的问题?这一环节虽然困难,但对于发现真正的问题至关重要。

（3）制定改进方案:一旦确定了问题的根源,团队应集思广益,讨论出切实可行的解决方案。这不仅对提升未来的直播效果有帮助,也能促进团队成员的个人成长与合作能力的提升。

（4）记录与实施:在讨论中形成的解决方案需要被详细记录,并在今后的直播策划中加以应用。通过不断实践与反馈,团队可以检验这些方案的有效性,并在此基础上进行调整和优化。

通过这种系统化的复盘过程,直播团队能够及时发现问题并解决问题,推动直播活动的持续改进与发展,从而在竞争激烈的市场中保持优势。

工作实施

实施内容 在工作 2 的最后,我们基于直播数据盘计算了相关的数据指标,现在请基于这些数据指标的结果总结此次直播的经验。

工作评价

如表 6-2-3 所示。

表 6-2-3 工作评价标准

评价项目	评 分 细 则	分数	得分
直播经验总结维度	掌握直播经验总结的几个维度,清楚能够从哪些方面开展直播经验的总结	40	
直播经验总结具体过程	掌握直播经验总结的具体过程步骤,能够熟练开展直播经验总结会	40	
直播经验总结报告	能够通过直播经验总结撰写相关总结报告	20	
总分		100	

工作 4　完善后续直播方案

工作情景

通过直播复盘和数据分析,我们识别了一些成功的因素和可改进之处。现在,团队需要根据这些反馈优化后续的直播方案,以提升观众参与度和转化率。

课前引入

直播的哪些内容是可以快速进行设置和更改以实现优化的?另外直播项目的团队管理和运营有哪些是可以快速实现优化迭代的内容?

知识准备

完善后续直播方案,实现直播持续优化的角度。

1. 强化产品展示　在每次直播中,产品展示是关键环节。根据前期复盘结果,团队可以:

(1)调整展示顺序:将最受欢迎的产品放在前面,以提高观众的关注度。利用直播数据分析,确定哪些产品的点击率和转化率较高,从而优化展示流程。

(2)丰富展示形式:通过短视频、现场演示等多样化的方式吸引观众。可以考虑使用360°全景展示,增强观众的沉浸感,或通过搭建使用场景展示产品的实际效果。

(3)运用故事化叙述:将产品介绍与故事结合,通过讲述产品背后的故事或用户的使用体验,增强情感共鸣,提高观众的购买欲望。

(4)设置时间限制的特惠:在直播中设置限时优惠,营造紧迫感,促使观众快速下单。展示"倒计时"可以有效提升转化率。

2. 优化主播话术　主播的表达方式对观众的购买决策有显著影响,团队可以:

(1)制定话术模板:根据以往成功的经验,形成标准化的表达方式。模板中应包含开场白、产品介绍、互动引导及结尾语,以确保信息传达的一致性和有效性。

(2)进行主播培训:提升主播的表达技巧与应变能力,增强互动效果。可以组织定期的培训课程,模拟直播场景,让主播在实战中提升反应速度和表达的清晰度。

(3)引导情感共鸣:主播应学会运用情感表达和语调变化,吸引观众的注意力。在介绍产品时,可以分享客户的真实反馈和使用体验,使介绍更加生动有趣。

(4)加强与观众的连接:主播可以在话术中融入对观众的称呼和互动,增强亲切感。例如,使用"朋友们""亲爱的观众"等称谓,拉近与观众的距离。

3. 增强互动环节　互动是提升观众参与感的重要手段,团队可以:

(1)设置实时投票:让观众参与直播内容的选择。可以通过实时投票决定产品展示顺序或选择下一个讨论的话题,提升观众的参与感。

（2）引入抽奖活动：通过赠品吸引观众积极参与，并提高观看时长。抽奖活动可以设定条件，例如观众需要在直播过程中完成某个互动任务，以增加参与度。

（3）开展问答环节：在直播中设置专门的问答时间，鼓励观众提问，主播实时解答。这不仅能提高观众的参与感，还能展示主播的专业性。

（4）利用社交媒体：通过社交媒体平台进行互动，鼓励观众在直播前后进行讨论和分享，提高整体曝光率。

4. 团队协作与分工

（1）制定团队工作流程：形成详细的工作流程图，明确每个环节的责任人和时间节点，确保工作有序进行。

（2）设置交叉培训：鼓励团队成员之间进行交叉培训，提升每个人对其他岗位的理解，增强团队合作的灵活性。

（3）使用协作工具：利用在线协作工具，如项目管理软件和即时通信工具，提升信息共享和沟通效率，确保团队成员能够随时更新进展。

（4）建立反馈机制：设立定期的反馈会议，鼓励团队成员对直播活动提出建设性意见，确保每个人的声音都能够被重视和采纳。

（5）通过以上措施，团队不仅可以优化后续的直播方案，还能增强整体的执行力和团队凝聚力，从而在竞争激烈的市场中脱颖而出。

工作实施

实施内容　根据工作 2 和工作 3 分析的直播数据结果和经验总结，完善后续的直播方案。

工作评价

如表 6-2-4 所示。

表 6-2-4　工作评价标准

评价项目	评分细则	分数	得分
直播优化角度	掌握后续直播优化的几个分析角度	40	
直播优化内容	清楚可以通过哪些措施针对性地优化后续直播的各个角度	40	
撰写后续直播优化方案	能够基于直播优化的建议撰写完整翔实的直播优化方案	20	
总分		100	

📁 任务小结

　　本任务是直播电商运营中的一项关键活动。通过这个任务,深入学习了直播数据分析的基本概念和重要性,探索了不同类型的数据指标以及相关的分析流程和内容,并掌握了相关网络平台工具的使用技巧。通过直播经验的总结,大家提升了复盘工作的能力与素养,为未来的学习和就业奠定了坚实的理论基础和技能准备。

📝 任务检测

一、判断题(正确的打"√",错误的打"×")

1. 直播数据分析的主要目的是评估直播的商业效果。（　　）
2. 独立访客数是指在直播过程中所有用户的总和。（　　）
3. 平均观看时长越长,通常表明观众对内容的兴趣越高。（　　）
4. 转化率是指观看直播的观众中采取行动的比例。（　　）
5. 直播中的弹幕数与观众的参与感无关。（　　）

二、选择题

1. 以下哪项不是直播数据分析中的核心指标?（　　）
A. 浏览次数　　　　B. 独立访客数　　　C. 观众的性别　　　D. 转化率
2. 用于评估直播经济效益的指标是（　　）。
A. 粉丝增长率　　　B. 成本有效性　　　C. 平均观看时长　　D. 互动率
3. 直播的互动率计算公式是（　　）。
A. 点赞数＋评论数＋弹幕数　　　　　　　B. 互动行为总次数÷独立访客数
C. 独立访客数÷浏览次数　　　　　　　　D. 平均观看时长÷观看人数
4. 以下哪个平台不专注于直播数据分析?（　　）
A. 飞瓜数据　　　　B. 抖小店　　　　　C. 微博　　　　　　D. 蝉妈妈
5. 在直播过程中,哪项指标最能反映观众对产品的兴趣?（　　）
A. 平均观看时长　　B. 商品点击率　　　C. 粉丝增长率　　　D. 直播时长

三、简答题

1. 请简述浏览次数和独立访客数之间的区别,以及它们各自的重要性。
2. 在直播复盘中,如何有效分析产品展示效果与转化率?请给出具体的分析方法。
3. 结合直播经验总结的实施策略,谈谈如何通过团队讨论来提升直播效果。

实践活动:出具复盘报告

　　如果你被分配到一家新兴电商企业"优选网"(虚构公司)担任直播运营助理。公司近期举办了一场以"年终大促"为主题的电商直播活动,目标是提升品牌曝光度并实现销售增长。现在,负责人要求你基于直播活动的实际数据,出具一份详细的直播复盘报告,以便总结经验并为下次活动的优化提供数据支持。

1. **任务背景**　"××网"在 12 月 24 日 19:00—22:00 举办了一场"年终大促"电商直播活动。直播中,主播共进行了新款产品展示、秒杀活动、互动抽奖等环节,吸引了大量观众参与。

公司提供了以下数据和直播过程记录的主要情况供你分析和使用:

指标	数据
直播总观看人数	18 500 人
高峰在线人数	3 200 人(20:30)
点赞总数	75 000 次
评论互动总数	12 300 条
商品浏览数	65 000 次
商品点击数	13 000 次
成交订单数	3 250 单
总成交金额	¥520 000
投放直播间优惠券数量	5 000 张
优惠券使用数量	3 450 张
投放广告费用	¥30 000

(1) 主播表现与直播节奏

① 主播为某知名美妆博主,粉丝基础较好,语言风趣幽默,擅长调动气氛。

② 直播前 1 小时(19:00—20:00),主播主要进行新品介绍和试用演示,反响较好,但部分观众反映节奏偏慢,商品讲解时间过长,导致部分用户流失。

③ 在 20:30 的秒杀环节,主播因操作失误导致秒杀产品链接错误,观众在评论区大量留言反映问题,场面一度失控,后台花费 10 分钟修复问题。

(2) 观众互动和反馈

① 点赞和评论互动集中在抽奖和秒杀环节,尤其是在 21:30 的最后一轮秒杀活动中,评论数达到高峰(单分钟评论超过 1 000 条)。

② 部分观众在评论区反映商品价格信息不够清晰,尤其是在展示多款商品时,价格和优惠信息未及时同步。

(3) 技术与流程问题

① 直播开始时(19:00—19:10),直播间画面出现卡顿,导致约 200 名观众退出。

② 优惠券推送环节(19:30 和 21:00)出现系统延迟,有部分用户未能及时领取优惠券,

在评论区留言抱怨。

（4）主播与助播配合

① 助播主要负责后台商品链接管理，但由于缺乏经验，在20:30的秒杀环节出现了链接错误问题。

② 主播多次提醒助播更新优惠券，但未能及时处理，导致观众体验感受较差。

（5）观众积极反响的亮点

① 在21:00的新品穿搭演示中，观众反响热烈，不少用户表示"种草"了多款产品，点赞数在此时段达到峰值。

② 抽奖环节中，主播随机翻评论区选中奖用户的方式受到观众欢迎，评论区留言活跃度显著提升。

2. 任务要求　根据上述背景信息和数据，完成以下任务。

（1）数据整理与分析：计算以下核心指标。

① 成交转化率（成交订单数÷商品点击数×100%）。

② 优惠券使用率（优惠券使用数量÷投放优惠券数量×100%）。

③ 广告投入产出比（总成交金额÷投放广告费用）。

④ 优惠券投放与使用对比情况。

（2）总结直播活动优劣势：根据数据分析和现场情况记录，总结本次直播活动的亮点和不足。

（3）提出改进建议：提出至少3条针对直播活动改进的具体建议。

（4）撰写复盘报告：整理数据和分析结果，撰写一份标准的直播复盘报告。

参 考 文 献

［1］郑延,刘祎. 直播运营管理［M］. 北京：人民邮电出版社,2023.

［2］芮红磊,戴月,杨泳波. 电商直播［M］. 北京：电子工业出版社,2021.

［3］华迎. 新媒体营销［M］. 北京：人民邮电出版社,2024.

［4］余以胜,林喜德,邓顺国. 直播电商：理论、案例与实训［M］. 北京：人民邮电出版社, 2021.

［5］富爱直播,陈楠华,李格华. 直播运营一本通：教你从主播修炼、平台运营到商业获利［M］. 北京：化学工业出版社,2021.

［6］马九杰,陈俊良,赵永华. 直播电商价值链中数字守门人与农产品质量安全把守机制研究［J］. 管理世界,2025,41(04)：175 - 198.

［7］程佳聪. 电商直播特性对消费者在线购买意愿的影响——基于心流体验和品牌态度的视角［J］. 商业经济研究,2025(06)：92 - 95.

［8］李利平. 农产品电商直播对消费者购买意愿的影响机制分析［J］. 商业经济研究,2025 (03)：122 - 125.

附 录

课 程 标 准

一、课程名称

直播运营管理

二、适用专业及面向岗位

适用于网络营销与直播电商专业。

三、课程性质

"直播运营管理"课程是网络营销与直播电商专业的核心必修课程。本课程采用"项目引领、任务驱动"的教学模式,系统构建直播电商知识体系,培养学生从基础认知到项目实战的全流程运营能力。课程内容涵盖直播策划、场景搭建、话术设计、流量运营、数据分析等关键环节,通过理论与实践相结合的教学方式,助力学生掌握直播电商的核心技能,最终具备独立开展直播电商项目策划与执行的职业能力。

四、课程设计

本课程旨在培养具备直播电商全流程运营能力的专业人才,使学生能够独立完成直播策划、执行、数据分析与优化等核心工作,适应直播电商行业的岗位需求,具备创新思维、团队协作能力和职业素养。

(一)设计思路

本课程以培养直播电商运营人才为主线,紧密围绕直播运营岗位的实际工作需求,构建理论与实践深度融合的教学体系。教材内容基于典型工作任务进行模块化设计,将直播电商运营的核心能力分解为策划、执行、运营、分析等关键环节,确保教学内容与行业标准、岗位技能要求高度匹配。

(二)内容组织

将完整的直播电商运营流程分解为六个循序渐进的学习项目,包括:开启直播电商之路、搭建直播工作间、制定直播方案、进行直播预热、实施直播活动、直播复盘和数据分析。每个项目均设置明确的学习目标和实践任务,确保学生能够学以致用,全面提升直播电商运营的综合素质。

五、课程教学目标

（一）知识目标

（1）掌握直播电商的基本概念、发展现状及行业趋势。
（2）理解不同直播平台的特点、用户画像及运营规则。
（3）熟悉直播团队的组织架构、岗位职责及协作流程。
（4）掌握直播选品、脚本撰写、场景搭建、营销策划等核心理论知识。
（5）了解直播数据指标的含义及分析方法，能够通过数据优化直播效果。

（二）能力目标

（1）能够独立完成直播策划，包括主题设定、目标制定、脚本编写等。
（2）能够搭建直播间，熟练使用直播设备及软件。
（3）能够运用营销话术和互动技巧提升直播间转化率。
（4）能够通过数据分析工具复盘直播效果并提出优化方案。
（5）能够制定风险预案，应对直播中的突发问题。

（三）素养目标

（1）职业态度：具备严谨的工作态度，遵守直播行业法律法规，注重诚信营销。
（2）团队协作：能够与团队成员高效沟通，明确分工，共同完成直播任务。
（3）创新思维：主动探索直播新玩法，结合热点和用户需求优化内容。
（4）抗压能力：在直播过程中保持稳定的情绪，灵活应对突发状况。
（5）用户导向：始终以用户需求为核心，注重用户体验和反馈。

六、参考学时与学分

参考学时：48学时；参考学分：3学分。

七、课程结构

项目	学习任务	知识、技能、态度要求	教学活动设计	建议学时
开启直播电商之路	认识直播平台	1. 能区分传统电商和兴趣电商 2. 认识不同直播电商平台 3. 认识直播带货模式 4. 能保持开放心态，主动学习新平台规则 5. 能重视行业规范，避免违规操作	理论讲授实操演示能力拓展	4
	选择直播平台	1. 能分析直播平台用户画像 2. 能计算不同平台入驻成本 3. 认识直播平台带货模式 4. 能理性分析平台优劣，结合自身定位选择 5. 具备成本控制意识		

（续表）

项目	学习任务	知识、技能、态度要求	教学活动设计	建议学时
搭建直播工作间	组建直播团队	1. 认知直播电商相关岗位 2. 能设计直播团队的组织架构 3. 能制定直播岗位的职责任务 4. 能掌握各直播岗位的适配要求 5. 能尊重团队成员分工，积极沟通协作 6. 能树立责任意识，明确岗位职责	理论讲授 实操演示 能力拓展	8
	选择直播产品	1. 能结合自身营销定位选择合适的产品 2. 能根据产品进行用户调研 3. 能对竞品进行调研 4. 能汇总产品的优缺点 5. 能根据产品特点编写产品介绍 6. 注重产品品质，拒绝虚假宣传 7. 具备市场调研耐心，客观分析竞品		
	确定直播风格	1. 能分析直播账号的粉丝定位 2. 能制定出镜者形象方案 3. 能保持个人形象与品牌调性一致 4. 能注重细节，提升专业感		
制定直播方案	确定直播目标	1. 能分析不同类型账号的需求 2. 能根据需求确定直播的主题 3. 能设定直播销售周期目标 4. 注重结果导向，及时调整策略	理论讲授 实操演示 能力拓展	10
	选择直播场景	1. 能根据直播基本情况选择道具、场地 2. 能在不同场景下搭建直播间 3. 能根据销售需求选择硬件设备 4. 能完成多种设备的搭建与联调 5. 注重场景与产品的匹配度 6. 具备安全意识，确保设备稳定		
	选择营销方式	1. 能根据企业需求制定产品营销方案 2. 能根据不同营销方案制定流量投放计划 3. 能控制营销成本 4. 能判定不同营销方式的合作风险		
	直播风险预案制定	1. 能制定并执行风险应对计划 2. 能提出断网、断电等简单故障解决措施 3. 能判断营销过程中的法律、法规风险		
进行直播预热	准备预热物料	1. 能设计宣传文案 2. 能根据脚本拍摄海报、短视频的预热素材 3. 能在预热素材制作过程中呈现产品的特征 4. 注重素材创意，吸引用户关注 5. 能严谨检查内容，避免错误信息	理论讲授 实操演示 能力拓展	12

（续表）

项目	学习任务	知识、技能、态度要求	教学活动设计	建议学时
	进行直播前推广	1. 能按照相关平台要求发布素材 2. 能通过社交工具等方式推广制作的预热素材 3. 能执行跨平台宣传计划 4. 积极利用多渠道推广 5. 注重用户反馈，及时优化预热内容		
实施直播活动	确定直播脚本	1. 能将产品特性整理成直播脚本 2. 能编写团队协作的直播脚本	理论讲授 实操演示 能力拓展	10
	产品讲解与展示	1. 能介绍销售产品的基本特性及卖点 2. 能对销售产品进行展示 3. 能引导用户下单 4. 能使用营销话术介绍产品特点 5. 能介绍平台优惠及产品折扣信息 6. 热情互动，提升用户购买欲望		
	规范直播行为	1. 能使用规范语言进行直播 2. 能使用规范动作进行直播 3. 能保证直播画面的规范 4. 语言规范，避免虚假宣传		
	提升控场能力	1. 能对个人情绪进行控制管理 2. 能调动直播间气氛 3. 能根据用户反馈实时调整直播策略 4. 保持情绪稳定，灵活应对突发状况 5. 能积极调动气氛，增强用户黏性		
直播复盘和数据提升	进行直播复盘	1. 掌握复盘的基本思路 2. 能通过复盘提出营销方案的优化建议 3. 能客观分析数据，不回避问题 4. 具备改进意识，持续优化直播效果	理论讲授 实操演示 能力拓展	4
	分析直播运营数据	1. 能认识直播相关数据 2. 能采集营销数据 3. 能统计营销数据 4. 能通过数据分析进行直播优化 5. 能严谨对待数据，避免主观臆断 6. 善于总结规律，提升运营效率		

八、资源开发与利用

（一）教材编写与使用

本教材《直播运营管理》以直播电商行业岗位需求为导向，结合直播电商技能大赛比赛内容和直播运营岗位职业能力分析，采用"理实一体、突出实践"的编写原则，确保教材内容与行业标准、职业资格考证要求紧密衔接。教材紧跟行业最新案例和技术，适应直播电商快速发展的趋势。

(二) 课程资源的开发与利用

充分利用校企资源平台，校企共同开发、利用案例资源、教学课件、动画、微课等教学资源。线上和线下教学相融合，学员可利用手机移动端在线学习、答疑、知识考核评价等。

九、教学建议

根据本课程教学内容的特点，可考虑项目驱动教学法、竞赛激励法、角色扮演法和案例讲解法等教学方法的灵活运用。结合教材的项目实训以学生的实践操作为主，开展实战项目演练，着力培养学生掌握网络营销与直播电商典型工作岗位的直播运营技能。鼓励学生自己进行直播实践，在学习中实践，在实践中提升。

十、课程实施条件

专业教师需具备电子商务或直播电商相关行业实践经验，熟悉直播运营、短视频营销、数据分析等核心技能，能够结合真实案例开展教学。可聘请企业导师或资深直播运营人员参与授课，提供实战经验分享和岗位技能指导。

课程应在理实一体化实训室进行，配备直播设备、多媒体教学系统及网络教学平台，支持"理论讲解＋实操演练"相结合的教学模式。

实训室应模拟真实直播场景，配备灯光、绿幕、声卡、摄像头等专业直播设备，供学生进行直播模拟训练。

十一、教学评价

采用形成性考核结合期末考试的评价方法：

形成性考核占学期总成绩的60％，内容包括课堂考勤、课堂表现、作业成绩、线上学习等形式；

期末考试占学期成绩的40％，主要考核直播运营相关技能。

具备直播运营的能力

直播复盘和数据分析

- 4. 理解数据驱动的优化思路。
- 3. 熟悉数据分析的基本工具和方法。
- 2. 掌握直播核心指标的含义。
- 1. 了解直播复盘的基本流程和方法。

- 1. 能够收集整理完整的直播数据。
- 2. 能够使用数据分析工具进行数据统计。
- 3. 能够通过数据分析发现问题并提出优化建议。
- 4. 能够撰写专业的直播复盘报告。

实施直播活动

- 4. 理解直播数据实时监测的重要性。
- 3. 熟悉直播控场的核心方法。
- 2. 了解直播行为规范和相关法规。
- 1. 掌握产品讲解的基本话术和技巧。

- 1. 能够流畅地进行产品讲解和展示。
- 2. 能够规范执行直播流程，规避违规风险。
- 3. 能够有效调动直播间气氛，提升互动率。
- 4. 能够根据实时数据调整直播策略。

进行直播预热

- 4. 了解跨平台推广策略的制定方法。
- 3. 熟悉预热素材的制作规范。
- 2. 掌握预热文案的撰写技巧。
- 1. 理解直播预热的重要性和作用。

- 1. 能够撰写吸引眼球的直播预热文案。
- 2. 能够制作高质量的预热短视频和海报。
- 3. 能够合理安排预热内容的发布时间。
- 4. 能够执行跨平台的直播推广计划。

制定直播方案

- 4. 理解直播推广策略的制定方法。
- 3. 熟悉常见的直播互动玩法。
- 2. 掌握直播脚本的编写规范和方法。
- 1. 了解直播主题策划的基本原则。

- 1. 能够根据产品特点确定直播主题。
- 2. 能够编写完整的直播执行脚本。
- 3. 能够设计有效的直播互动环节。
- 4. 能够制定多渠道的直播推广计划。

搭建直播工作间

- 4. 掌握直播间搭建的基本要求和设备配置。
- 3. 熟悉不同直播风格的特点和应用场景。
- 2. 了解直播选品的基本原则和方法。
- 1. 掌握直播团队的组织架构和岗位职责。

- 1. 能够设计合理的直播团队分工方案。
- 2. 能够根据目标用户进行产品筛选和调研。
- 3. 能够确定符合品牌调性的直播风格。
- 4. 能够完成基础直播间的搭建和设备调试。

开启直播电商之路

- 1. 能够分析不同直播平台的用户画像和运营特点。
- 2. 能够根据产品特点选择合适的直播平台。
- 3. 能够设置并优化达人账号的基本信息。

了解直播运营的基本流程

- 4. 理解直播带货的基本模式和核心技巧。
- 3. 熟悉主流直播平台的特点和运营规则。
- 2. 能区分传统电商和直播电商的发展趋势。
- 1. 了解直播电商的基本概念和发展趋势。

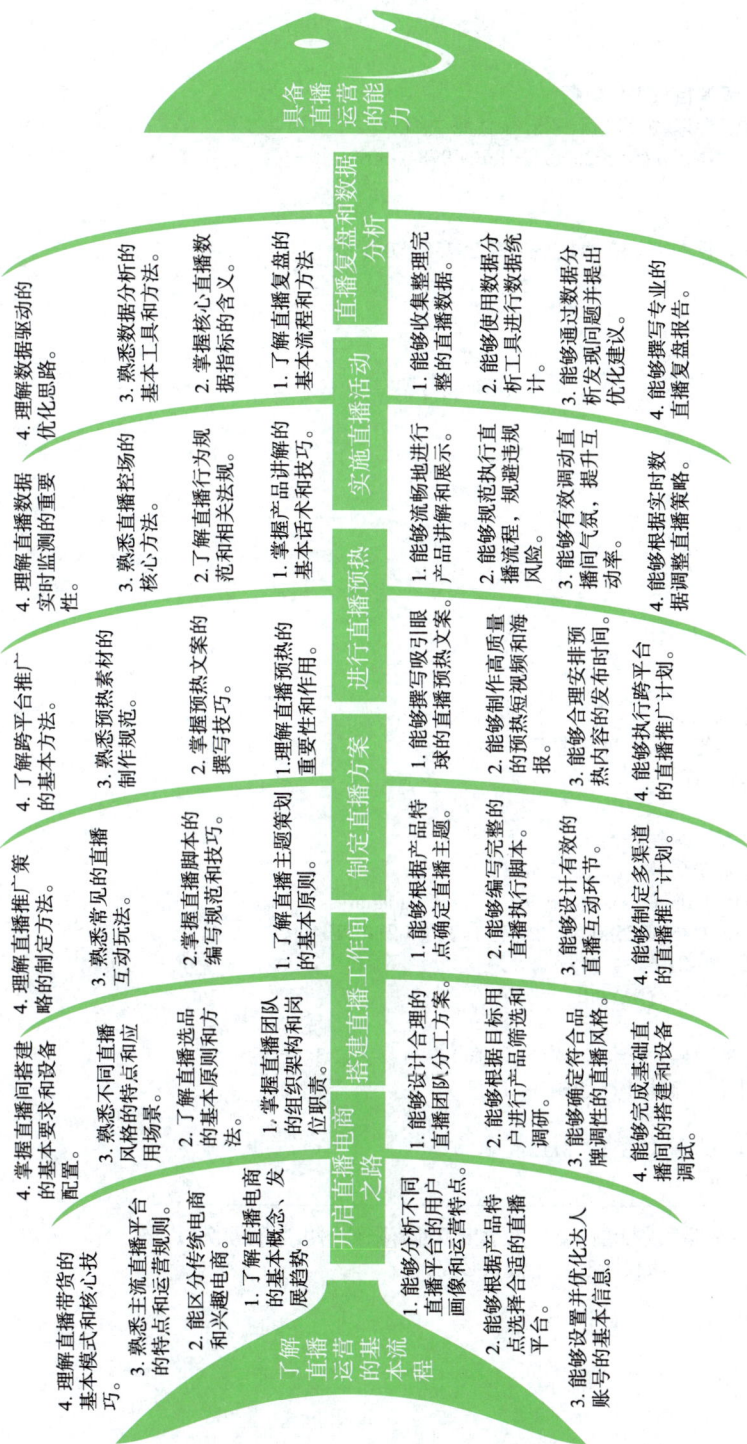

图附录 1　课程主要内容与要求结构图

图书在版编目(CIP)数据

直播运营管理/王盛,颜正英,徐林海主编.
上海:复旦大学出版社,2025.8. -- ISBN 978-7-309
-18063-3

Ⅰ. F713. 365. 2
中国国家版本馆 CIP 数据核字第 2025G9S081 号

直播运营管理

王 盛 颜正英 徐林海 主编
责任编辑/高 辉

复旦大学出版社有限公司出版发行
上海市国权路 579 号 邮编:200433
网址:fupnet@ fudanpress. com   http://www.fudanpress.com
门市零售:86-21-65102580   团体订购:86-21-65104505
出版部电话:86-21-65642845
上海四维数字图文有限公司

开本 787 毫米×1092 毫米 1/16 印张 14.75 字数 341 千字
2025 年 8 月第 1 版第 1 次印刷

ISBN 978-7-309-18063-3/F · 3112
定价:59.00 元